수도권 교통의 뉴패러다임

| 인본주의 교통정책 |

조응래 외 지음
경기연구원 엮음

한울
아카데미

이 도서의 국립중앙도서관 출판예정도서목록(CIP)은 서지정보유통지원시스템 홈페이지(http://seo-ji. nl.go.kr)와 국가자료공동목록시스템(http://www.nl.go.kr/kolisnet)에서 이용하실 수 있습니다.
CIP제어번호: 2017017913

발간사

교통은 사람과 물건의 이동이다. 교통이 좋다는 것은 사람과 물건의 이동이 잘된다는 뜻이다. 인류의 발전은 교통발전과 함께 이루어졌다. 교통이 많은 사람과 물자를 더 빠르게 이동시켜왔고, 앞으로 더욱 그러할 것으로 예상한다. 그런데 하루하루 삶을 살아가는 우리 국민들은 교통이 불편하다고 느낀다. 옛날에 비하면 참 좋아졌지만, 기대에는 못 미치고 있다. 교통이 불편하다고 느끼는 이유는 크게 세 가지다.

교통이 불편한 첫째 까닭은 대중교통이 부실하기 때문이다. 도시교통체계에서 대중교통은 버스와 철도다. 출퇴근이나 통학 시 날마다 타는 시내버스는 많은 경우 노선이 구불구불 돌아서 목적지까지 가는 데 시간이 오래 걸린다. 공공기관이 노선계획과 운행관리에 개입하여 버스서비스의 공공성을 확보할 필요가 있다. 광역버스의 안전문제도 심각하다. 경기도에서 서울로 출퇴근할 때 타는 광역버스는 입석하면 안 되지만 위험을 무릅쓰고 서서라도 타고 갈 수밖에 없다. 경기도는 출퇴근 때 이층버스를 투입해서 버스 혼잡 문제를 해결하고자 노력 중이지만 시간이 많이 걸리고 있다.

그동안 수도권 전철노선은 참 많아졌다. 그런데 서울로 향하는 노선 외에 경기도의 도시를 잇는 전철노선은 턱없이 부족하다. 이에 따라 경기도 도시 간을 이동할 때 주로 승용차를 이용하는 실정이다. 경기도 지역 간 대중교통 분담률을 높이는 것은 향후 경기도가 풀어야 할 큰 숙제다. 이는 교통권을 보장하는 문제이며, 교통혼잡을 줄이는 문제이기도 하다.

교통이 불편한 둘째 까닭은 직장과 주거가 서로 떨어져 있기 때문이다. 그동안 서울의 주택문제 해결을 위해 경기도에 대규모 아파트 단지를 지었다. 잠만 자고 출퇴근한다고 해서 베드타운이라는 별명이 붙었다. 베드타운은 서울의 주택문제를 잠시 해결했을지는 몰라도 여러 문제를 낳았다. 주택과 인구증가에 못 미치는 베드타운의 열악한 주거환경(교육·문화시설), 신시가지와 구시가지 간 격차, 서울 출퇴근에 따른 장거리 통근 문제와 만성적 교통체증 문제가 그것이다. 그동안 교통문제에 대해 이동수단의 현대화와 편의성이라는 기술주의적 관점에서 접근했다면, 이제는 직장과 주거와 문화의 통합이라는 인본주의적 관점으로 전환해야 한다.

교통이 불편한 셋째 까닭은 교통약자를 돌보지 않기 때문이다. 교통약자는 장애인, 노인, 어린이, 임산부, 영유아를 동반한 자와 같이 이동성이 제약되는 사람들이다. 이동성이 제약되면 직장을 다니고 문화를 즐기는 기본적인 사회생활에서 제약을 받기 때문에 행복추구권이 침해된다. 행복추구권으로서의 교통권은 누구나 원하는 시간에 원하는 곳으로 갈 수 있는 권리다. 그래서 한국 사회는 장애인을 위한 교통시설과 교통수단을 꾸준히 확대하고 있다. 또한 벽지에 공공의 특별교통수단을 확대하고 있다. 그럼에도 선진국 수준을 따라가기에는 아직도 미흡하기 짝이 없다. 장애인들이 승용차를 이용하기 더 쉽게 하고, 수요맞춤형 서비스로서 공공용 택시와 버스를 더 운행하고 저상버스를 더 확대해야 한다.

그러나 무엇보다도 가장 편리해야 하는 교통은 도보교통, 더 나아가면 자전거 교통이다. 그리고 교통의 쾌적성과 안전성을 가장 많이 누려야 하는 교통 수혜자는 바로 어린이들이다. 그런데 한국의 통학로는 교통안전의

사각지대다. 아이들이 안전하게 통학할 수 있도록 세심하게 배려해야 한다. 또한 자전거 교통이 레저가 아니라 등하교용으로 쓰일 수 있도록 기초자치단체마다 획기적인 대책을 세워야 한다.

교통은 기반시설을 만드는 데 큰 비용이 드는 공공사업이다. 특히 철도를 건설하는 데는 멀리 내다보고 투자해야 한다. 무엇보다도 대중교통 분담률을 높이는 것이 교통 민주주의의 출발이기 때문이다. 거리에서 노인들이 편안하게 걷고, 아이들이 자전거로 등하교하고 골목길에서 뛰어논다면 비로소 그 거리의 주인이 교통약자인 것이다. 이런 문제의식에 토대한 인본주의적이고 통합적인 교통정책이 더 과감하게 이루어질 필요가 있다.

이 책은 그동안 경기연구원 휴먼교통연구실에서 진행되었던 교통정책 연구와는 달리 학제 간 연구를 통해 이루어졌다. 문화, 경제, 복지, 환경, 보건, 여성의 관점에서 교통을 바라보고자 했다. 사람들이 편안하게 교통을 이용하도록 만드는 정책이 경제적 효율성 관점에서는 다소 효과적이지 않더라도 복지, 보건, 문화의 관점에서는 충분히 의미 있을 수 있다. 그동안의 효율성 중심 교통정책에서 벗어나 사람 중심의 관점에서 교통정책이 추진될 필요가 있다.

수도권 교통이 인본주의 교통정책으로 변화되도록 하는 데 이 책이 도움이 되기를 바라며 발간을 위해 노력해준 조응래, 김도균, 김동영, 김성하, 김은경, 이범규, 이은환 박사와 원고 정리를 맡아 수고해준 박지선, 홍명기 연구원에게 감사의 말씀을 드린다.

2017년 7월

경기연구원장 임해규

추천사

인간이 살아가는 데 필요한 세 가지 필수요소를 의·식·주라고 한다. 요즘은 여기에 움직이는 문제, 즉 교통을 더해 의·식·주·교 네 가지를 인간 삶의 필수요소라고 부른다. 도시에서 생활하고 움직이기 위해서는 자가용·승용차로 대표되는 개인 교통수단과 버스·지하철로 대표되는 대중교통수단을 이용한다. 그런데 아침저녁 출퇴근 시간대에는 많은 사람들이 한꺼번에 같은 방향으로 움직이기 때문에 대단히 혼잡하다. 사람은 누구나 다 쾌적하고 편리하고 안전한 이동을 원한다.

도시에서 삶이 보다 풍요롭고 행복해지기 위해서는 높은 수준의 의·식·주와 함께 높은 수준의 교통서비스가 반드시 필요하다. 수도권의 경우 좁은 공간에 많은 사람이 살고 있으니 출퇴근 시간과 같은 특정 시간대에 동시에 집중적으로 발생하는 엄청난 교통수요를 감당하기 어렵다. 설상가상으로 소득수준이 높아져 자동차 구매력이 향상되고, 주거지는 직장으로부터 멀리 떨어진 곳에 있어, 이용이 편리한 자가용·승용차 중심의 생활을 할 수밖에 없다. 충분한 교통시설 용량이 확보되지 않은 상태에서 자가용·승용차의 이용 급증은 교통정체와 교통혼잡으로 이어지고 이러한 불편은 자가용·승용차를 이용하는 사람들은 물론 대중교통과 화물차를 운행하는 모든 사람들에게 똑같은 불편을 주게 된다. 모두가 바라는 높은 수준의 교통서비스는 자가용·승용차와 같은 개인 교통수단의 이용으로 얻을 수 있는 것이 아니라 대중교통수단을 이용하는 데서 출발한다. 따라서 정부와 지자체의 교통정책은 자가용·승용차의 보유와 이용을 최대한 억제하고 대중교통의 이용을 촉진하는 정책으로 추진되어야 한다.

대중교통이 활성화되기 위해서는 당연히 이를 이용하는 고객의 기대에 맞는 서비스를 제공해야 한다. 지정된 노선 운행과 정확한 배차 간격, 저렴한 요금 수준은 기본이다. 여기에 교통시설 이용 편리성이 더해져야 한다. 정류장의 위치가 적합하고 환승이 편리해야 한다. 정시성을 유지하기 위해서는 운영안내체계가 올바르게 작동되어야 하며, 이용 방법이 간편하고 이해하기 쉬워야 한다. 그리고 대중교통수단은 집 대문 앞까지 서비스를 제공하지 못하기 때문에 보행이나 자전거 등과 같은 연계 교통수단의 서비스 또한 중요하다.

대중교통 중심의 수도권 광역교통망 정비 방향은 장단기 계획을 수립해 단계적으로 수행할 필요가 있다. 외국의 다른 수도권과 비교해보면 지하철과 전철 분담률이 매우 낮고 대중교통수단의 통행속도가 낮기 때문에 광역철도의 확대가 시급히 요구되지만 최근 중앙정부의 사회간접자본(SOC)에 대한 예산 감축으로 그 실현가능성이 매우 낮다고 예견된다.

수도권 광역간선 급행버스체계의 전체 계획노선망이 완성되면 출퇴근 교통혼잡에서 해방되고 양질의 특화된 교통서비스로 사회적 약자와 교통약자들이 커다란 혜택을 입을 것으로 생각된다. 또한 환승서비스와 연계 교통수단의 개선으로 더 많은 주민들이 대중교통을 선호하게 되고, 자가용·승용차 이용이 효과적으로 감소하게 되며, 그동안 자동차에게 빼앗겼던 많은 도시의 공간들이 보행자와 자전거 이용자, 그리고 주민들을 위한 활동공간으로 바뀌게 되리라 여겨진다.

향후 광역교통의 기본 방향은 단순한 교통체계를 위한 물리적 시설 개선에 그치지 말고 교통 기능의 향상으로 광역권의 사회적·문화적·경제적 기능 회복 또한 동시에 꾀할 수 있도록 개선되어야 한다. 이러한 측면에서 이동성 관리(Mobility Management)와 지속가능성(Sustainability)은 향후 대도시권 교통의 패러다임 설정에 매우 중요한 요소가 된다. 공유경제와 연계하여 자동차 보유를 관리하고 사회적 약자의 이동성 보장을 더욱 강화해야 한다. 공급자 중심의 교통시설 투자에서 벗어나 실제 이용자의 의견을 반영한 정책이 추진될 필요가 있다.

이 책은 저성장, 고령화 시대에 교통약자들이 보다 편리하고 안전하게 이동할 수 있도록 여러 분야에서 다양하고 폭넓은 시각으로 바라본 교통정책 방안을 담고 있다는 점에서 큰 의미가 있다. 일독을 권하는 바이다.

중앙대학교 도시공학과 교수
이용재

서문

서울의 주택용지 부족문제를 해결하기 위해 경기도 지역에 대규모 택지개발사업이 이뤄지면서 광역교통문제가 본격적으로 시작되었다. 서울시는 1970년대에 강남 개발, 1980년대에 상계·중계, 목동 지구 등을 개발하여 대규모로 아파트를 공급했다. 그러나 주택부족문제가 지속되자 정부는 1988년에 주택 200만 호 건설계획을 마련하면서 수도권에 90만 호의 주택을 공급하기로 했다. 이에 따라 분당, 일산, 중동, 평촌, 산본 등 5대 신도시가 건설되었다. 특히 이 시기는 「수도권정비계획법」에 따라 경기도에 일자리를 만드는 것이 규제된 상태에서 주택만 공급되어 직주분리로 인한 광역통행문제가 심화되었다. 더욱이 5대 신도시 주변으로 중·소규모의 택지개발사업이 지속적으로 추진되어 수도권 광역교통문제는 해결되지 않고 악화되었다.

2000년대 들어서는 수도권 인구증가에 따른 주택부족문제를 해결하기 위해 용인 동백, 화성 동탄, 파주 운정 등 수도권 2기 신도시가 추진되었다. 1기 신도시는 서울 도심에서 25km 떨어진 곳에 개발되었는데 2기 신도시는 40~50km 떨어진 곳에 개발이 되어 통행거리와 통행시간이 더 증가했다.

서울시 인구는 1981년 867만 6천 명에서 2015년 1002만 2천 명으로 1.2배 증가한 반면 자동차 등록대수는 1981년 22만 2천 대에서 2015년에는

305만 7천 대로 13.8배 증가했다. 경기도의 인구는 1981년 396만 2천 명에서 2015년 1252만 3천 명으로 3.2배 증가한 반면 자동차 등록대수는 1981년 4만 9천 대에서 2015년에는 491만 7천 대로 100.2배 증가했다. 이와 같은 폭발적인 자동차 대수의 증가로 수도권의 도로교통문제는 심화될 수밖에 없었다.

수도권의 도로는 1981년 1만 1410km에서 2015년 2만 3985km로 2.1배 증가했으나 늘어나는 자동차 수요를 감당하기에는 역부족이었다. 이로 인한 교통혼잡비용은 2012년을 기준으로 할 때 수도권에서 17조 4294억 원이 발생하는 것으로 파악되고 있다.

수도권 대중교통 현황을 살펴보면 출근시간의 광역버스 혼잡률은 138%로 45인승 버스를 기준으로 평균 17명이 서서 가는 것으로 파악되고 있다. 그러나 이것은 평균을 의미하는 숫자이며 실제로 가장 혼잡한 시간에는 185%의 혼잡률을 나타내고 있다. 전철의 경우도 사람들이 가장 많이 이용하는 서울 지하철 4호선 평촌-선바위 구간의 경우 첨두시 150%의 혼잡률을 나타내고 있다. 대중교통 불편문제는 사람들이 승용차를 포기하지 않고 계속 이용하는 이유가 되고 있다. 정부는 늘어나는 통행거리와 통행시간 문제를 해결하고자 광역철도를 확충하고 있으나 예산부족 등의 이유로 단기간 내 개선이 이뤄지지 못하고 있다.

현재 한국 사회는 저출산, 고령화, 저성장 현상이 맞물려서 경제상황이 악화되고 있다. 산업부문에서는 자동화, 기계화 영향으로 생산시설 투자에도 불구하고 일자리가 늘지 않는 '고용 없는 성장'이 지속되고 있다. 이는 일자리의 양적·질적 저하를 가져오고 있으며 이에 따라 임시직, 소상공인, 자영업자의 비율도 늘어나고 있다. 경제활동을 하는 사람이 줄어들면 현재와 같이 아침 일찍 출근하는 사람들도 줄고 비싼 요금의 교통시설을 이용하는 수요도 줄어들 것이다. 앞으로 변화될 한국 사회의 모습을 예상할 때 수조 원의 예산을 들여 급행철도를 건설하는 것이 바람직한지 검토가 필요하다는 주장도 있다.

그동안의 교통정책은 공급자 위주의 도로·철도 시설 공급 및 버스서비스 제공이 중심이 되어 추진되어왔다. 그러나 앞으로는 저성장, 고령화 시대를 맞이하여 이용자 요구에 부합하는 교통체계의 구축이 필요하다.

이 책은 미래사회의 변화를 고려하여 수도권 교통정책의 패러다임 변화를 모색하고 주민들이 편리하고 안전하게 교통을 이용할 수 있는 분야별 정책 대안을 제시하는 데 목적을 두었다. 특히 통행시간의 최소화도 중요하지만 교통복지 차원에서 교통약자의 이동권이 보장되고, 안전하고 친환경적인 대중교통 중심의 교통체계 구축을 위한 방향을 모색하고자 했다. 이에 따라 인본주의를 구현하기 위한 교통정책 추진 방향으로 사람 중심 교통문화, 환경과 공존하는 교통체계, 교통복지와 이동권 보장, 경제의 질적 구조변화에 따른 교통혁신, 기술 발달로 편리하고 안전해지는 교통, 건강을 증진시키는 교통정책, 여성이 안전한 교통환경 조성 등 7개 분야를 설정하여 구체적인 방안을 검토했다. 향후 자율주행자동차와 전기자동차, 공유경제(Sharing Economy)가 결합된 교통체계는 저성장, 고령화 시대의 도시 모습을 획기적으로 변화시킬 것으로 예상되므로 이에 대한 대비를 시작해야 할 것이다.

차례

수도권 교통의 뉴패러다임

인본주의 교통정책

| 제 1 부 |

수도권 교통정책 방향 전환의 필요성

수도권 교통의 뉴패러다임

인본주의 교통정책

제1장

서론

/조응래

일반적으로 교통은 사람과 화물을 한 장소에서 다른 장소로 이동시키는 행위로 정의된다. 사람들은 통근, 통학, 쇼핑, 귀가와 같은 활동 목적을 달성하기 위해 교통수단을 이용하기 때문에 통행시간은 짧을수록 좋다. 기분 전환을 위해 드라이브를 하는 경우를 제외하고 대부분의 사람들은 장소와 장소 간의 이동을 위해 교통을 이용하기 때문에 빠르게 이동하기를 원한다. 이는 화물에서도 마찬가지이다. 이에 따라 교통서비스는 이동이 얼마나 빠르고, 안전하며, 쾌적하게 이뤄지는지에 따라 질적 수준이 결정된다.

교통의 이런 특성으로 인해 그동안 교통정책은 사람과 화물을 어떻게 하면 빨리 이동시킬 것인가에 초점을 맞춰왔다. 빠른 이동을 위해 고속도로를 건설하고, 고속철도를 도입했다. 정부는 그동안 교통시설에 대한 투자를 결정하기 전에 타당성조사를 실시해왔다. 1999년부터는 대형 투자사업에 대해 신중한 착수와 재정투자의 효율성 제고를 위해 예비타당성조사제도를 도입했다.[1] 「예비타당성조사 수행을 위한 일반지침」에 따르면 교통부문사업에 대한 편익추정 항목으로는 차량 운행비 감축편익, 통행시간 절감편익, 교통사고 감소편익 등이 이용되고 있다. 최근에 와서 환경의 중요성

1) 한국개발연구원, 「예비타당성조사 수행을 위한 일반지침 수정·보완 연구(제5판)」(2008).

이 인식되어 환경오염 절감편익이 반영되었다. 사업추진 결정에서는 직접 편익 외에도 지역경제 파급효과, 지역낙후도, 재원조달 가능성 같은 정책적 분석 내용도 중요한 항목이다. 이러한 직·간접효과 중 교통시설에 대한 투자 여부를 평가하는 데 가장 중요한 요소는 통행시간 절감효과이다. 정부는 그동안 고속도로와 철도 건설을 통해 통행시간을 줄이기 위해 노력해 왔다.

산업화와 도시화의 진행에 따라 전국에서 서울로 인구가 집중하면서 서울시의 주택문제는 심화되었다. 서울시의 주택용지 부족문제를 해결하기 위해 경기도 지역에 대규모 택지개발사업이 이뤄지면서 광역교통문제가 본격적으로 시작되었다. 서울시는 1970년대에는 강남 개발, 1980년대에는 상계·중계, 목동 지구 등을 개발하여 대규모로 아파트를 공급했다. 그러나 주택부족문제가 지속되자 정부는 1988년에 주택 200만 호 건설계획을 마련하면서 수도권에 90만 호의 주택을 공급하기로 했다. 이에 따라 분당, 일산, 중동, 평촌, 산본 등 5대 신도시가 건설되었다. 특히 이 시기는 「수도권정비계획법」에 따라 수도권에 과도하게 집중된 인구와 산업을 적정하게 배치하도록 유도하여 수도권을 질서 있게 정비하고 균형 있게 발전시키기 위한 정책이 추진되었다. 이에 따라 경기도에 일자리를 만드는 것이 규제된 상태에서 주택만 공급되어서 광역통행문제가 심화되었다. 더욱이 5대 신도시 주변으로 중·소규모의 택지개발사업이 지속적으로 추진되어 수도권 광역교통문제는 해결되지 않고 계속 악화되었다.

직장과 주거지가 일치하지 않아 발생하는 지역 간 통행은 필연적으로 광역교통문제를 야기시킨다. 수도권교통본부 자료에 따르면 2015년 서울시와 경기도, 인천시를 오가는 통행자는 일일 830만 명으로 수도권 주민의 14%는 매일같이 시·도를 넘나들며 통행하는 것으로 파악되고 있다. 경기도에 살고 있는 직장인의 22%는 서울시로 출퇴근하고 있으며 반대로 서울시는 13%가 경기도로 출퇴근하고 있다. 이 중 승용차를 이용하는 사람이 39.2%, 지하철·전철이 25.9%, 버스가 25.9%로 대중교통을 이용하는 사람이 51.8%로 파악된다.[2] 철도가 발달한 외국의 대도시권과 달리 수도권은 도로 중심으로 교통시설이 확충되어왔고, 수송용량이 떨어지는 버스 위주로 광역교통체계가 이뤄지다 보니 시민들이 아침저녁으로 혼잡한 대중교통을 이용하면서 많은 스트레스를 받고 있다.

2000년대 들어서는 수도권 인구증가에 따른 주택부족문제를 해결하기 위해 용인 동백, 화성 동탄, 파주 운정 등 수도권 2기 신도시가 추진되었다. 1기 신도시는 서울 도심에서 25km 떨어진 곳에 개발되었는데 2기 신도시는 40~50km 떨어진 곳에 개발되어 통행거리와 통행시간이 더욱 증가했다. 현재 수도권 대중교통 현황을 살펴보면 출근시간의 광역버스 혼잡률은 138%[3]로 45인승 버스 기준으로 평균 17명이 서서 가는 것으로 파악되고 있다. 그러나 이것은 평균을 의미하는 숫자이며 실제로 가장 혼잡한 시간에는 185%의 혼잡률을 나타내고 있다. 전철의 경우도 사람들이 가장 많이 이용하는 서울 지하철 4호선 평촌-선바위의 경우 첨두시 150%의 혼잡률을 나타내고 있다. 지하철에 일단 올라타면 움직일 수 없을 정도로 혼잡하다. 대중교통 불편문제는 사람들이 승용차를 포기하지 않고 계속 이용하는 이유가 되고 있다. 과도한 승용차 이용으로 인해 도로는 출퇴근 시뿐만 아니라 평상시에도 꽉 막혀 있으며 이로 인한 혼잡비용은 2012년 기준으로 수도권에서 17조 4294억[4] 원이 발생하는 것으로 파악되고 있다.

---

2) 수도권교통본부·서울시·인천시·경기도, 「2016년 수도권 여객 기·종점통행량(O/D) 현행화 공동사업」(2017).

3) 국토교통부, 「제3차 대도시권 광역교통시행계획(2017~2020)」(2017).

정부는 늘어나는 통행거리와 통행시간의 문제를 해결하기 위해 광역교통시설을 지속적으로 확충하는 계획을 추진 중이다. 화성 동탄-서울 삼성역-고양 킨텍스 노선에 시속 180km를 낼 수 있는 수도권 광역급행철도(GTX)를 건설하여 동탄에서 삼성역까지 18분, 일산에서 삼성역까지 22분에 접근한다는 계획이다. 이 노선 외에도 인천 송도와 서울 청량리를 연결하고 군포 금정과 의정부를 연결하는 계획도 검토하고 있는데 3개 노선의 사업비가 13조 3600억 원으로 추산되고 있다.

현재 한국 사회는 저출산, 고령화, 저성장 현상이 맞물려서 경제상황이 악화되고 있다. 산업부문에서는 자동화, 기계화 영향으로 생산시설 투자에도 불구하고 일자리가 늘지 않는 '고용 없는 성장'이 지속되고 있다. 이는 일자리의 양적·질적 저하를 가져오고 있으며 이에 따라 임시직, 소상공인, 자영업자의 비율도 늘어나고 있다. 생산가능인구는 점차 감소하고 취업자는 50대 이상의 고령층 중심으로 급속히 재편됨에 따라 노동력 부족 현상이 발생하여 저성장을 더욱 고착화할 것으로 예상되고 있다.[5)]

경제활동을 하는 사람이 줄어들면 현재와 같이 아침 일찍 출근하는 사람들도 줄고 비싼 요금의 교통시설을 이용하는 수요도 줄어들 것이다. 앞으로 변화될 한국 사회의 모습을 예상할 때 조 단위의 예산을 들여 급행철도를 건설하는 것이 바람직한지 검토가 필요하다는 주장도 있다. 급행 운행을 위해 땅속 깊은 곳에서 철도가 운행되는데 고령화된 인구는 엘리베이터 이용을 원하고, 젊은 사람들도 계단이나 에스컬레이터를 이용하여 지상으로 올라오는 데 시간이 많이 걸려 광역버스를 이용하는 것이 오히려 편하다

4) 한국교통연구원, 「2011, 2012년 전국 교통혼잡비용 추정과 추이 분석」(2014).
5) 이외희 외, 『저성장시대의 지역정책』(한울아카데미, 2014).

고 말하기 때문이다.

정보통신기술의 발달은 향후 교통정책 방향을 크게 변화시킬 것으로 예상된다. 매년 1월 초 미국 라스베이거스에서는 소비자 전자제품 전시회(CES: Consumer Electronics Show)가 열리는데 혁신적인 전자제품들이 전시되어 미래사회의 기술 발전을 미리 알게 해준다. 그동안 얇고 휘어지는 텔레비전, 3D 프린터, 몸에 착용하는 전자제품 등이 주목받았었는데 2016년과 2017년에는 다양한 종류의 자동차 관련 전자제품들과 자율주행자동차가 출품되어 많은 관심을 받았다. 자동차는 더 이상 화석연료와 엔진으로 움직이는 기계가 아니라 정보통신기술과 융합된 전자제품으로 인식되어야 한다는 것을 알려준 전시회였다. 아랍에미리트 아부다비 시에 위치한 마스다르 시티는 탄소배출 제로를 목표로 태양열 발전소를 통해 전력을 공급하고, 건물과 기반시설 건설 시 에너지 효율을 극대화하도록 설계하고 있다. 또한 도시 내에서 화석연료를 사용하지 않기 위해 전기자동차와 무인자동궤도차량(PRT: Personal Rapid Transit)을 운행하고 있다. 인공지능, 사물인터넷 등이 융합되는 4차 산업혁명 시대를 맞이하여 자율주행자동차와 스마트 도로는 교통을 보다 안전하게 이용할 수 있도록 발전되어나갈 것이다.

그동안의 교통정책은 공급자 위주의 도로·철도 시설 공급 및 버스서비스 제공이 중심이 되어 추진되어왔다. 그러나 앞으로는 저성장, 고령화 시대를 맞이하여 이용자 요구에 부합하는 교통체계를 구축해야 한다. 특히 2008년 글로벌 금융위기 이후 경제 침체로 인해 개인의 수입이 줄고 일자리가 감소함에 따라 생산된 물건이나 서비스를 여러 사람이 나눠 쓰는 협력적 소비가 늘면서 카셰어링(Car Sharing), 공공자전거 등 공유경제기반의 교통서비스가 늘어나고 있다.

이 책에서는 미래사회의 변화를 고려하여 수도권 교통정책의 패러다임 변화를 모색하고 주민들이 편리하고 안전하게 교통을 이용할 수 있는 분야별 정책 대안을 제시하고자 한다. 특히 교통복지 차원에서 통행시간의 최소화도 중요하지만 교통약자의 이동권이 보장되고, 안전하고 친환경적인 대중교통 중심의 교통체계 구축을 위한 방향을 모색하고자 한다. 향후 자율주행자동차와 전기자동차, 공유경제가 결합된 교통체계는 저성장, 고령화 시대의 도시 모습을 획기적으로 변화시킬 것으로 예상되므로 이에 대한 대비를 시작해야 할 것이다.

제2장

수도권 광역교통의 현황과 과제

/조응래

1. 수도권 사회경제 및 교통 현황

1) 수도권 사회경제 현황

(1) 수도권 인구 및 인구이동 현황

① 수도권 규제정책에도 불구하고 증가된 수도권 인구

서울시 인구는 1981년 867만 6천 명에서 1992년에 1093만 5천 명으로 정점에 다다른 후 2000년에 1031만 1천 명, 2015년에 1002만 2천 명으로 완만하게 감소하여 1981~2015년간 연평균 0.43%의 증가를 나타냈다. 경기도의 인구는 1981년 396만 2천 명에서 2000년 921만 9천 명, 2015년 1252만 3천 명으로 연평균 3.44%의 증가율을 나타내어 전국 연평균 증가율 0.84% 비해 4.1배의 증가를 나타냈다. 특히 2003년에는 서울시 인구가 1017만 4천 명, 경기도 인구가 1020만 7천 명으로 인구가 역전되었다. 인천시 경우는 1981년 114만 2천 명에서 2000년에 254만 6천 명, 2015년에 292만 6천 명으로 연평균 2.81%의 증가를 나타냈다.

정부의 강력한 수도권 규제정책에도 불구하고 전국에서 수도권으로 인구가 계속 집중되었다. 1981년에 수도권 인구는 1378만 명으로 전국 인구

표 1.2.1／수도권 인구증가 추이

(단위: 천 명)

구분		1981년	1990년	2000년	2010년	2015년	연평균 증가율(%)
전국		38,723	42,869	47,733	50,516	51,529	0.84
수도권		13,780	18,585	22,076	24,858	25,471	1.82
	서울	8,676	10,613	10,311	10,313	10,022	0.43
	경기	3,962	6,154	9,219	11,787	12,523	3.44
	인천	1,142	1,818	2,546	2,758	2,926	2.81
수도권 구성비(%)		35.6	43.4	46.2	49.2	49.4	-

주: 주민등록 인구 현황에서 외국인등록 수를 제외한 내국인 수치임.
자료: 통계청, 「지역통계연보」의 각 연도.

3872만 3천 명의 35.6%를 차지했는데, 2000년에는 2207만 6천 명으로 전국 인구 4773만 3천 명의 46.2%를 차지했다. 2015년에는 수도권 인구가 2547만 1천 명으로 전국 인구 5152만 9천 명의 49.4%를 차지하여 수도권 인구 집중이 완화되지 않고 있음을 알 수 있다. 주택용지 부족에 따라 추진된 경기도 내 신도시 개발로 1990~2000년대까지는 서울시 인구의 경기도 유입이 활발히 진행되었는데 2010년 이후에는 인구증가 추이가 완만해지는 추세이다.

② 서울시 주택용지 부족으로 인한 인구의 광역적 확산

1981~2015년까지 수도권의 순인구이동을 살펴보면 서울시는 1981~1990년까지 순인구가 87만 1천 명 증가하다가 신도시 입주가 본격화되는 1991~2000년 사이에 153만 4천 명이 감소했다. 2001~2010년까지는 순인구 감소 규모가 70만 2천 명으로 줄어들었는데 2011~2015년 사이에 감소 규모가 54만 2천 명으로 다시 커졌다. 경기도의 순전입인구는 1981~2015년 사이에 항상 전입초과 상태였는데 신도시 입주가 한창이던 1991~1995년 사이에는 138만 1천 명이 늘었다. 서울시에서 경기도로의 순전입인구[1)]는 1기 신

표 1.2.2／수도권 순이동인구 추이

(단위: 명)

구분		1981~1985년	1986~1990년	1991~1995년	1996~2000년	2001~2005년	2006~2010년	2011~2015년
수도권		1,724,523	1,520,296	733,091	370,599	751,755	321,673	-59,995
	서울	585,183	285,784	-882,790	-651,630	-387,549	-314,715	-542,342
	경기	977,475	928,286	1,381,022	947,065	1,144,498	588,920	384,847
	인천	161,865	306,226	234,859	75,164	-5,194	47,468	97,500

자료: 통계청, 「지역통계연보」의 각 연도.

도시 입주가 본격화되었던 1995년에 33만 7천 명으로 가장 많았으며 최근에는 10만 명 미만으로 줄어들었다. 1991~2015년 사이 서울시 순전출인구 277만 9천 명은 경기도 순전입인구 444만 6천 명의 62.5% 수준으로, 서울시 주택용지 부족으로 인한 인구의 광역적 확산이 이뤄졌음을 알 수 있다. 수도권 1기 및 2기 신도시 개발에 따라 서울 주변에 위치한 성남, 고양, 수원, 용인시 인구는 100만 명 내외로 증가했다. 성남시 인구는 1990년에 54만 1천 명에서 2015년에는 97만 1천 명으로 1.8배 늘었으며, 고양시 인구는 24만 5천 명에서 102만 8천 명으로 4.2배 늘었다. 수원시 인구는 1990년 64만 5천 명에서 2015년에는 118만 4천 명으로 1.8배 늘었으며, 용인시 인구는 18만 8천 명에서 97만 6천 명으로 5.2배의 인구증가를 나타냈다. 1981~2015년 사이에 연평균 인구증가율이 높은 경기도 시·군은 안산시가 8.64%, 용인시가 5.88%, 고양시가 5.64%로 파악되었다. 경기도 시·군별 인구증가를 5년 단위로 살펴보면 2010~2015년 사이에 부천시가 2만 6217명, 안양시가 2만 3925명, 안산시가 1만 7006명, 구리시가 9677명, 성남시가 8766명의 인구가 줄어들었다.

1) 서울에서 경기도로 순전입한 인구는 서울에서 경기도로 이동한 인구에서 경기도에서 서울로 이동한 인구를 뺀 인구.

표 1.2.3／경기도 시·군별 인구 추이

구분	1981년	1990년	2000년	2010년	2015년	연평균 증가율(%)
수원시	324,225	644,968	951,253	1,077,535	1,184,624	3.88
성남시	388,202	540,764	928,196	980,190	971,424	2.73
용인시	140,026	187,977	395,028	876,550	975,746	5.88
부천시	374,577	759,473	780,003	875,204	848,987	2.44
안산시	41,664	252,157	575,574	714,891	697,885	8.64
안양시	258,480	480,668	583,240	621,714	597,789	2.50
화성시	218,393	187,319	195,362	505,838	596,525	3.00
평택시	235,286	271,854	359,073	419,457	460,532	1.99
시흥시	143,918	107,190	322,457	403,797	398,256	3.04
김포시	101,028	114,521	165,466	238,339	349,990	3.72
광명시	153,997	328,803	338,855	343,982	344,978	2.40
광주시	115,364	76,623	141,077	249,789	312,579	2.98
군포시	-	99,956	271,306	287,833	287,519	4.32
오산시	-	59,492	106,457	182,516	206,828	5.11
이천시	111,122	148,600	184,491	202,595	204,935	1.82
안성시	129,350	118,289	137,643	177,937	180,199	0.98
의왕시	-	96,892	121,777	147,443	157,740	1.97
하남시	-	101,278	123,664	150,479	166,713	2.01
여주시	98,255	96,895	104,011	109,250	111,033	0.36
양평군	92,851	77,185	82,963	95,833	108,316	0.45
과천시	-	72,328	71,749	72,279	68,946	-0.19
고양시	158,839	244,755	800,297	950,115	1,027,546	5.64
남양주시	198,082	200,201	359,388	564,141	653,454	3.57
의정부시	134,930	212,368	362,529	431,801	433,937	3.50
파주시	165,905	185,046	193,719	355,632	423,321	2.79
양주시	76,636	84,678	120,293	196,706	205,184	2.94
구리시	-	109,418	170,008	196,398	186,721	2.16
포천시	111,085	110,919	148,102	158,658	155,192	0.99
동두천시	60,030	71,448	76,758	95,653	97,974	1.45
가평군	61,927	50,951	56,255	58,890	62,008	0.00
연천군	67,734	61,305	53,019	45,177	45,725	-1.15

주: 주민등록 인구 현황에서 외국인등록 수를 제외한 내국인 수치임.
자료: 경기도청 웹사이트(www.gg.go.kr).

(2) 수도권 주택 현황

서울시 주택 수는 1985년에 117만 6천 호에서 2000년 191만 7천 호,

표 1.2.4／수도권 주택현황 추이

(단위: 천 호)

구분		1985년	1990년	2000년	2010년	2015년	연평균 증가율(%)
전국		6,104	7,160	10,959	14,677	16,367	3.34
수도권		2,089	2,739	4,576	6,565	7,429	4.32
	서울	1,176	1,431	1,917	2,525	2,793	2.93
	경기	719	998	2,045	3,217	3,694	5.61
	인천	194	310	614	823	942	5.41
수도권 구성비(%)		34.2	38.3	41.8	44.7	45.4	0.95

자료: 통계청 웹사이트(http://kostat.go.kr/portal/korea/index.action).

2015년 279만 3천 호로 연평균 2.93%의 증가를 나타냈다. 경기도의 주택수는 1985년 71만 9천 호에서 2000년 204만 5천 호, 2015년 369만 4천 호로 연평균 5.61%의 증가율을 나타내어 전국 연평균 증가율 3.34%에 비해 1.7배의 증가를 나타냈다. 인천시의 경우는 1985년 19만 4천 호에서 2000년에 61만 4천호, 2015년에 94만 2천 호로 연평균 5.41%의 증가를 나타냈다.

서울의 주택부족문제를 해결하기 위해 1988년에 추진된 주택 200만 호 건설계획에 따라 분당 등 5대 신도시에 90만 호의 주택이 공급되어 1990년대 경기도의 주택 공급이 가파르게 증가했음을 알 수 있다. 2000년대에 들어서도 수도권 인구증가에 따른 주택부족문제를 해결하기 위해 용인 동백, 화성 동탄, 파주 운정 등 수도권 2기 신도시가 추진되었다. 1기 신도시는 서울 도심에서 25km 떨어진 곳에 개발되었는데 2기 신도시는 40~50km 떨어진 곳에 개발되어 통행거리와 통행시간이 더욱 증가하는 문제가 발생했다.

(3) 수도권 취업자 현황

서울시 취업자는 1990년에 442만 4천 명에서 2014년에 514만 6천 명으로 연평균 0.63%의 증가율을 나타냈으며, 경기도의 취업자는 1990년에

표 1.2.5／수도권 취업자 증가 추이

(단위: 천 명)

구분		1990년	1995년	2000년	2005년	2010년	2014년	연평균 증가율(%)
전국		18,085	20,414	21,156	22,856	23,829	25,599	1.46
수도권		7,764	9,326	9,826	11,135	11,929	12,841	2.12
	서울	4,424	4,823	4,668	4,890	4,936	5,146	0.63
	경기	2,598	3,469	4,058	5,045	5,673	6,226	3.71
	인천	742	1,034	1,100	1,200	1,320	1,469	2.89
수도권 구성비(%)		42.9	45.7	46.4	48.7	50.1	50.2	-

자료: 통계청, 「지역통계연보」의 각 연도.

259만 8천 명에서 2014년에 622만 6천 명으로 연평균 3.71%의 증가를 나타냈다. 2004년에는 서울시 취업자가 483만 1천 명, 경기도 취업자가 487만 4천 명으로 역전현상이 발생했다. 인천시 경우는 1990년에 74만 2천 명에서 2014년에 146만 9천 명으로 연평균 2.89%의 증가를 나타냈다. 1990년의 수도권 취업자는 776만 4천 명으로 전국 총 취업자 1808만 5천 명의 42.9%를 차지했는데, 2014년에는 수도권 취업자가 1284만 1천 명으로 전국 총 취업자 2559만 9천 명의 50.2%를 차지하여 수도권의 취업자가 전국에서 차지하는 비율이 계속 증가하고 있음을 알 수 있다.

취업자 수와 인구의 증가율을 비교해보면 1990~2014년 사이 서울시 취업자는 연평균 0.63% 증가한 반면 인구는 0.20% 감소했다. 경기도는 같은 기간 취업자는 3.71% 증가했으며 인구는 2.95% 증가했다. 인천시는 취업자 수가 2.89% 증가하는 동안 인구는 1.97% 증가했다. 수도권 전체적으로는 1990~2014년 사이 취업자 증가율이 2.12%로 전국 증가율 1.47%에 비해 1.4배 높음을 알 수 있다. 인구증가율은 같은 기간 수도권이 1.30%, 전국이 0.75%로, 수도권이 1.7배 높음을 알 수 있다.

수도권 내 인구이동으로 인해 서울에서 경기도로 주거지를 옮기면서 직

표 1.2.6 / 수도권 사업체 종사자 수 증가 추이

(단위: 천 명)

구분		1993년	1995년	2000년	2005년	2010년	2014년	연평균 증가율(%)
전국		8,707	9,468	8,953	10,378	12,572	14,313	2.40
수도권		4,616	4,783	4,579	5,429	6,674	7,511	2.35
	서울	2,946	2,767	2,466	2,747	3,392	3,558	0.90
	경기	1,276	1,521	1,658	2,179	2,698	3,284	4.60
	인천	394	495	455	503	584	669	2.55
수도권 구성비(%)		53.0	50.5	51.1	52.3	53.1	52.5	-

주: 사업체 종사자 수는 5인 이상의 사업체 종사자 수를 의미함.
자료: 통계청 웹사이트.

장은 계속 서울로 다니는 경우 광역교통문제를 심화시킨다. 취업자 수의 증가는 직주분리문제를 제대로 파악할 수 없기 때문에 일자리 현황에 대한 파악도 중요하다. 일자리를 파악하기 위한 지표로는 5인 이상 사업체 종사자 수를 이용할 수 있다.

서울시 종사자 수는 1993년에 294만 6천 명에서 2014년에 355만 8천 명으로 연평균 0.90%의 증가율을 나타냈다. 경기도 종사자는 1993년에 127만 6천 명에서 2014년에는 328만 4천 명으로 연평균 4.60%의 증가를 나타냈다. 2004년에는 서울시 취업자가 483만 1천 명, 경기도 취업자가 487만 4천 명으로 역전현상이 발생했지만 5인 이상 사업체 종사자 수는 항상 서울시가 더 많은 것으로 나타났다. 인천시 경우는 1993년에 39만 4천 명에서 2014년에는 66만 9천 명으로 연평균 2.55%의 증가를 나타냈다. 1993년의 수도권 종사자는 461만 6천 명으로 전국 종사자 870만 7천 명의 53.0%를 차지했는데, 2014년에는 수도권 종사자가 751만 1천 명으로 전국 종사자 1431만 3천 명의 52.5%를 차지하여 수도권의 사업체 종사자 수가 전국에서 차지하는 비율은 크게 변함없음을 알 수 있다.

2) 수도권 교통 현황

(1) 수도권 자동차 등록대수 현황

수도권 자동차 등록대수 증가 추이를 살펴보면 서울시는 1981년 22만 2천 대에서 2015년에는 305만 7천 대로 연평균 8.02%의 증가를 나타냈다. 경기도는 1981년 4만 9천 대에서 2015년에는 491만 7천 대로 100배가 증가하여 연평균 14.51%의 급격한 증가를 나타냈다. 특히 2000년에는 서울시 자동차 대수가 244만 1천 대, 경기도가 248만 7천 대로 역전현상이 발생했다. 경기도의 자동차는 서울로부터 인구가 전입하면서 늘어났음을 알 수 있다. 인천시는 1981년 2만 대에서 2015년에는 135만 5천 대로 연평균 13.14%의 증가를 나타냈다. 2015년 현재 수도권에 등록된 자동차 대수는 932만 9천 대로 전국 자동차 대수 2099만 대의 44.4%를 차지하고 있다.

수도권의 인구는 1981년 1378만 명에서 2015년 2547만 1천 명으로 1.8배 증가한 반면, 자동차 등록대수는 1981년 29만 1천 대에서 2015년 932만 9천 대로 32.0배 증가했다. 서울시 인구는 1981년 867만 6천 명에서 2015년 1002만 2천 명으로 1.2배 증가한 반면 자동차 등록대수는 같은 기간 13.8배

표 1.2.7／수도권 자동차 등록대수 증가 추이

(단위: 대)

구분		1981년	1990년	2000년	2010년	2015년	연평균 증가율(%)
전국		571,754	3,394,803	12,059,276	17,941,356	20,989,885	11.18
수도권		291,121	1,789,484	5,576,739	8,096,262	9,328,886	10.74
	서울	221,644	1,193,633	2,440,992	2,981,400	3,056,588	8.02
	경기	49,082	447,334	2,487,312	4,189,151	4,917,091	14.51
	인천	20,395	148,517	648,435	925,711	1,355,207	13.14
수도권 구성비(%)		50.9	52.7	46.2	45.1	44.4	-

자료: 통계청 웹사이트.

증가했다. 경기도의 인구는 1981년 396만 2천 명에서 2015년 1252만 3천 명으로 3.2배 증가한 반면 자동차 등록대수는 같은 기간 100.2배 증가했다. 이와 같은 폭발적인 자동차 대수의 증가로 수도권의 도로교통문제는 심화될 수밖에 없었다.

(2) 수도권 도로 현황

지난 35년 동안 광역화되는 수도권 통행수요를 처리하기 위해 도로시설도 크게 확충되었다. 수도권 도로 현황을 살펴보면 도로 총연장은 1981년 1만 1410km에서 2015년에는 2만 3985km로 연평균 2.21%의 증가를 나타냈다. 서울시 도로연장은 같은 기간 6684km에서 8215km로 연평균 0.61%의 증가를 나타냈으며 경기도는 4094km에서 1만 2942km로 연평균 3.44%의 증가를 나타냈다. 인천시는 632km에서 2828km로 연평균 4.51%의 증가를 나타내어 인천시의 도로연장 증가율이 가장 컸다.

표 1.2.8／수도권 도로연장 추이

(단위: km)

구분		1981년	1990년	2000년	2010년	2015년	연평균 증가율(%)
전국		50,336	56,715	88,775	105,565	107,526	2.26
수도권		11,410	14,489	21,024	24,008	24,010	2.21
	서울	6,684	7,374	78,89	8,142	8,240	0.62
	경기	4,094	6,156	11,535	13,390	12,942	3.44
	인천	632	959	1,600	2,476	2,828	4.51
수도권 구성비(%)		22.7	25.5	23.7	22.7	22.3	-

자료: 통계청, 「지역통계연보」의 각 연도.

(3) 수도권 철도 현황

철도시설도 지속적으로 확충되어 광역철도 및 도시철도 연장은 2007년 580.1km에서 2015년에는 863.5km로 1.5배 증가했다. 신도시 입주 초기에는 분당선, 일산선 개통이 늦어짐에 따라 승용차로 출퇴근하는 사람이 많았으나 이제는 분당선 전 구간이 개통되고 신분당선까지 운행되고 있어 철도 이용은 훨씬 편해졌다. 전철의 경우 사람들이 가장 많이 이용하는 서울 지하철 4호선의 경우 첨두시 150%의 혼잡률을 나타내고 있다. 지하철에 일단 올라타면 움직일 수 없을 정도로 극심하게 혼잡한 것이다. 이런 대중교통 불편문제는 사람들이 승용차를 포기하지 않고 계속 이용하는 이유가 되고 있다.

(4) 수도권 버스 현황

수도권의 광역철도가 확충되기는 했지만 인구가 밀집한 경기도 지역과 서울 도심을 직접 연결하는 철도노선은 제대로 갖춰져 있지 않아 광역버스 이용률이 높다. 2015년 기준 수도권 내 경기도 광역버스노선[2)]은 172개 노선으로 운행대수는 2377대이다. 인천시 광역버스는 28개 노선, 409대가 운행되고 있으며, 서울시 광역버스는 11개 노선, 228대가 운행되고 있다. 수도권 광역버스 3014대의 78.9%는 경기도 버스이고 13.5%가 인천시 버스, 7.6%가 서울시 버스로 파악된다. 2005년의 경우 경기도 광역버스는 86개 노선으로 운행대수는 1114대였다. 서울시 광역버스는 26개 노선, 532대가 운행되었으며, 인천시 광역버스는 11개 노선 178대가 운행되었다. 수도권 광역버스 1824대의 61.1%는 경기도 버스이고, 서울시 버스가 29.2%, 인천시 버스가 9.7%로 파악되었다.

2005년에는 서울시와 경기도 간을 운행하는 광역버스가 112개 노선,

---

2) 서울 유·출입버스 중 광역급행형, 직행좌석형, 좌석형으로 한정(일반형 제외). 수도권교통본부 2015년 7월 1일 기준.

1646대였는데 이 중 경기도 광역버스가 1114대로 67.7%를, 서울시 광역버스가 532대로 32.3%를 차지했다. 2015년에는 서울시와 경기도 간을 운행하는 광역버스가 183개 노선, 2605대였다. 이 중 경기도 광역버스가 2377대로 91.2%를, 서울시 광역버스가 228대로 8.8%를 차지하여 서울시의 광역버스 운행이 1/4 수준으로 줄어들었다. 아침 출퇴근 시간에만 혼잡하고 낮 시간에는 텅텅 빈 채 다니는 광역버스의 운행특성으로 인한 수익성 악화 문제를 경기도와 경기도 운수업체가 책임지는 상황임을 알 수 있다.

현재 수도권 대중교통 현황을 살펴보면 출근시간의 광역버스 혼잡률은 138%이다. 45인승 버스를 기준으로 평균 17명이 서서 가는 수준이다. 그러나 이것은 평균을 의미하는 숫자이며 실제로 가장 혼잡한 시간에는 광역버스의 혼잡률이 185%에 이르고 있다.

(5) 수도권 통행실태 현황

수도권교통본부의 자료[3]에 따르면 2015년 수도권 1일 총 목적통행은 5897만 2천 통행으로 이 중 내부 통행은 4899만 통행으로 83.1%를 차지하며, 수도권 내 지역 간 목적통행은 830만 5천 통행으로 14.1%를 차지하고 있다. 이 중 서울시↔경기도 통행은 624만 1천 통행(75.2%), 서울시↔인천시 통행은 89만 8천 통행(10.8%), 경기도↔인천시 통행은 116만 6천 통행(14.0%)을 차지했다. 이를 통해 수도권 주민의 14%는 매일같이 시·도를 넘나들며 통행하는 것을 알 수 있다. 경기도에 살고 있는 직장인의 22%는 서울시로 출퇴근하고 있으며 반대로 서울시에 살고 있는 직장인의 13%는 경

3) 수도권교통본부·서울시·인천시·경기도, 「2016년 수도권 여객 기·종점통행량(O/D) 현행화 공동사업」(2017), 297쪽.

그림 1.2.1／서울시와 경기도 간 통행의 교통수단 분담률 비교

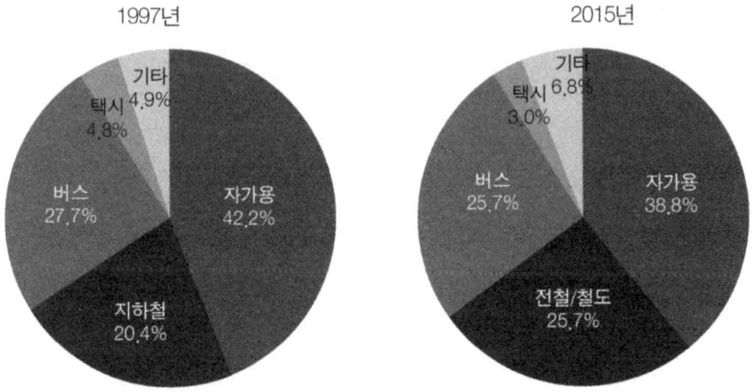

자료: 수도권교통본부·서울시·인천시·경기도, 「2016년 수도권 여객 기·종점통행량(O/D) 현행화 공동 사업」(2017).

기도로 출퇴근하고 있다.

서울시와 경기도를 통행하는 사람들의 교통수단 분담률을 살펴보면 1997년의 경우[4] 서울시와 경기도 간 통행발생량 442만 6천 통행의 42.2%인 186만 6천 통행이 자가용을 이용하고 있으며, 27.7%인 122만 5천 통행이 버스를, 20.4%인 90만 5천 통행이 지하철·전철을 이용하는 것으로 파악되었다. 2015년에는 서울시와 경기도 간 수단통행 발생량(도보/자전거 포함) 643만 2천 통행의 38.8%인 249만 7천 통행이 자가용을 이용하고 있으며 25.7%인 165만 1천 통행이 버스를, 25.7%인 165만 통행이 지하철·전철을 이용하는 것으로 파악되었다. 지난 17년 사이에 자가용 분담률이 3.4% 줄고, 지하철·전철 분담률이 5.3% 늘어난 것으로 파악되었지만 아직도 수도권 교통체계가 승용차 중심으로 이뤄지고 있어서 매일 출퇴근 시간에 서울시와 경기도를 연결하는 도로 상에서 교통혼잡이 발생하고 있다.

4) 경기도, 「경기도 교통종합기본계획」(1998).

2. 수도권 광역교통의 과제

1) 서울 중심의 공간구조문제

(1) 개선되지 않는 수도권 집중 문제

서울의 주택용지 부족으로 경기도에서 많은 택지개발사업이 진행되어 잠은 경기도에서 자고 서울로 출퇴근하는 사람이 늘어남에 따라 장거리 통행수요도 증가했다. 광역화된 통행수요는 철도 및 버스 등 대중교통으로 처리되는 것이 바람직하지만 수도권의 경우 대중교통시설이 부족하여 주로 승용차를 이용함으로써 교통정체의 심화와 통행시간의 증대를 야기했다. 이와 같이 수도권 내 도시 간 통행인구는 계속 증가하는 반면 광역화된 교통수요를 효과적으로 처리하기 위한 정책은 적기에 추진되지 않아 수도권 지역주민의 교통불편이 가중되고 있다.

2015년 현재 수도권 면적은 서울시가 605.3km^2, 경기도가 1만 175.3km^2, 인천시가 1049.0km^{2}로 수도권 전체 면적은 1만 1829.6km^{2}에 이르고 있다. 이는 전 국토면적 10만 295.4km^{2}의 11.8%를 차지하는 수치이다. 인구의 경우는 서울시가 1022만 2천 명, 경기도가 1252만 3천 명, 인천시가 292만 6천 명으로 수도권 전체인구는 2547만 1천 명을 나타내고 있으며, 이는 전국 인구 5152만 9천 명의 49.4%를 차지하고 있다. 이에 따른 인구밀도는 서울시가 1만 6558.7인/km^2, 경기도가 1230.7인/km^2, 인천시가 2789.2인/km^{2}를 나타내고 있으며, 수도권의 인구밀도는 2153.1/km^{2}로 전국 인구밀도 513.8인/km^{2}의 4.2배를 나타내고 있다.

수도권의 인구 집중도는 1995년에 45.3%에서 2015년에는 49.4%로 증가했다. 현행 수도권 정책이 인구억제에 초점을 맞추고 있음에도 불구하

표 1.2.9／수도권 집중도 현황(1995년)

구분	단위	서울(A)	경기(B)	인천(C)	수도권 (D=A+B+C)	전국(E)	구성비 (D/E)
인구	천 명	10,229	7,650	2,308	20,187	44,606	45.3%
가구 수	천 가구	2,967	2,168	659	5,794	12,961	44.7%
행정구역 면적	km^2	605.8	10,114.5	955.0	11,675.3	99,268.4	11.8%
인구밀도	인/km^2	16,885.6	756.3	2,416.4	1,729.0	449.3	3.8배
주택 수	천 호	1,688	1,542	509	3,739	9,205	40.6%
자동차 등록대수	대	2,043,458	1,551,194	443,956	4,038,608	8,468,901	47.7%
도로연장	km	7,675	8,824	1,445	17,944	74,237	24.2%
지역내 총생산	10억 원	76,806.1	49,901.9	14,738.1	141,446.1	305,973.5	46.2%
취업자 수	천 명	3,612	1,895	612	6,120	12,584	48.6%
광공업체 수	개	20,608	24,207	6,222	51,037	92,578	55.1%

주: 지역내총생산, 취업자 수, 광공업체 수는 1994년 현황임.
자료: 통계청 웹사이트.

표 1.2.10／수도권 집중도 현황(2015년)

구분	단위	서울(A)	경기(B)	인천(C)	수도권 (D=A+B+C)	전국(E)	구성비 (D/E)
인구	천 명	10,022.2	12,522.6	2,925.8	25,470.6	51,529.3	49.4%
가구 수	천 가구	4,190	4,885	1,154	10,229.0	21,011	48.7%
행정구역 면적	km^2	605.3	10,175.3	1,049.0	11,829.6	100,295.4	11.8%
인구밀도	인/km^2	16,558.7	1,230.7	2,789.2	2,153.1	513.8	4.2배
주택 수	천 호	2,736	3,584	903	7,223	15,989	45.6%
자동차 등록대수	대	3,056,588	4,917,091	1,355,207	9,328,886	20,989,885	44.4%
도로연장	km	8,215	12,942	2,828	23,985	107,528	22.35
지역내 총생산	10억 원	328,660.9	329,559.0	69,500.6	727,720.5	11,485,504.7	6.3%
취업자 수	천 명	5,135	6,364	1,488	12,987.0	25,936	50.1%
광공업체 수	개	61,247	116,733	23,312	201,292.0	399,184	50.4%

주: 지역내총생산, 취업자 수, 광공업체 수는 2014년 현황임.
자료: 통계청 웹사이트.

고, 수도권 인구는 계속 증가하여 별다른 효과를 거두지 못하고 있다. 수도권의 좁은 면적과 부족한 도로시설에도 불구하고 많은 인구와 산업 그리고 자동차가 집중하여 수도권의 생활여건은 계속 악화되고 있다. 인구 및 산업의 집중은 대기 및 수질 오염, 소음 등 각종 공해를 발생시킬 뿐만 아니라, 생활의 질을 높이기 위한 주택 등 각종 생활기반시설의 확충 및 도로 건설, 지하철·전철 건설, 상하수도 건설 등 사회간접자본시설의 확충으로 인한 사회적 비용이 증가되어 재정수요를 유발시키게 된다.

(2) 자족성 부족에 따른 서울중심의 통행

서울의 주거여건을 개선하기 위해 추진된 신도시 개발은 당초 자족적인 도시 건설을 목표로 했지만 산업입지계획이 뒷받침되지 않아 서울의 베드타운화 문제가 발생했다. 자족적 기능이 갖춰지지 않아 경기도 및 인천시에 거주하면서 서울시로 출퇴근하는 사람이 많아 통행거리와 통행시간이 증가하는 역효과가 나타났다. 더욱이 수도권의 경우는 대중교통시설이 부족하여 자가용·승용차 이용이 보편화되면서 도로교통 혼잡이 증가하는 문제가 일어났다.

1997년 경기도 가구통행실태 조사자료에 의하면 경기도 전체의 출근목적 발생통행 중 서울로 발생하는 통행의 비율은 26.8%였다. 반면에 과천(61.7%), 광명(58.8%), 고양(57.9%), 하남(54.1%), 성남(45.1%), 구리(44.7%) 등 서울 주변도시의 경우는 서울로 발생하는 출근통행비율이 40% 이상으로 분석되었다. 안양과 부천, 군포 등 취업기반이 형성되어 있는 지역은 서울 출퇴근비율이 상대적으로 낮은 반면, 주거 중심인 과천, 광명, 고양 등은 매우 높게 나타났다.

2015년에는 경기도 전체 출근목적 발생통행량 중 서울로 발생하는 통행비율이 28.1%로 1997년에 비해 1.3% 증가했다. 하지만 고양시는 같은 기간에 57.9%에서 40.5%로 17.4% 감소했으며, 과천시는 61.7%에서 46.8%로 14.9%, 성남시는 45.1%에서 33.1%로 12.0%, 광명시는 58.8%에서 50.3%로 8.5% 감소했다. 반면에 하남시는 서울로 발생하는 출근통행비율이 1997년 54.1%에서 2014년에는 58.2%로 4.1% 증가했으며, 구리시는 44.7%에서 46.3%로 1.6% 증가했다. 하남시와 구리시는 개발제한구역과 상수원보호구역에 의한 피해를 많이 입고 있는 대표적인 도시들로 토지이용규제로 지역 내 취업기반이 마련되지 못하면 자족성을 확보하기가 어려움을 알 수 있다.

(3) 직장과 주거지의 분리현상 심화

서울시 내부의 주택 공급은 재정비사업을 제외하고는 거의 한계에 도달해 있기 때문에 경기도 지역의 도시 개발은 지속적으로 이뤄질 것으로 전망되고 있다. 이에 따라 통행도 더욱 장거리화되어 직장과 주거지가 분리되는 직주분리현상이 심화될 것으로 예상된다. 서울과 경기도 간 취업자 수와 일자리 수 차이를 비교해보면 2014년의 경우 서울시의 취업자 수는 514

표 1.2.11／수도권 인구 대비 취업자 수 및 사업체 종사자 수

(단위: 천 명, 천 개)

구분		취업자 수	사업체 종사자 수	인구	인구 대비 취업자 수	인구 대비 사업체 종사자 수
1995년	서울	4,823	2,767	10,551	0.46	0.26
	경기	3,469	1,521	7,789	0.45	0.20
	인천	1,034	495	2,353	0.44	0.21
2014년	서울	5,146	3,558	10,103	0.51	0.35
	경기	6,226	3,284	12,358	0.50	0.27
	인천	1,469	669	2,903	0.51	0.23

자료: 통계청 웹사이트.

만 6천 명, 경기도의 취업자 수는 622만 6천 명으로 경기도 취업자가 1.21배, 108만 명 더 많다. 그러나 5인 이상 사업체 종사자 수는 서울시가 355만 8천 명, 경기도가 328만 4천 명으로 서울시가 27만 4천 명 더 많다. 1995년의 경우 서울시의 취업자 수는 482만 3천 명, 경기도의 취업자 수는 346만 9천 명으로 서울시의 취업자가 1.39배, 135만 4천 명 더 많았다. 5인 이상 사업체 종사자 수는 서울시가 276만 7천 명, 경기도가 152만 1천 명으로 1.82배, 124만 6천 명 더 많았다. 이를 통해 지난 20년 동안 5인 이상 사업체 종사자 수는 비슷해졌지만 인구 대비 사업체 종사자 수는 아직도 서울시의 77% 수준으로 변함이 없음을 알 수 있다. 이런 현상은 결국 직주분리를 고착화시켜 출퇴근통행비율을 높게 만들고 도시고속도로의 확충, 광역철도의 건설수요를 더욱 늘리게 된다.

2) 승용차 중심의 교통체계

(1) 승용차 보급 확대에 따른 통행량 증가

현재 수도권의 경우 대중교통시설의 부족에 따라 승용차 이용이 보편화되어 있으며 이로 인한 도로교통 혼잡이 심화되는 악순환의 형태를 띠고 있다. 수도권의 교통체계가 승용차 중심으로 이뤄져 있어서 매일 출퇴근 시간에 서울시와 경기도를 연결하는 도로 상에서 교통혼잡이 발생하고 있다. 자가용·승용차를 중심으로 한 자동차의 보급이 폭발적으로 증가하여 지난 1981~2015년 기간에 서울시의 자동차 대수가 22만 2천 대에서 305만 7천 대로 13.8배 증가했으며, 경기도는 4만 9천 대에서 491만 7천 대로 100.3배 증가했다. 이는 도로교통량의 엄청난 증가를 초래했으며 도로교통량의 많은 부분이 자가용·승용차에 의해 이뤄졌다.

그림 1.2.2／수도권 축별 교통수단 분담률

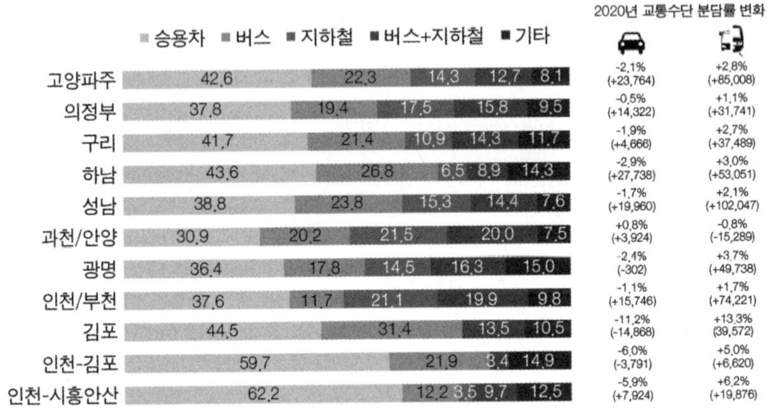

자료: 국토교통부, 「제3차 대도시권 광역교통시행계획(2017~2020)[수도권]」(2017).

수도권의 대중교통체계가 원활하지 못하면 승용차의 분담률이 높아질 수밖에 없는데 지하철·전철이 없는 김포 축은 승용차 이용률이 44.5%이며 하남 축은 43.6%였다. 인천과 김포, 인천과 시흥·안산을 연결하는 축은 대중교통이 더욱 불편하여 승용차 이용률이 59.7%, 62.2%로 대중교통시설의 확충이 시급함을 알 수 있다.

(2) 교통정체에 의한 과중한 혼잡비용의 발생

교통혼잡은 개인적으로는 차량 운행비 증가와 시간가치의 손실을 일으키며, 사회적으로는 물류비용의 증가, 대기오염 및 소음 등 외부불경제로 인한 사회적 손실을 야기하게 된다. 그동안 수도권은 교통시설의 적정한 공급 없이 계속되는 택지개발사업 및 아파트 건설로 인해 출퇴근 시간뿐만 아니라 낮 시간에도 교통혼잡이 발생했다. 특히 도로 중심의 교통체계를 형성하고 있기 때문에 교통혼잡이 심각한데, 2012년을 기준으로 수도권 지

표 1.2.12／GDP 대비 전국 교통혼잡비용 추이 및 예측

(단위: 10억 원)

구분		2005	2006	2007	2008	2009	2010	2011	2012	2013	2014	2015	증가율(%)
전국 혼잡비용 (10억 원)	계(A)	23,540	24,621	26,172	26,903	27,706	28,509	29,097	30,315	31,420	32,385	33,350	3.54
	지역 간	9,094	9,180	9,684	9,881	10,064	10,436	10,742	11,130	11,418	11,737	12,057	2.86
	도시	14,446	15,441	16,488	17,022	17,641	18,073	18,355	19,185	20,002	20,647	21,293	3.96
GDP(B, 조 원)		920	966	1,043	1,104	1,152	1,265	1,333	1,377	1,428	1,483	1,542	5.30
(A/B, %)		2.56	2.55	2.54	2.44	2.41	2.25	2.18	2.18	2.20	2.18	2.16	-

자료: 한국교통연구원 보도자료, "2015년 교통혼잡비용 33조 4천억 원으로 예측", 2014.4.22.

역의 도로 종류별 혼잡비용을 추정한 결과 자동차 대수 증가에 따른 수도권 교통혼잡비용은 17조 4294억 원으로 파악되었다. 지역별 혼잡비용은 서울시가 8조 4144억 원, 경기도가 6조 4775억 원, 인천시가 2조 5375억 원으로 파악되었다. 교통혼잡비용이 GDP에서 차지하는 비율은 2005년 2.56%에서 2015년에는 2.16%로 감소하고 있다.

(3) 과도한 수송에너지 소비

수도권은 자동차 중심의 교통체계를 유지하여 과도한 수송에너지를 소비하고 있다. 1997년에 1498만 5천 TOE(Ton Of Equivalent)에서 2014년에는 1758만 1천 TOE로 연평균 0.94%의 증가를 나타냈다. 같은 기간 동안 서

표 1.2.13／수송에너지 소비 현황

(단위 : 천 TOE)

구분	1997년	2000년	2005년	2010년	2014년	연평균 증가율(%)
전국	32,081	29,792	35,558	36,938	37,628	0.94
수도권	14,985	12,519	16,219	17,107	17,581	0.94
서울	7,185	5,734	4,291	4,846	4,406	-2.84
경기	4,678	4,536	7,299	7,910	8,297	3.43
인천	3,122	2,249	4,629	4,351	4,878	2.66
수도권 구성비(%)	46.7	42.0	45.6	46.3	46.7	-

자료: 에너지경제연구원 웹사이트(www.keei.re.kr).

울시는 2.84%의 감소를 나타낸 반면 경기도는 3.43%, 인천시는 2.66% 증가하여 수송에너지 소비를 줄이기 위한 대책이 필요함을 알 수 있다.

3) 대중교통 이용 불편

(1) 대중교통시설의 절대 부족

직장과 주거지가 일치하지 않아 발생하는 지역 간 통행은 필연적으로 광역교통문제를 야기한다. 수도권의 교통문제를 해결하기 위해서는 대중교통을 중심으로 교통체계를 개편할 필요가 있다. 선진외국의 대도시권 통행 패턴을 살펴보면 출근시간에 외곽에서 도심으로 대중교통을 이용하여 들어오는 사람의 철도이용비율은 도쿄권이 90.9%, 파리권이 83.6%, 런던권이 51.1%인 데 비해 한국의 수도권은 36.0%로 광역적인 교통수요 처리에서 철도 분담률이 매우 낮다. 도쿄권과 파리권은 전철 중심의 대중교통체계이며, 런던권은 전철과 버스가 비슷하게 이용되는 대중교통체계를 갖고 있으나, 수도권은 버스 위주의 대중교통체계를 형성하고 있다.

수도권 내 도시철도 연장은 863.5km인데 이는 외국 대도시권의 교통시설과 비교해볼 때 절대량에서도 부족할 뿐만 아니라 인구당 도시철도 연장

표 1.2.14／세계 주요도시의 대중교통수단의 역할 분담

구분	버스		전철(트램 포함)		합계(만 명/일)
	통행량(만 명/일)	비율(%)	통행량(만 명/일)	비율(%)	
런던권(2011)	440	48.9	460	51.1	900
일드프랑스(2006)	139	16.4	707	83.6	846
도쿄권(2008)	255	9.1	2,549	90.9	2,804
수도권(2010)	1,393	64.0	784	36.0	2,177

자료: 국토교통부, 「대중교통 중심의 수도권 광역교통 정책방향 수립」(2013).

에서도 크게 부족한 실정이다. 철도가 발달한 외국의 대도시권과는 달리 수도권은 수송용량이 떨어지는 버스 위주로 광역교통체계가 이뤄지다 보니 대중교통 이용객들이 아침저녁으로 혼잡한 광역버스를 이용하면서 많은 스트레스를 받고 있다.

(2) 광역버스 개선대책 미흡

수도권교통본부 자료에 의하면 2015년 서울시와 경기도, 인천시를 오가는 통행자(도보/자전거 포함)의 48.4%가 대중교통을, 41.2%가 승용차를 이용하고 있는 것으로 파악되었다. 대중교통 이용객 중 25.3%는 지하철·전철을 이용하며 23.1%가 노선버스를 이용했다. 노선버스 분담률은 2006년에 15.9%에서 2015년에는 17.9%로 2.0% 증가했으며 전철 분담률은 2006년에 18.9%에서 2015년에는 25.3%로 6.4% 증가했다. 수도권의 경우 광역버스 분담률이 2015년의 경우 7.2%로 광역교통에서 차지하는 비중이 크므로 광역버스에 대한 적절한 방안 마련이 필요하다.

서울시와 경기도를 오가는 광역버스는 좌석제 시행 이전인 2014년 4월에는 2152회가 운행되었는데 오전 첨두시 60% 이상이 정원을 초과하는 실정이었다. 국토교통부는 세월호 사고 이후 자동차 전용도로를 운행하는 노선버스의 좌석 안전띠 착용을 의무화하는 좌석제를 실시하고자 했으나 광역버스승객이 모두 앉아서 가도록 만들기에는 서울 진·출입도로의 용량문제, 예산문제 등으로 어려운 실정이다. 좌석제 시행 이후인 2015년 3월에는 출근시간에 2448대의 광역버스가 운행되고 있는데 51% 이상이 오전 첨두시 정원을 초과하고 있다. 총 승객 수 대비 입석승객 수를 의미하는 입석률은 좌석제 시행 이전인 2014년 4월에는 17.0%였는데 광역버스 수송용량 증대 및 전세버스의 추가 투입을 통해 좌석제 시행 이후인 2015년 3월에는

그림 1.2.3 / 첨두시 입석률 15% 이상 버스노선

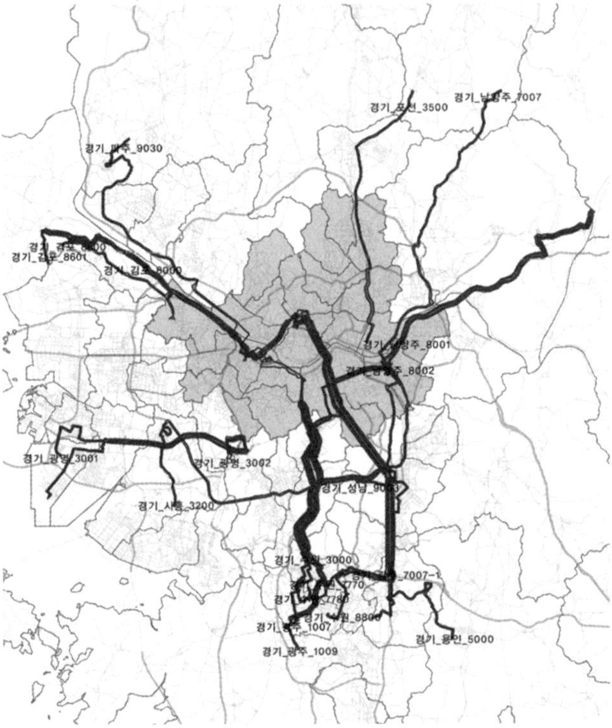

자료: 경기연구원 내부자료(2016).

12.4%로 낮아졌다.

2016년 3월 서울-경기 간 출근통행 시 평균 입석률은 10.2%이며, 입석률 15% 이상인 노선은 22개로 파악되었다. 출근통행 시 입석률이 15% 이상인 버스노선을 살펴보면 성남·용인 축, 수원 축, 김포 축, 남양주 축, 고양·파주 축이 두드러지는데 이들 지역은 광역철도로 전환이 시급하다. 김포 축은 김포도시철도가 2018년까지 완공되면 개선될 것으로 예상되며, 남양주 축도 별내선이 2022년까지 완공되면 개선될 것으로 예상된다. 신분당

선 서울도심구간 연장노선은 과다하게 운행되고 있는 광역버스를 최소화할 수 있는 적정노선으로 선정하는 것이 매우 중요하다.

(3) 대중교통 통합 서비스의 부족

과거에는 버스의 경우 다수의 소규모 민간업체에 의해 운영되다 보니 수익극대화를 위해 경쟁적으로 운행하게 되고, 그 결과 지하철과의 중복은 물론 버스노선 간에도 경합 또는 굴곡 등 각종 문제가 있었다. 또한 버스노선이 개별 업체에 의해 독점적으로 운영되어 개선이 쉽지 않았다. 서울시는 2004년 버스체계를 개편하고 준공영제를 도입함으로써 버스서비스 개선을 이뤘지만 과도한 정부 재정지원 문제는 현재도 과제로 남아 있다.

2004년 서울시가 코레일, 서울시도시철도, 버스 간에 거리비례환승시스템을 도입한 이후 경기도는 2007년에 수도권 대중교통 통합환승시스템을 구축했고 2009년에는 광역버스까지 통합환승시스템에 포함시켰다. 인천시는 2009년에 포함되어 지금은 수도권 전 지역이 대중교통 통합환승시스템으로 운영되고 있다.

요금시스템은 통합적으로 운영되고 있지만 경기도 내 주요 지역에서 서

표 1.2.15／수도권 광역버스 운행조정 협의 결과

구분		합계	2006	2007	2008	2009	2010	2011	2012	2013	2014	2015	2016
합계		460	41	44	80	89	63	63	27	21	5	13	14
협의성공	건수	245	18	21	45	52	30	42	12	11	2	7	5
	비율	53.3%	43.9%	47.7%	56.3%	58.4%	47.6%	66.7%	44.4%	52.4%	40.0%	53.8%	35.7%
협의실패	건수	215	23	23	35	37	33	21	15	10	3	6	9
	비율	46.7%	56.1%	52.3%	43.8%	41.6	52.4%	33.3%	55.6%	47.6%	60.0%	46.2%	64.3%

주: 협의성공 건수 = 인용 + 수정인용, 협의실패 건수 = 기각·각하 + 보류 + 보류(조정 중).
자료: 수도권교통본부 웹사이트(www.mta.go.kr).

울 시내로 연결되는 버스노선 혼잡률 완화를 위한 증차에 대해서는 서울시가 적극적인 수용의 자세를 갖고 있지 않아 수도권 버스 이용객의 불편이 지속되고 있다. 향후에는 광역버스좌석제를 전체 노선에 실시할 수 있도록 증차를 허용할 필요가 있다. 2006~2015년간 서울시와 경기도가 버스노선 조정과 관련하여 협의한 결과, 동의한 경우는 53.3%에 불과했다. 승용차의 과도한 이용으로 인한 에너지 과소비를 줄이고, 수도권의 교통혼잡을 줄이기 위해서는 대중교통 이용의 활성화가 중요하므로 서울시로 진입하는 경기도와 인천시 버스노선의 허가 및 증차에 대해 서울시가 보다 적극적으로 협의할 필요가 있다.

현재 서울-경기 간을 통행하는 경기도 면허 광역버스는 172개 노선, 2377대가 운행 중인 반면 서울시 면허 광역버스는 11개 노선, 228대가 운행 중이다. 수입을 비용으로 나눈 운송수지율은 광역버스가 0.91이고 일반버스가 1.01로 광역버스의 운송수지가 낮다.[5] 버스운수업체 입장에서는 광역버스의 적자를 일반 시내버스의 수익으로 충당해야 하는 구조다. 경기도도 광역버스의 적자운행을 일정 부분 재정지원 해야 하는 상황이다. 서울시의 주택난 때문에 경기도로 이사해 온 주민이 서울시 직장을 다니는데 경기도와 경기도 버스업체가 비용을 부담하는 문제는 개선될 필요가 있다.

(4) 순환축 대중교통 개선 필요

그동안 수도권의 광역통행은 직장은 서울에 두고 경기도 및 인천시로 이주하는 주민이 늘어남에 따라 서울 중심의 패턴을 유지해왔으며 이에 따라

---

5) 지우석, 「수도권 광역버스 딜레마, 서울과 경기도 상생과 협력」, ≪현안브리프≫(2016), 경기연구원.

광역통행량도 증가했다. 그러나 최근 수도권교통본부 자료에 의하면 경기 지역의 총 통행 중 경기↔서울 간 통행비율은 1997년 28.4%에서 2015년 24.2%로 4.2% 줄어든 반면 경기↔인천·기타 지역 간 통행비율은 1997년 3.4%에서 2015년 7.8%로 4.4%로 증가했다.

순환축을 확충함으로써 서울 중심의 방사형 교통체계를 방사순환형으로 변화시켜 도시 발전을 유도하는 전략 마련이 필요하다. 기존 수도권 광역교통계획에서는 순환축의 대중교통 개선대책이 미흡했는데 서울외곽순환고속도로에 대한 대중교통 우선정책 도입이 적극 검토될 필요가 있다. 지난 2010년부터 경기도는 서울외곽순환고속도로를 통행하는 경기순환버스를 운행해왔는데 순환버스 정류장이 요금소 주변에 설치되다 보니 지하통로의 환승거리가 길어서 불편하다. 최근 한국도로공사에서는 스마트톨링시스템 도입을 검토 중인데 향후 요금소에 여유공간이 생기면 중앙에 환승 정류장을 설치하여 환승편의를 도모할 필요가 있다.

4) 효율적 시스템을 구축하기 위한 행정체계 부재

(1) 미약한 협의·조정 기능

지역 간을 연결하는 도로, 지하철, 전철, 버스노선, 택시 운행 등은 여러 지방자치단체가 광역적으로 처리해야 할 교통시설과 서비스이다.[6] 대도시 지역 간 유·출입인구는 계속 증가하고 있는 반면 교통행정은 시·도 행정구역별로 독자적으로 이뤄지고 있으며, 교통서비스의 효율적인 공급과 운영이 제대로 이뤄지지 않아 대도시 지역주민의 교통불편을 야기하고 있

6) 조응래, 「광역대중교통 행정체계의 발전방안」, ≪국토≫ 통권 239호(2001), 국토연구원.

다. 수도권의 교통문제를 효율적으로 해결하기 위해서는 광역교통시설의 계획, 설계, 운영 및 투자에서 중앙정부, 서울시, 경기도, 인천시 간에 유기적인 협력체계가 필요하다.

현재 수도권에는 교통과 관련하여 수도권교통본부가 운영 중이나 실질적인 집행력을 갖지 못함으로써 조정 기능을 수행하는 데 한계가 있다. 이에 따라 서울시, 인천시, 경기도 그리고 각 시·군의 이해관계가 서로 다를 경우 이를 조정하기가 어려운 실정이다. 경기도 광역버스에 대한 서울시의 입장은 경기도 버스로 인하여 서울시에 교통체증과 대기오염이 발생한다는 것이다. 또한 강남역, 사당역 등은 이미 용량포화 상태이기 때문에 더 이상 경기도 버스를 받아들일 수 없다는 주장이다. 이런 이유로 2016년에도 서울시로 진입 건의된 버스노선 14건 중 9건이 부동의되었으며, 출퇴근 혼잡이 가장 심한 강남역 구간을 경유하는 노선은 1대도 증차되지 못했다.

최근 미세먼지가 급격하게 사회문제로 대두되면서 서울시는 경유를 연료로 사용하는 경기도 광역버스의 서울시 진입을 2017년부터 전면 금지하겠다고 발표했다. 서울시는 경유차량을 CNG(압축천연가스) 차량으로 교체할 것을 요구하고 있으나 1800여 대의 경기도 광역버스를 대당 2억여 원인 CNG 버스로 단기간에 교체한다는 것은 실현하기가 어려우므로 관계기관 사이의 적극적인 협의를 통해 개선방안을 마련할 필요가 있다.

(2) 교통시설 투자 중심에서 운영 중심으로 전환 필요

대도시권 교통문제는 계속 악화될 것으로 예상되나 이를 해결하기 위한 예산은 턱없이 부족한 상황이다. 전 국민의 80%가 살고 있는 대도시권의 교통을 개선하기 위해 중앙정부가 지자체와 함께 노력할 필요가 있다. 그동안에는 도로, 철도 건설을 중심으로 예산이 투입되었는데 운영·유지관리 분야에 대한 예산투자도 필요하다. 대도시권의 교통체계가 대중교통 중심으로 개편될 수 있도록 버스 운영에 대해서도 중앙정부가 관심을 갖고 지원하기 위해 기존 교통시설특별회계 안에 버스 계정을 신설할 필요가 있다. 장기간 소요되는 사업보다 단기간 개선 가능한 사업에 집중 투자하는 방식으로 전환해야 한다. 지하철·전철, 버스 간 통합환승체계 구축에 따라 도로·철도·버스 구분 없이 교통체계를 유기적으로 연계하는 환승체계 개선사업을 우선적으로 추진하는 것도 바람직하다.

제3장
교통정책 패러다임의 전환

/조응래

1. 기존 수도권 교통정책의 방향

1) 대도시권 광역교통 정책의 추진체계

(1) 「대도시권 광역교통관리에 관한 특별법」 제정

대도시권 광역교통은 동일 생활권이 형성된 대도시권역 내의 교통시설 및 교통수단의 운영·관리, 그리고 건설에 관련된 업무를 종합적으로 수행하는 것을 의미한다.[1] 과거에도 대도시권 광역교통문제에 대해 효율적으로 대응하기 위한 계획은 수립되었지만 구체적으로 집행할 수 있는 제도와 기구는 마련되지 않았다. 「대도시권 광역교통관리에 관한 특별법」이 1997년 4월에 제정되면서 대도시권 광역교통문제를 해결할 수 있는 제도적 기반이 마련되었다.

「대도시권 광역교통관리에 관한 특별법」에 의하면 대도시권의 효율적인 광역교통관리를 위하여 둘 이상의 특별시·광역시·특별자치시 및 도에 걸치는 광역도로, 광역철도, 환승주차장 등 교통시설에 대해 광역교통계획

---

1) 조응래, 「광역대중교통 행정체계의 발전방안」, ≪국토≫ 통권 239호(2001), 국토연구원.

을 수립하여 추진하도록 하고 있다.[2] 「대도시권 광역교통관리에 관한 특별법」에 따른 광역교통업무를 효율적으로 수행하기 위하여 1998년에 건설교통부에 광역교통기획단이 발족되었다.[3] 광역교통기획단은 교통관리국 아래에 교통기획과·투자계획과·교통운영과를 두었으며, 교통시설국 아래에 광역도로과·광역철도과·특수시설과를 두었다. 이와 같은 조직은 이후 광역교통정책실로 확대되었다가 최근에는 교통물류실의 종합교통정책관이 담당하는 형태로 변화되었다.

(2) 광역교통계획의 수립체계

① 광역교통기본계획 수립

1998년 발족된 건설교통부 광역교통기획단에서는 대도시권 광역교통정책의 기본 방향을 제시하기 위해 권역별로 5년 단위의 광역교통계획을 수립했다. 수도권은 1998년 12월에 「제1차 수도권 광역교통계획(1999~2003)」을, 2004년 4월에는 「제2차 수도권 광역교통계획(2004~2008)」을 수립했다. 2007년 1월 19일 「대도시권 광역교통관리에 관한 특별법」이 개정되면서 20년 단위의 대도시권 광역교통기본계획 수립이 법제화되었다.

2007년에 처음으로 수립된 「대도시권 광역교통기본계획(2007~2026)」의 비전은 '어디서나 신속하고 편리한 광역교통서비스 구현'이었으며, 이에 따른 목표는 철도 중심의 대중교통체계 구축, 광역간선도로의 체계적인 구축, 광역교통시설의 효율적 운영이었다.[4] 「대도시권 광역교통기본계획(2007~2026)」의 세부적인 추진방안은 7개로 이뤄졌는데 철도 중심의 대중교통체

---

2) 법제처, 「대도시권 광역교통관리에 관한 특별법」.

3) 건설교통부, 「수도권 종합교통체계조사: 광역교통행정 체제 연구」(2000).

4) 건설교통부, 「대도시권 광역교통기본계획(2007~2026)」(2007).

계를 구축하기 위해서 체계적 광역대중교통망 구축, 대중교통 연계서비스 제공, 신속하고 편리한 대중교통서비스 구축방안이 모색되었다. 광역간선도로의 체계적인 구축을 위해서는 지역연계 강화 및 기능 분산을 위한 광역간선도로망 구축, 광역정체지점 해소방안이 검토되었다. 광역교통시설의 효율적 운영을 위해서는 관리를 통한 효율화 및 안전성 제고, 합리적인 광역교통행정체계 구축방안이 모색되었다.

변화된 정책 여건을 반영하기 위해서 2013년에 「대도시권 광역교통기본계획 변경계획(2013~2020)」이 수립되었는데 이 계획의 비전은 '대중교통 중심의 광역교통체계 구축을 통한 녹색교통환경 구축'으로 제시되었다. 계획의 목표는 거점 및 전략 도시를 연계하기 위한 광역교통망 확대, 서비스 개선을 통한 대중교통 이용 활성화, 안전성과 이동성을 보장하기 위한 운영 효율성 제고, 지속가능한 광역교통정책 추진으로 제시되었다.[5] 「대도시권 광역교통기본계획 변경계획(2013~2020)」의 추진방안으로는 거점 및 전략 도시를 연계하기 위한 광역교통망 확대를 위해 대중교통 우선 검토, 대중교통수요에 대응하는 철도·BRT(Bus Rapid Transit) 구축 및 급행화, 광역간선도로망 보강이 검토되었다. 서비스 개선을 통한 대중교통 이용 활성화를 위해서는 환승센터 중심의 환승시설 건설, 환승거점 등 효율적인 환승체계 구축, 광역급행버스 추가노선 선정 및 도입 검토, 낙후된 대중교통시설 교체 및 신규 서비스 제공방안이 모색되었다. 안전성과 이동성을 보장하기 위한 운영 효율성 제고를 위해서는 효과적인 광역교통 수요관리방안 검토 및 적용, 광역 BIS(Bus Information System) 구축 및 교통정보시스템 통합, 다양한 TSM(Transportation System Management) 기법을 적용하는 방안이 검토

---

5) 국토교통부, 「대도시권 광역교통기본계획(2013~2020) 수립 연구: 수도권」(2013).

표 1.3.1／대도시권 광역교통기본계획 추진전략

계획명	계획목표	추진전략
대도시권 광역교통기본계획 (2007~2026)	• 철도 중심의 대중교통체계 구축	• 체계적 광역대중교통망 구축, 대중교통 연계서비스 제공, 신속하고 편리한 대중교통서비스 구축
	• 광역간선도로의 체계적 구축	• 지역연계 강화 및 기능 분산을 위한 광역간선도로망 구축, 광역정체지점 해소
	• 광역교통시설의 효율적 운영	• 관리를 통한 효율화 및 안전성 제고, 합리적 광역교통행정체계 구축
대도시권 광역교통기본계획 변경(2013~2020)	• 거점 및 전략 도시를 연계하기 위한 광역교통망 확대	• 대중교통 우선 검토, 대중교통수요에 대응하는 철도·BRT 구축 및 급행화, 광역간선도로망 보강
	• 서비스 개선을 통한 대중교통 이용 활성화	• 환승센터 중심의 환승시설 건설, 환승거점 등 효율적인 환승체계 구축, 광역급행버스 추가노선 선정 및 도입 검토, 낙후된 대중교통시설 교체 및 신규 서비스 제공
	• 안전성과 이동성 보장을 위한 운영 효율성 제고	• 효과적인 광역교통 수요관리방안 검토 및 적용, 광역 BIS 구축 및 교통정보시스템 통합, 다양한 TSM 기법을 적용해 문제 해결
	• 지속가능한 광역교통 정책 추진	• 타 교통계획과 차별화·연계성 강화, 광역교통시설 선정기준 조정, 교통유발부담금의 현실화 및 강화, 사후관리 체계화

되었다. 지속가능한 광역교통 정책을 추진하기 위해서는 타 교통계획과 차별화·연계성 강화, 광역교통시설 선정기준 조정, 교통유발부담금의 현실화 및 강화, 사후관리를 체계화하는 방안이 모색되었다.

② 광역교통시행계획 수립

광역교통시행계획도 광역교통기본계획과 마찬가지로 2007년에 처음 수립되었다. 광역교통시행계획은 광역교통기본계획에서 정한 대도시권 광역교통시설의 확충과 광역교통체계의 개선을 효과적으로 추진하기 위해 수립하는 5년 단위의 계획이다. 「제1차 대도시권 광역교통시행계획(2007~2011)」의 목표는 '대중교통 중심의 광역교통체계 구축', '광역간선도로의 교통체증 완화', '광역교통시설의 운영 효율화'였다.[6] 「제1차 대도시권 광역교통시행계획(2007~2011)」의 추진 방향으로는 대중교통 중심의 광역교통체계를 구축하기 위해서 광역철도 확충 및 BRT 시범사업 추진, 광역환승시설 확충방안이 검토되었다. 광역간선도로의 교통체증을 완화하기 위해서는 광역도로·공영차고지를 확충하고, 광역교통시설의 운영 효율화를 위해서는 광역대중교통서비스 개선, 광역교통 수요관리, 광역 지능형교통체계(ITS: Intelligent Transportation System)를 구축하는 방안이 모색되었다.

「제2차 대도시권 광역교통시행계획(2012~2016)」의 목표는 '체계적인 광역간선교통망 구축', '적재적소의 광역교통시설 확충·개선', '효율적인 운영체계 개선'으로 제시되었다.[7] 「제2차 대도시권 광역교통시행계획(2012~2016)」의 추진전략으로는 체계적인 광역간선교통망을 구축하기 위해 광역간선철도망·광역간선도로망의 구축방안이 검토되었다. 적재적소의 광역교통시설 확충·개선을 위해서는 광역철도·도로 등 시설을 확충하고 간선급행버스·환승시설 등을 확충하는 방안이 모색되었다. 또한 효율적인 운영체계를 개선하기 위해서 광역교통체계 정비, 광역교통시설 운영 개선, 광역 수요관리 강화, 도시계획과의 연계성 강화 방안이 검토되었다.

이런 내용을 토대로 2017년에 「제3차 대도시권 광역교통시행계획(2017~2020)」이 수립되었는데 비전은 '출퇴근이 편안한 광역교통체계 구축'으로 제시되었다.[8] 대도시권별로 광역교통의 현황과 과제가 다른 만큼 과거의 시행계획과는 달리 목표는 동일하게 설정하되 권역별로 각각의 추진전략을 설정했다. 목표는 만족도 높은 대중교통서비스 제공, 지역연계 강화를 위한 광역교통망 구축, 효율적인 광역교통운영체계 구축, 실효성 있는 핵

---

6) 건설교통부, 「제1차 대도시권 광역교통시행계획(2007~2011)」(2007).

7) 국토교통부 고시, 「제2차 대도시권 광역교통시행계획(2012~2016)」 변경(2013.7.10).

8) 국토교통부 고시, 「제3차 대도시권 광역교통시행계획(2017~2020)」(2017.1.25).

심사업 추진으로 설정되었다. 이에 따른 수도권의 추진전략으로는 만족도 높은 대중교통서비스를 제공하기 위해 광역대중교통인프라의 조속한 추진, 광역교통수단 간 환승편의 제공, 철도 급행화를 통한 통행시간 단축방안이 검토되었다. 효율적인 광역교통운영체계를 구축하기 위해서는 정기적인 계획 및 협의·기구 활성화, 안정적인 광역교통 관련 재원 발굴, 협력적 행정시스템 개선방안이 모색되었다. 또한 실효성 있는 핵심사업 추진을 위해서는 사업의 지속가능성을 위한 계속사업의 우선 추진, 실현가능성 평가를 통한 사업의 일몰제 적용, 투자의 효율성을 확보하기 위한 저비용·고효율 사업 발굴 등이 검토되었다.[9] 수도권에서는 지역연계 강화를 위한 광

표 1.3.2／수도권 광역교통 정책 추진전략

계획명	계획목표	추진전략
제1차 대도시권 광역교통시행계획 (2007~2011)	• 대중교통 중심의 광역교통체계 구축 • 광역간선도로의 교통체증 완화 • 광역교통시설의 운영 효율화	• 광역철도 확충 및 BRT 시범사업 추진, 광역환승시설 확충 • 광역도로·공영차고지 확충 • 광역대중교통서비스 개선, 광역교통 수요관리, 광역 지능형교통체계(ITS) 구축
제2차 대도시권 광역교통시행계획 변경 (2012~2016)	• 체계적인 광역간선교통망 구축 • 적재적소의 광역교통시설 확충·개선 • 효율적인 운영체계 개선	• 광역간선철도망·광역간선도로망 구축 • 광역철도·도로 등 시설 확충, 간선급행버스·환승시설 등 확충 • 광역교통체계 정비, 광역교통시설 운영 개선, 광역 수요관리 강화, 도시계획과의 연계성 강화
제3차 대도시권 광역교통시행계획 (2017~2020)	• 만족도 높은 대중교통서비스 제공 • 효율적인 광역교통운영체계 구축 • 실효성 있는 핵심사업 추진 • 지역연계 강화를 위한 광역교통망 구축	• 광역대중교통인프라의 조속한 추진, 광역교통수단 간 환승편의 제공, 철도 급행화를 통한 통행시간 단축 • 정기적인 계획 및 협의·기구 활성화, 안정적인 광역교통 관련 재원 발굴, 협력적인 행정시스템 개선 • 사업의 지속가능성을 위한 계속사업의 우선 추진, 실현가능성 평가를 통한 사업의 일몰제 적용, 투자의 효율성을 확보하기 위한 저비용·고효율 사업 발굴

9) 국토교통부 고시, 「제3차 대도시권 광역교통시행계획(2017~2020)」(2017.1.25).

역교통망 구축과 관련한 추진전략은 타 권역과 달리 마련되지 않았다.

기존 광역교통계획에서는 광역도로, 광역철도 등 광역교통망의 효율적 확충이 중요한 정책목표였다. 그동안에는 광역교통 건설 위주의 정책이 추진되어왔던 반면 앞으로는 광역교통시설의 운영까지 세밀하게 검토하여 지속가능한 운영체계를 구축하는 것이 중요하다. 수도권의 광역교통체계에서 광역버스는 매우 중요한 교통수단임에도 불구하고 철도에 비해 대중교통수단으로 적극적인 개선방안이 모색되지 못했다. 따라서 향후에는 광역대중교통서비스의 질 향상을 최우선 정책목표로 설정하고 추진할 필요가 있다. 이와 함께 수도권 교통문제를 개선하기 위해서는 서울시, 인천시, 경기도 3개 행정기관의 협력이 무엇보다 중요하므로 광역교통행정체계 정비도 향후에는 중요한 정책목표가 될 것으로 판단된다.

광역대중교통서비스의 질 향상을 위해서는 광역버스좌석제 정착을 위한 제도 보완, 수요에 대응하는 광역버스노선 정비, 수도권 통합 버스정보안내시스템 구축, 버스정류소 대기편의성 확보가 중요하다. 광역교통망의 효율적인 확충을 위해서는 철도 급행화를 통한 통행시간 단축, 광역교통시설사업 우선순위 종합평가, 광역교통수단 간 환승거점 개발, 사후평가체계 구축 및 일몰제 도입 등의 정책을 추진해야 한다. 지속가능한 운영체계를 구축하는 것도 중요한데 운영 효율화를 통한 비용절감, 도시계획과 연계한 수익 증대방안 모색, 시설의 안전성·편리성·친환경성 제고가 이뤄지도록 노력할 필요가 있다. 이와 아울러 광역교통행정체계를 정비하기 위해 광역교통 협의·조정 활성화, 광역버스행정체계 개선, 광역교통 관련 예산 확충과 관련된 정책 추진도 중요하다.

2. 교통정책의 패러다임 전환 필요성

1) 저출산, 고령화, 저성장 사회의 도래

현재 한국 사회는 저출산, 고령화, 저성장 현상으로 경제상황이 계속 악화되고 있다. 산업부문의 '고용 없는 성장'은 일자리의 양적·질적 저하를 가져와 임시직, 소상공인, 자영업자의 비율이 늘어날 것으로 예상된다. 생산가능인구는 점차 감소하고 취업자는 50대 이상의 고령층 중심으로 급속히 재편될 것이며, 이에 따른 노동력 부족 현상은 저성장을 더욱 고착화할 가능성이 높다.[10] 따라서 노동생산성의 향상과 고령인구의 경제활동참가율 제고가 저성장시대의 주요한 과제가 될 것이다. 경제활동을 하는 사람이 줄어들면 현재와 같이 아침 일찍 출근하는 사람들도 줄고 비싼 요금의 교통시설을 이용하는 수요도 줄어들게 된다. 저출산, 고령화, 저성장 현상이 지속되는 상황에서는 이런 구조변화에 맞게 새로운 교통정책의 추진이 필요하다.

도심지역의 경우 고령자와 여성을 배려한 대중교통 중심의 도시 조성과 상업공간 활성화 정책이 논의되고 있는 반면, 교외지역과 신도시지역은 광역교통체계 구축과 직주근접이 가능한 압축도시정책이 모색되고 있다. 1인 가구를 위한 소형주택과 고령자를 위한 무장애주택의 공급 등도 향후 주거지와 관련된 변화의 모습이다. 특히 고령자에 대해서는 무장애도시의 조성, 실버산업의 확대, 노인복지서비스, 교통서비스 등이 연계된 종합적인 대안 마련이 중요하다.

---

10) 이외희 외, 『저성장시대의 지역정책』(한울아카데미, 2014).

경기도의 65세 이상 고령인구비율은 2005년에 7.1%로 고령화 사회 기준인 7%를 넘어섰으며 2015년에는 10.5%에 이르고 있다. 그러나 전국의 고령인구비율에 비해서는 낮은 편인데 이는 타 지역으로부터 순인구유입이 많기 때문이다. 특히 20, 30대를 중심으로 인구유입이 이뤄지고 있는데 주출산연령대인 20, 30대의 인구유입은 높은 자연증가율을 나타내게 된다. 경기도의 인구유입은 서울의 주거 불안정 요인과 전국보다 높은 고용률 등으로 인해 발생하는 것으로 파악되고 있다.[11]

1960년대부터 본격적으로 시작된 산업화·도시화에 따라 수도권에는 매년 20만~30만 명의 인구가 증가해왔다. 이에 따라 정부에서는 1980년대 초부터 수도권의 인구 집중을 억제하기 위해 「수도권정비계획법」을 제정하여 공장, 산업단지, 대학 등에 대한 규제정책을 실시해왔다. 과거 수도권으로 인구와 산업 등이 집중되던 시절에는 규제정책이 필요할 수도 있었지만 저출산문제를 해결하기 위해서는 전국 20, 30대 젊은 층의 55.2%인 761만 명이 거주하는 수도권 지역에서의 출산율 제고가 무엇보다 중요하다. 따라서 수도권 규제정책을 전환해 수도권의 경제적 여건 및 교육여건을 개선하여 젊은 층의 출산과 육아를 촉진, 장려할 수 있도록 수도권 규제정책의 방향을 전환해야 한다. 저출산은 생산활동인구의 감소에 따른 경제성장의 둔화, 노동생산성 저하, 국가재정의 안정성 악화 등 국가사회 전반에 부정적인 영향을 미치게 될 것이므로 저출산시대에는 인구억제 위주의 수도권 규제정책이 개선될 필요가 있다.[12]

---

11) 김을식, 「경기도 인구구조의 변화와 정책적 함의」, ≪이슈&진단≫ 141호(2014), 경기개발연구원.

12) 조성호 외, 「저출산시대의 수도권 규제정책의 재검토」, ≪이슈&진단≫ 79호(2013), 경기개발연구원.

2) 과학기술의 발달

과거 성장시대에는 도시, 주택, 도로사업 등 개발사업이 활발하게 이뤄졌으며 이에 따라 건설부문은 국내 경제성장의 주요한 성장동력으로 기능해왔다. GDP 대비 건설투자비율은 1978년 이후 20%를 초과했으며, 1990년에는 25.1%를 기록했다.[13] 이런 상승세는 1997년까지 이어지다가 IMF 이후 2000년대에는 18%로, 2012년에는 13%로 낮아졌지만 아직도 건설부문에 대한 투자는 경기부양을 위한 주요 수단으로 인식되고 있다. OECD 국가의 2005~2010년 GDP 대비 건설투자비율은 12.5%인 데 비해 한국은 17.7%로 한국 경제에서 건설부문이 차지하는 비중은 아직도 높은 수준이다. 그러나 앞으로는 교통시설 건설 위주의 공급체계에서 벗어나 운영 효율성을 극대화하는 방향으로 정책이 변화될 필요가 있다.

최근 스마트폰의 광범위한 보급에 따라 인터넷, 네트워크 등으로 연결된 삶이 실시간으로 이뤄지고, 사물인터넷으로 대표되는 연결 대상의 확대로 사람뿐만 아니라 사물 중심의 연결이 늘어나는 추세이다. 미국을 비롯한 선진국들은 이와 같은 초연결성을 국가발전의 주요 전략으로 활용하고자 노력하고 있다. 한국도 사물인터넷 관련 정책 추진 및 R&D 투자를 통해 초연결사회 인프라를 조성하고, 공공분야를 중심으로 사물인터넷 활성화를 도모하고 있다. 이를 위해서는 공공에서 유선기반의 행정정보 시스템 및 서비스를 무선기반으로 전환하고, 초연결사회로의 전환에 필요한 사물인터넷, 클라우드, 빅데이터 등 정보통신 신기술 개발에 대한 투자와 민간기업의 투자를 유도하기 위한 세제 지원을 적극 검토할 필요가 있다.[14]

13) 이외희 외, 『저성장시대의 지역정책』(한울아카데미, 2014).

정보통신기술 발달은 과거의 교통시설 투자방식의 변화를 요구하고 있다. 매년 1월 초 미국 라스베이거스에서는 소비자 전자제품 전시회(CES)가 열리는데 2016년과 2017년에는 다양한 종류의 자동차 관련 전자제품들과 자율주행자동차가 출품되어 미래사회의 기술 발전을 예상할 수 있게 해주었다. 자동차는 더 이상 화석연료와 엔진으로 움직이는 기계가 아니라 정보통신기술과 융합된 전자제품으로 인식되어야 한다는 것을 알려주었다. 아랍에미리트 아부다비 시에 위치한 마스다르 시티는 탄소배출 제로를 목표로 태양열 발전소를 통해 전력을 공급하고, 건물과 기반시설 건설 시 에너지 효율을 극대화하도록 설계하고 있다. 또한 도시 내에서 화석연료를 사용하지 않기 위해 전기자동차와 무인자동궤도차량(PRT)을 운행하고 있다. 향후 자율주행자동차와 전기자동차가 결합된 교통체계는 고령화된 한국 사회의 도시 모습을 획기적으로 변화시킬 것으로 예상된다.

3) 수요자 중심의 교통정책 추진 필요

그동안의 교통정책은 공급자 위주의 도로·철도 시설 공급 및 버스서비스 제공 등이 중심이 되어 추진되어왔다. 그러나 앞으로는 저성장, 고령화 시대를 맞이하여 이용자 요구에 부합하는 교통체계를 구축해야 한다. 미래사회의 변화를 고려하여 주민들이 편리하고 안전하게 교통을 이용할 수 있는 정책 대안을 마련하는 것이 중요하다. 특히 교통복지 차원에서는 통행시간의 최소화도 중요하지만 교통약자의 이동권이 보장되고, 안전하고 친환경적인 교통체계 구축 방향의 모색도 중요하다.[15]

---

14) 유영성, 「초연결사회와 우리의 수준」, ≪이슈&진단≫ 129호(2014), 경기개발연구원.

앞으로 변화될 한국 사회의 모습을 예상할 때 조 단위의 예산을 들여 급행철도를 건설하는 것이 바람직한지 검토가 필요하다는 주장도 있다. 급행 운행을 위해 땅속 깊은 곳에서 철도가 운행되는데 고령화된 인구는 엘리베이터 이용을 원하고, 젊은 사람들도 계단이나 에스컬레이터를 이용하여 지상으로 올라오는 데 시간이 많이 걸려 광역버스를 이용하는 것이 오히려 편리할 수 있다.

최근에 전 세계적으로 많은 관심을 얻고 있는 공유경제는 상품이나 생산설비, 서비스 등을 개인이 소유하지 않고 필요한 만큼 빌려 쓰거나, 필요 없는 경우 타인에게 빌려주는 협력·공유소비를 의미한다.[16] 이와 같은 공유경제는 교통과 접목되어 카셰어, 공공자전거, 카풀, 수요응답형 대중교통 등의 형태로 확대되어가고 있다. 위키피디아에서는 공유교통(Shared Transport)을 "통행비용을 줄이기 위한 과정에서 개인 교통수단과 대중교통이 혼합된 형태의 교통수단을 공동으로 이용하는 것"으로 정의하고 있다. 과거에는 교통수단의 공급이 정부 주도로 이뤄져 왔으나 미래에는 이용자 필요에 따라 다수의 사람들이 참여하여 제공하는 형태로 변화될 수 있음을 알 수 있다. 따라서 앞으로는 수요자 중심의 교통정책이 추진되어야 하며, 이 과정에서 가장 중요한 것은 사람 중심, 환경 중심, 안전 중심의 교통체계를 구축하는 것이다.

사람 중심의 쾌적한 교통체계를 구축하기 위해서는 자동차 중심의 도로망 확충, 신호운영체계에서 벗어나 어린이, 노인, 장애인 등 교통약자의 통행권 확보를 위한 교통수단과 시설을 확충하고, 보행 및 자전거와 같은 녹

---

15) 조응래 외, 「경기도 교통정책 3.0: 생활형 교통정책으로의 전환」(경기개발연구원, 2014).

16) 고준호, 「우버의 영향과 공유교통서비스 발전 방향」, ≪교통≫ 211호(2015), 한국교통연구원.

그림 1.3.1 ／ 수도권 교통정책 패러다임의 전환

과거의 교통정책		앞으로의 교통정책
자동차 중심	➡	사람 중심
승용차 중심	➡	대중교통 중심
독립적 교통체계	➡	융합적 교통체계
많은 예산 투입	➡	저예산 사업 추진
서울 연결	➡	경기·인천지역 내 연결
경제성·효율성 중심	➡	환경 중심
장기 투자	➡	즉각 투자
공급자 중심	➡	이용자 중심

색교통수단을 활성화할 뿐만 아니라 불법주차를 정비해 쾌적한 교통환경을 조성하는 것이 중요하다. 대중교통 중심의 친환경적인 교통체계를 구축하기 위해서는 편안하게 이용할 수 있는 버스서비스를 확충하고, 통행시간을 단축시킬 수 있는 철도서비스를 제공하여 승용차 위주에서 대중교통 위주의 교통체계로 전환하는 것이 친환경적, 지속가능한 개발을 유도하는 방안이다. 이와 함께 효율적으로 통합된 안전 중심의 교통체계를 구축하기 위해서는 복지수요 증대에 따라 교통시설 투자예산이 줄어든 여건에서 교통수단 간 유기적인 연계체계를 갖도록 하고, 이용객들이 안전하게 교통시설을 이용하도록 시설을 정비하는 것이 필요하다. 또한 주민들이 교통을 이용하면서 느끼는 불편사항을 즉각적으로 개선하는 행정서비스의 제공도 매우 중요하다.[17]

17) 조응래 외, 「경기도 교통정책 3.0: 생활형 교통정책으로의 전환」(경기개발연구원, 2014).

| 제 2 부 |

인본주의 교통정책 추진 방향

수도권 교통의 뉴패러다임

인본주의 교통정책

제4장
사람 중심 교통문화

／김성하

1. 차 중심에서 사람 중심으로

1) 사람 중심 교통문화란

20세기 초반 자동차가 폭넓게 도입되기 시작하면서 거리의 또 다른 주인으로 자동차가 등장했다. 자동차 대중화 시대(Motorization)에 따라 자동차의 소통을 고려한 도로시설이 계획·설계되기 시작했으며, 사람들은 도로에서 빠르게 질주하는 자동차를 피해 조심해서 다녀야 했다.

이런 자동차 중심의 교통문화(Transport Culture)는 최근 사람 중심 교통문화로 그 패러다임이 변화하고 있다. 도로혼잡, 교통사고, 환경오염 등으로 발생하는 교통의 외부비용(사회적 비용)이 무시할 수 없을 정도로 커지고 있다는 것이 바로 그 이유 중 하나이다.

교통부문의 사회적 비용은 2007년 약 54조 원에서 2013년 약 84조 원으로 30조 원 정도 증가했다. 경제성장을 고려하여 GDP(국내총생산) 대비 교통부문의 사회적 비용을 살펴봐도 2007년 5.2%, 2013년 5.9%로 증가한 것으로 나타난다.

2013년 국가 전체 예산은 약 342조 원으로 교통의 사회적 비용은 국가

표 2.4.1／교통의 사회적 비용

(단위: 10억 원, %)

구분	2007년	2008년	2009년	2010년	2011년	2012년	2013년
도로교통 혼잡비용	26,172	26,903	27,706	28,509	29,097	30,315	31,420
교통사고비용	10,184	10,630	11,582	12,823	20,311	21,194	21,820
대기오염비용	13,054	14,378	16,621	14,984	14,043	14,690	14,109
온실가스비용	1,273	2,924	12,306	13,527	11,889	12,333	12,835
소음비용	3,105	2,946	3,048	3,160	3,294	3,732	3,932
전체	53,788	57,781	71,263	73,003	78,634	82,264	84,116
GDP 대비	5.2	5.2	6.2	5.8	5.9	6.0	5.9

주: 2007, 2008년 온실가스비용은 연도별 탄소배출권 거래금액 기준 환산비용(2007년=1,273원; 9.2유로/톤, 2008년=1,607원; 18.87유로/톤)을 적용하여 산정한 반면, 2009년부터는 교통시설 투자평가지침 원단위(150,000원/톤)를 활용하여 산정했으므로 비용 차이가 크게 나타남.
자료: 통계청 e-나라지표(www.index.go.kr)를 활용하여 재구성.

전체 예산의 약 24.6%를 차지하고 있는 것으로 나타난다. 다시 말하면, 이 금액은 다른 분야의 예산으로 활용 가능하며, 교통부문의 사회적 비용이 높을수록 국민의 웰빙에 부정적 영향을 미칠 수 있고, 생산성과 직접적인 연관이 있어 국가발전을 위해서는 줄여야 할 요소임을 나타내고 있다.

진장원(2015: 10)은 자동차 중심의 교통문화에 따라 발생하는 사회적 비용 외에도 금액으로 환산할 수는 없지만 인간성 상실 또는 인간성 황폐화로 인한 사회관계의 파괴 역시 자동차 중심의 교통문화에 따른 폐해로 대두되고 있음을 설명하고 있다. 애플야드(Appleyard, 1975: 9~11)는 자동차 중심의 도시구조가 사람들을 성급하게 만들고, 이웃과의 대화를 단절시키며, 그리고 비인간화를 초해할 수 있다고 제시했다. 이런 문제들로 교통정책 패러다임이 자동차 중심에서 사람 중심으로 변화하고 있는 것이다.

교통문화는 교통과 문화의 합성어이다. 「문화기본법」 제3조(정의)에 따르면 문화는 "문화예술, 생활양식, 공동체적 삶의 방식, 가치체계, 전통 및 신념 등을 포함하는 사회나 사회 구성원의 고유한 정신적·물질적·지적·감성적 특성의 총체"로 정의되고 있다. 따라서 교통문화는 교통과 관련되어 나타나는 사회 그리고 사회 구성원의 고유한 제반 문화의 양태를 의미한다. 즉, 교통문화는 사람이 중심이 되어야 하며, 사람이 중심이 된 '사람 중심 교통문화'란 교통 이용자가 지닌 가치관, 행동 태도와 함께 도시 사회구조 및 교통시설의 실제적인 관리·운영 방법 등이 상호작용되는 것을 의미한다.

교통은 의·식·주에 이어 제4의 영역이라고 할 수 있을 만큼 일상생활화되고 있다. 권기동·진장원(2015: 102)이 설명하는 교통문화는 특정 사람들의 특정 분야에 대한 것이 아니라 모든 사람들의 생활문화의 한 영역이다.

사람이 중심이 된 '사람 중심 교통문화'에서 도로는 이동의 수단이 아닌 삶의 경험이 이뤄지는 장소성을 갖는 공간이어야 한다. 또한 사람을 이동의 대상이 아닌 공간을 이용하는 이동의 주체로 바라봐야 한다. 길이 존재하는 곳에서는 자동차가 아닌 사람이 언제나 우선이 되고 그 안에 삶이 있는 것이 바로 사람 중심 교통문화가 추구하는 바라고 할 수 있다.

2) 사람 중심 교통문화로의 변화

(1) 생활도로에 대한 관심 증대

생활도로는 교통분야에서 통용되는 용어로서 법률적으로 규정된 정의는 없다. 다만 경찰청(2010: 4)에서는 구역을 구획하는 도로와 도시가로의 주간선 도로 기능을 갖는 도로를 제외한 지구 내에 위치하고 있는 대부분의 도로를 생활도로라고 정의하고 있다. 기능별로 구분할 경우 도시지역의 집산도로 일부와 국지도로 대부분을 의미하며 등급의 경우는 시·군·구 도로, 그리고 규모를 기준으로 하면 폭 15m 이하의 중·소로가 생활도로로 분류된다.

국토교통부(2013: 41)의 『도로의 구조·시설 기준에 관한 규칙 해설』에서는 "주거지역이나 상업지구 내 국지도로 중 보행권 확보 및 안전하고 쾌적한 보행환경 조성이 필요한 도로로서 속도 제어를 통해 이동성보다는 공간 기능 및 접근 기능을 제공하며 보행이 우선되는 도로"를 생활도로로 정의하고 있다. 「도로교통법」 시행규칙 제19조에 따르면 고속도로 및 자동차 전용도로를 제외한 일반도로의 제한속도는 60km/시 이내(편도 2차로 이상일 경우 80km/시 이내)로 규정되어 있다. 그러나 생활도로의 제한속도 규정은 별도로 없다.

조준한·박가연·전제호(2014: 62)는 보행자 교통사고의 70% 이상이 차량 위주의 교통환경(차량의 고속주행, 통과교통량, 불법 주정차 차량, 보차 미분리 등)에서 비롯된 보행이동공간의 부족으로 보고 있다. 이는 생활도로를 주로 이용하는 보행자의 안전과 이동이 제대로 확보되고 있지 않기 때문이다.

「도로교통법」 제8조(보행자의 통행)에 따르면 부득이한 경우(도로공사 등으로 보도의 통행이 금지된 경우 등)를 제외하고 보행자는 보도와 차도가 구분된 도로에서 항상 보도로 통행해야 하고, 보도와 차도가 구분되지 않은 도로에서는 차와 마주 보는 방향의 길 가장자리 또는 길 가장자리 구역으로 통행해야 한다. 그러나 생활도로에서 이런 통행방법을 따르는 것은 매우 어렵다. 또한 도로의 폭원이 매우 좁아 보도와 차도가 구분되지 않는 일반 주택가의 생활도로는 '거주자 우선주차'와 같은 주차구획 설정 혹은 불법주차 및 무단 적치물 단속 등이 사실상 어렵다.

생활도로, 이면도로 등에 대한 정확한 법적 정의나 설치기준 및 규정이 없는 상황에서 보행자의 일상적인 생활공간으로 활용되며 안전과 편의가 보장될 수 있는 '보행자 우선도로'의 개념 도입 및 법제화가 필요하다는 연구가 다양하게 진행되고 있다. 국민안전처와 경찰청은 2010년 보행자의 통행이 많은 상가밀집지역, 주택가 근처 등에서 보행자 안전을 위해 차량속도를 제한하는 '생활도로구역'을 지정했으며, 서울시는 2013년 주거지 내 생활도로에서의 안전문제를 해결하기 위해 '생활권 보행자 우선도로'를 도입하는 등 국내에서 서서히 생활도로를 중심으로 보행자 안전에 대한 관심과 노력이 증가하는 추세이다.

(2) 쾌적한 보행환경을 위한 노력

「교통안전법」 제57조에서는 "지정 행정기관[1]의 장은 소관 분야와 관련된 국민의 교통안전의식의 수준 또는 교통문화의 수준을 객관적으로 측정하기 위한 지수(이하 "교통문화지수"라 한다)를 개발·조사·작성하여 그 결과를 공표할 수 있다"고 명시하고 있다. 동법 시행령 제47조에서는 조사항목으로 크게 운전행태, 교통안전, 보행행태(도로교통 분야)를 제시하고 있다.

교통문화지수는 도로 상에서 발생하고 있는 법규준수 행위들을 측정해 지수화한 것으로 교통문화 향상을 위한 정책개발 기초자료로 활용된다. 총 5개 영역 18개 항목을 평가하며, 100점 만점으로 환산하는 교통문화지수는 i) 안전띠 착용률, 횡단보도 정지선 준수율, 신호 준수율, 방향지시등 점등률, 이륜차 안전모 착용률 등을 평가하는 운전행태 부문, ii) 보행자 횡단보도 신호 준수율, 횡단보도 우측 통행률, 횡단보도 횡단 중 스마트 기기 사용률 등을 평가하는 보행행태 부문, iii) 전년도 자동차 10만 대당 교통사고 건

---

1) 「교통안전법」 시행령 제2조에 따르면 지정 행정기관은 기획재정부, 교육부, 법무부, 행정자치부, 문화체육관광부, 농림축산식품부, 산업통상자원부, 보건복지부, 고용노동부, 여성가족부, 국토교통부, 해양수산부와 국민안전처, 경찰청을 포함하며 국무총리가 교통안전정책상 특히 필요하다고 인정하여 지정하는 중앙행정기관을 말한다.

수 및 사망자 수(교통사고 사망자 수, 보행자 사망자 수)를 토대로 한 교통안전 부문, iv) 스쿨존 불법주차 수, 장애인 전용 주차구역 불법점유율 등을 평가하는 교통약자 부문, 그리고 v) 고속도로 안전띠 착용률, 운전 중 휴대전화 사용률, 유아용 카시트 착용률(고속도로, 도시부도로), 운전 중 거치식 DMB 시청률, 응급구난 체계조사 등의 기타 부문으로 구별된다.

교통문화지수는 「교통안전법」 시행령에 따라 운전행태, 교통안전, 보행행태 및 그 밖에 국토교통부장관이 필요하다고 인정하여 정하는 사항을 평가하는 것이다. 국토교통부에서는 교통문화지수 실태조사를 수행하며 그에 따른 통계정보를 매년 12월 통계청이 공개하고 있다.

이런 안전을 중심으로 한 교통문화는 교통안전공단에서 시행 중인 5대 교통안전 캠페인을 통해서도 나타난다. 교통문화 개선을 위해 교통안전공단이 수행 중인 교통안전 캠페인은 교통안전에 대한 국민의 관심을 높여 선진교통문화를 생활 속에 정착시키고자 추진되고 있다. 5대 교통안전 캠페인에는 i) 전 좌석 안전띠 매기, ii) 운전 중 DMB 시청, 휴대전화 사용 안 하기, iii) 교통약자 배려 운동, iv) 에코 드라이브 실천 운동, v) 방향지시등 켜기 운동이 포함된다.

법적으로는 보행자가 안전하고 편리하게 걸을 수 있는 쾌적한 보행환경을 조성하여 국민의 생명과 신체를 보호하고, 국민의 삶의 질을 향상시키고자 2012년 「보행안전 및 편의증진에 관한 법률」이 제정되었다. 「보행안전 및 편의증진에 관한 법률」 제3조 및 제4조에서는 "국가와 지방자치단체는 국민이 쾌적한 보행환경에서 안전하고 편리하게 보행할 권리를 최대한 보장하고 노인, 임산부, 어린이, 장애인 등 스스로의 힘으로는 보행이 불편한 사람이 차별 없이 보행자길을 안전하고 편리하게 통행할 수 있도록 하는 보행환경을 조성하기 위해 노력해야 한다"고 명시하고 있다.

또한 동법 제27조에서는 "보행안전문화의 활성화를 위하여 국가와 지방자치단체가 보행자의 보행안전 및 편의증진 관련 사업에의 주민참여 확대, 보행자길에서의 통행불편 사례 및 개선의견 접수 등 다양한 시책을 마련해야 한다"고 명시하고 있다. 「보행안전 및 편의증진에 관한 법률」에 따르면 보행환경은 보행자가 통행하면서 접하게 되는 물리적·생태적·역사적·문화적 요소와 보행자의 안전하고 쾌적한 통행에 영향을 미치는 모든 요소를 의미한다고 명시하고 있다.

한국에는 보행자가 우선하는 개념으로서 일부 보행자 전용도로와 보행자 우선도로가 조성되어 있다. 또한 보행자와 자동차가 공존하는 공간으로서의 완전도로가 청주시에서 국내 최초로 조성되었다. 그러나 아직까지 국내에서는 도로가 자동차 위주로 구분·계획·관리되고 있는 실정이다.

2. 자동차와 보행자 공존 사례

이 글에서는 사람 중심 교통문화와 관련하여 보행자를 중심으로 한 국내외 사례를 살펴보고자 한다. 일시적으로 통과교통을 절대적으로 배제하는 보호자 전용도로와 같은 사례보다는 자동차가 보급화된 현시대에 적용 가능한 자동차와 보행자가 공존할 수 있도록 조성된 사례들을 위주로 제시하고자 한다.

1) 생활공간 조성목표의 국외 사례

(1) 법으로 규정하고 있는 네덜란드 본에르프

'생활의 터전' 또는 '생활의 정원' 으로 해석되는 본에르프(Woonerf)는 네덜란드에서 1970년대부터 시작된 생활도로 개선사업으로 1970년대 델프트(Delft)에 있는 건축 디자이너와 시민들로부터 고안되었다. 본에르프는 사람과 차량의 공존을 기본 개념으로 하며, i) 도로의 기능 및 역할 변경, ii) 교통 정온화(속도 감소 등), iii) 보행자 안전 증가, iv) 도시에서의 삶의 질 향상, v) 소음공해 감소, vi) 사용할 수 없었던 열린 공간을 활용하여 지역 내 활동범위 확대, vii) 조경 식재 등을 통한 도로경관 향상, viii) 소규모 주차장 제공을 통한 안전한 노상주차 제공을 목적으로 한다. 1975년부터 정책적으로 제도화되었으며 1976년 「도로교통법」(RVV: Reglment Verkeers-regels en Verkeerstekens) 제88조를 통해 본에르프의 법적 지위를 보장하고 있다. 네덜란드 「도로교통법」 제88조에 따르면 보행자는 본에르프 지정구역 내 도로폭원 전부를 사용할 수 있으며, 본에르프 내에서 차량속도가 사람의 보행속도보다 빨라서는 안 된다. 또한 운전자가 보행자를 방해해서는 안 되며 보행자 역시 불필요하게 운전자를 방해해서는 안 되고, 이륜차 이상의 차량은 정해진 주차구역 외의 구역에 주차해서는 안 된다.

위와 같이 법적 근거가 마련된 이후 본에르프는 네덜란드 전역에 급속히 확산되면서 1980년대 초반, 1500개 이상의 주거지역에 적용되었고 상가지역과 뉴타운 등으로 확대되었다. 본에르프 내에서는 보도와 차도를 분리하지 않으면서 차도선형을 꺾고, 도로 폭을 좁히며 물리적 단차를 두어 차량이 고속으로 주행할 수 없도록 했다. 또한 주민을 위한 노상주차공간을 엇갈리게 배치함으로써 감속을 유도하도록 설계되었다.

그림 2.4.1／네덜란드 본에르프 지정구역 표지판 및 공간

자료: (사)녹색교통운동 교통환경팀.

이런 본에르프는 주거지역 생활도로에서의 차량통행을 최소한으로 하면서 보행자 안전, 주거환경의 질, 놀이공간 확보 및 도시경관 개선을 추구한 종합적 도로정비사업으로, 이후 영국의 홈존(Home Zone), 일본의 커뮤니티존(Community Zone) 등 각국에 영향을 미쳤다. 본에르프는 도로를 생활공간(Zone)으로 인식하고 생활권을 확보하기 위한 주민들의 움직임을 기반으로 한 일종의 마을단위이다. 종전에 주류를 이루던 보차 분리에 의한 보행자 안전 확보에 대한 개념을 보차공존도로에서의 보행자 중심 개념으로 바꾸게 된 토대를 마련했다는 데 의의가 크다고 할 수 있다. 또한 본에르프는 단순 교통경로 그 이상의 개념으로서 보행자들이 상호작용하기에 적합한 장소를 제공한다. 특히 안전한 주거지역에서 놀이기회 및 사회접촉 증가를 도모함으로써 아이들의 활동에 이점이 있다는 성과가 나타났다. 그러나 본에르프 조성에 드는 고비용과 어메니티 유지관리 문제 등의 한계점도 함께 나타났다.

(2) 주민이 참여하여 만드는 영국의 홈존

홈존은 1990년대 중반부터 영국에서 실시되고 있는 제도로서 'Transport Act 2000'을 법적 근거로 주거지역에 적용되는 대표적인 보행환경 개선기법이다. 홈존은 네덜란드 본에르프의 영향을 받아 기본 개념 및 원리는 본에르프와 유사하지만 세부 기법 및 내용은 영국의 주거환경을 고려하여 변형된 형태로 적용되었다. 홈존에 대한 지정 및 규제 권한은 지자체에 있다. 즉, 지방정부의 교통당국(Local Traffic Authority)이 관할 도로에 대해 홈존으로 지정할 수 있다. 홈존 사업이 추구하는 주요 5개 목표는 i) 선형 변화, 새로운 물리적 기법 등을 활용한 차량주행속도 감소, ii) 잠재적 사고 위험 최소화를 통한 안전한 모임·놀이공간 창출로 기존 도로에 비해 높은 교통안전수준 확보, iii) 차량 이동뿐만 아니라 생활활동공간으로 활용하는 등의 도로공간에 대한 효율성 높은 활용, iv) 안전성 확보를 통한 생활도로 상 주민 간 사회친화활동의 증가, v) 다양한 식재, 도로포장 디자인 등의 적용으로 매력적이고 다양한 도로경관 창출이다.

홈존 설계 시에는 운전자가 홈존지정지구에 진입하고 있음을 명확히 인지할 수 있도록 진입부에 기본적인 교통안전시설 설치 외에도 다양한 기법을 적용하도록 가이드라인을 통해 권장하고 있다. 존 내부에서도 다양한 감속기법들이 사용되어 주행차량의 속도를 20mph(32.18km/시) 이내로 유지시키고 있다.

홈존은 계획 단계부터 주민을 참여시켜 공감대를 형성하고, 사업 시행의 적극적 조력자로서의 역할을 부여하기 위한 다양한 공식·비공식 프로그램을 가지고 있다. 홈존 계획 시에는 지역주민과 지방 교통국(도로과, 계획과), 지방정부, 경찰서, 소방서, 도시설계 및 건축 전문가, 기술 자문단, 시민단체 등이 참여하여 의견을 조정한다. 또한 관련 홈페이지 제작과 방송매체를 통해 꾸준히 대국민 홍보활동을 진행하고 있다.

(3) 선 차원에서 면 차원으로 확대된 일본 커뮤니티존

1974년 일본에서는 주거환경이 중시되기 시작하면서 주거지 내 통과교통, 불법주차 등을 없애기 위한 대책 마련이 요구되기 시작했다. 이런 과제 해결방안으로 1975년 네덜란드의 본에르프가 소개되기도 했으나 일본은 법적으로 가로수, 볼라드 등의 시설물이 보도 위에만 설치될 수 있으며 일본 기성 시가지의 주거지역은 도로 폭원이 8m 내지 6m 이하인 곳이 대부분으로 네덜란드의 본에르프를 반영하기에는 어려움이 있었다. 이에 1980년 오사카 시에서 일본에 적용 가능한 보차공존도로를 검토하고 일본 최초의 커뮤니티 도로(Community Road)를 도입했다. 안전성, 쾌적성, 편리성 향상을 목적으로 하여 일반적으로 보도와 차도를 분리하되 보도의 폭원을 넓게 설계하고, 회전구간에 식재 및 볼라드 등을 설치함으로써 주차 및 차량의 진입을 억제했다. 또한 지역교통을 위한 자동차는 저속으로 주행하도록 했다. 교통량이 극히 적고 주거 관련 자동차만 통행하는 경우에는 네덜란드 본에르프와 유사한 노면공유형 도로를 적용하기도 했다.

커뮤니티 도로는 시정촌[2]과 국토교통성 도로국이 사업 시행주체가 되며 법적으로 규정되어 있지 않으나 일본의 가로환경 정비사업과 연계되어 「교통안전시설 등 정비사업에 관한 긴급조치법」에 의해 조성이 가능하다. 한국토지개발공사(1998: 36~37)에 따르면 커뮤니티 도로는 보행자의 안전성, 쾌적성 및 도로경관의 향상이라는 성과가 있었으나 일정 구간의 도로를 대상으로 한 선적인 정비로 지구 전체에 대한 관점에서의 통과교통 배제

---

2) 일본 지방자치제도의 기초자치단체인 시(市), 정(町), 촌(村)을 묶어 이르는 말.

등은 원활하게 이뤄지지 않았다는 한계점이 제시되었다.

커뮤니티존은 선적인 차원에서의 커뮤니티 도로를 면 차원으로 확대시킨 개념으로 1986년 「제4차 교통안전시설 등 정비사업 5개년 계획」의 중점사업으로 추진되었다. 커뮤니티존의 조성목표는 i) 통과교통 배제, ii) 주행속도 억제, iii) 노상주차 적정화, iv) 교통약자 배려, v) 환경보전 및 경관 창출, vi) 주민 참여 및 커뮤니티 재생 활성화로 생활도로에서의 안전성, 쾌적성 그리고 편리성을 향상하기 위해 시행되었다.

일본에서는 종전의 도로 건설 및 관리가 건설성(도로국, 도시국)과 경찰청에 의해 각각 수행되어 도로와 관련된 사업의 행정 및 실무 추진에 어려움이 있었다. 커뮤니티존 사업은 이런 문제점을 해결하기 위해 경찰청, 건설성의 도로국과 도시국이 상호 협조체계를 구축하여 실시되었으며, 이런 상호 협조체계 아래 커뮤니티존 계획 과정에는 지역협의회 구성을 통한 적극적인 주민 참여를 도모하여 지역주민의 합의를 형성하고자 했다. 커뮤니티존 조성 이후 그 성과로는 자동차 주행속도 억제로 인한 교통사고, 노상주차, 그리고 통과교통량의 감소와 더불어 안전과 경관이 향상되는 등의 결과로 주민 만족도가 크게 증가한 것으로 나타났다.

(4) 스스로 책임지는 호주 및 유럽의 공유공간

공유공간(Shared Space)은 도로 설계 시 서로 다른 교통수단들(자동차, 자전거, 보행 등)에 따라 공간을 구분하는 것과는 달리 교통수단들 간의 분리를 없애는 접근방법이다. 즉, 보행자와 차량이 공존할 수 있도록 노면을 공유하는 공간을 의미한다.

공유공간에서는 공유공간을 이용하는 모든 주체가 동등한 권리를 갖고 자신의 이동 및 안전에 대해 스스로 책임져 오히려 사고를 줄일 수 있다는 개념을 바탕으로 하고 있다. 파로아(Pharoah, 2008: 4~5)에 따르면 바르셀로나에서 공유공간을 조성한 후 사고 및 그에 따른 사상자가 감소했으며 교통지체 역시 감소된 것을 알 수 있다. 공유공간의 주요 구성요소는 도로포장, 볼라드, 회전교차로 등이 있으며 단차를 두는 등의 구분을 하는 전통적인 보도나 도로와 달리 차이가 매우 적어 시각적 구별이 거의 없는 표면을 구성하거나 횡단보도, 교통신호 등을 함께 제거하는 방식으로 조성된다. 이에 공유공간을 유럽 일부 국가에서는 'Naked Streets(표지판, 신호등, 도로명 등 아무것도 없는 도로)'라고도 부르고 있다.

공유공간은 법적으로 규정된 것은 없지만 호주의 경우 「공유공간 매뉴얼(Shared Zone Manual)」을 개발·보급하고 있으며 EU에서는 공유공간 시행도시에 보조금을 지급하는 등 장려하고 있다. 공유공간은 지역주민, 도시계획가, 교통 및 타 분야 전문가 등의 협의를 통해 조성하도록 하고 있다. 공유공간 조성의 주요 성과로는 안전한 교통환경 구축뿐만 아니라 도로경관 향상, 사회적 상호작용을 위한 장소로서 도로공간의 활용 등이 제시되고 있다. 반면 교통사고 발생 시 책임 소지에 대한 법적 논란이 나타날 수 있음과 공유공간 조성에 대한 법적 근거 마련의 필요성이 제시되었다.

(5) 여러 이동수단의 조화를 위한 미국 완전도로

미국의 완전도로(Complete Streets)는 미국 연방법(Title 23 USC 217)에 명시된 "신규로 건설되거나 재건설되는 모든 도로에 가능한 한 자전거 시설 및 보행자 도로가 고려되어야 한다"에 근거하고 있다. 미국 완전도로연합회(National Complete Streets Coalition)에서는 완전도로를 "보행자, 자전거 이용자, 대중교통 이용자, 자동차 운전자 등 모든 종류의 도로교통수단 이용자가 다 함께 안전하게 이용할 수 있는 도로를 의미한다(Complete streets are streets for everyone. They are designed and operated to enable safe access for all users. Pedestrians, bicyclists, motorists and transit riders of all ages and abilities must be able to safely move along and across a complete street)"고 정의하고 있다.

기존의 자동차 중심 도로에서 보행자와 자전거 이용자의 통행권 확보가 강조되는 완전도로는 자동차라는 하나의 이동수단에만 최적화된 도로를 불완전한(Incomplete) 도로라고 보고, 이와 상반된 개념으로 다른 모든 이동수단들과 조화를 이룰 수 있는 도로를 완전한(Complete) 도로로 정의해 '완전도로'라는 개념이 등장한 것이다.

완전도로는 i) 안전성, ii) 건강성, iii) 형평성, iv) 심미성, v) 경제성, vi) 환경성, vii) 거주 적합성(Livability) 등을 목표로 설계되며 사업 내용으로는 보행자 횡단시설(고원식 횡단보도, 보도 폭 확대 등), 휴식공간(벤치, 셸터 등), 자전거 도로, 차량 진·출입구 도로 폭 최소화, 차량 속도제한 등이 있다. 완전도로는 네덜란드의 본에르프, 공유공간 등과 유사한 개념으로 조성되었으나, 조성 시 주변 토지이용계획과 연계, 네트워크 차원의 연결성 확보 등 도시 전반에 걸쳐 고려되었다는 점에서 차이가 나타난다.

2) 안전 및 편리성 중심의 국내 사례

(1) 차량 속도제한의 생활도로구역

생활도로구역은 「도로교통법」 제17조(자동차 등의 속도)와 경찰청의 「생활도로 속도관리 및 교통시설 설치·운영 지침 및 생활권 이면도로 정비 지침」에 따라 지정·운영되고 있다. 생활도로구역은 경찰이 지자체와 협의를 통해 상가밀집지역 등 보행자의 통행이 많은 지역을 대상으로 지정구역을 선정한다. 생활도로구역으로 지정된 경우 자동차보다 사람의 보행이나 활동을 우선하여 속도저감시설 등을 통해 자동차 최고속도를 제한하게 된다. 생활도로구역 내에서의 속도저감정책으로는 존30(Zone30) 제도가 있으며 이는 생활도로구역 내에서 자동차의 최고속도를 시속 30km로 제한하는 것이다. 생활도로구역에서는 자동차가 정해진 최고속도인 30km보다 빠른 50km까지 운행한 경우 3만 원의 범칙금이 부과된다. 또한 시속 50~70km는 범칙금(승합차 7만 원, 승용차 6만 원)과 벌점(15점)이 부과된다. 70km를 초과한 경우 역시 범칙금(승합차 10만 원, 승용차 9만 원)과 벌점(30점)이 부과된다.

생활도로구역에서는 주요 목적인 차량 속도감소 유도뿐만 아니라 통과교통량 억제, 주차대책 등을 고려하여 안전시설 등을 설치하도록 하고 있으며, 이에 따른 사업 내용으로 규제표시 시설물 설치, 노면표시, 속도저감시설 및 보도 확충 등이 제시되고 있다.

(2) 일반차량 제한의 대중교통전용지구

국토교통부(2011: 1)에 따르면 대중교통전용지구(Transit Mall)란 승용차를 포함한 일반차량의 전용지구 내 진입을 허용하지 않고 버스 혹은 노면전차와 같은 대중교통수단만 통과하도록 하는 지구를 의미한다. 차량이 통행하는 도로 폭을 축소하여 대중교통수단이 이용하는 차로 이외의 공간은 친환경적이며 쾌적한 보행로를 조성하여 대중교통 이용과 보행통행의 활성화를 도모한다.

대중교통전용지구는 대중교통 이용을 활성화하고 침체된 도심에 경제적 활력을 불어넣을 수 있는 지역, 대중교통전용지구 지정으로 인해 지구 내 보행환경이 개선될 수 있는 지역에 조성하도록 한다. 운행되는 대중교통수단에 따라 i) 노선버스, 셔틀버스만을 통행하는 버스형, ii) LRT(Light Rail Transit), 노면전차 등 궤도계 대중교통만을 통행하는 궤도형, iii) 버스와 궤도계 대중교통을 같이 통행하는 혼합형 대중교통전용지구로 분류된다.

국내의 대표적인 대중교통전용지구로는 국내 최초로 2010년 1월에 개통한 대구광역시 중앙로와, 2014년 1월에 개통한 서울특별시 연세로가 있다. 대구광역시 중구 중앙로에는 1.05km(반월당-대구역) 구간에 98억 원(국비 30억 원, 시비 68억 원)의 예산을 투입하여 조성된 대중교통전용지구가 2010년 1월 1일부터 운영되고 있다.

실개천 조성을 비롯한 미디어아트 월과 같은 영상·정보시설 설치, 다양한 전시회와 길거리 공연 등을 통해 사람들에게 쾌적한 중앙로를 조성했다. 대구광역시 중앙로 대중교통전용지구 조성 후에는 대기 질 개선과 소음 감소와 같은 환경적 효과뿐만 아니라 유동인구 증가와 이로 인한 인근 상권 활성화 등의 경제적 효과도 나타났다. 대중교통 접근성 개선으로 시행 전(2009년)에 비해 2011년 기준 버스승객이 43.4%(212만 명) 증가했으며 해당 지역의 유동인구는 평일 17.7%(9983명), 휴일 15.2%(1만 977명)이 증가했다. 증가한 유동인구만큼 인근 상가에서의 신용카드 결제 건수도 15.0% 동반 상승했다.

서울시에서는 연세로 및 명물거리 일대의 약 500m 구간에 대해 신촌 대중교통전용지구를 운영하고 있다. 신촌 대중교통전용지구에서는 대중교통전용지구 주변에 친환경 교통수단인 공공자전거를 설치했다. 그뿐만 아니라 침체된 상권, 문화가 없는 지역의 활성화를 위해 광장, 쉼터 등의 문화공간을 마련하고 주민과 대학생이 함께하는 행사를 유치하는 등 다양한 사업을 추진하고 있다. 그 결과 2015년 10월을 기준으로 공연 104회, 축제 25회, 캠페인 21회, 방송촬영 12회, 마켓 9회 등 다양한 사업이 이뤄진 것으로 나타났다.

신촌 대중교통전용지구 사업 추진결과 사업 전(2014년) 대비 2015년 버

그림 2.4.2／대구광역시 중앙로 대중교통전용지구 실개천 및 거리행사

자료: 대구광역시 교통정책과.

그림 2.4.3／신촌 대중교통전용지구에서 시행된 축제

자료: 서울시 서대문구청 지역활성화과.

스 이용객이 일평균 11.4%, 보행량이 시간당 789명 증가했으며 시민 만족도는 60%p가 증가한 것으로 나타났다. 또한 상가 매출액은 5%(5억 4700만 원) 증가했으며 교통사고 역시 46%(25건) 감소하여 긍정적인 효과가 나타났다.

(3) 주민이 참여하는 보행자 우선도로

「도시·군계획시설의 결정, 구조 및 설치기준에 관한 규칙」 제9조(도로의 구분)에 따르면 보행자 우선도로는 “폭 10m 미만의 도로로서, 보행자와 차

량이 함께 이용하되 보행자의 안전과 편의를 우선적으로 고려하여 설치하는 도로"를 의미한다. 서울시 보도자료(2013년 11월 20일)에 따르면 서울시는 폭이 10m 내외로 보·차도 구분이 어려운 주택가 도로에서 차보다 보행자 안전과 편의를 우선으로 하기 위한 '생활권 보행자 우선도로(보행자 우선도로)'를 도입했다.

보행자 우선도로에는 기존에 조성되었던 아스팔트가 아닌 스탬프 포장기법 등을 활용하고, 도로 노면표시를 줄여 도로공간이 차량의 이동을 위

그림 2.4.4／종로구 북촌로 5가길 보행자 우선도로 조성 전후

자료: 서울시 종로구청 교통행정과.

그림 2.4.5／구로구 시흥대로 163번길 보행자 우선도로 조성 전후

자료: 서울시 구로구청 교통행정과.

한 공간보다 보행공간으로서 인식될 수 있도록 했다. 또한 기존의 보행자와 자동차의 영역을 물리적으로 구분하기 위해 조성했던 단차, 방호 울타리 등을 제거하여 자동차 운전자가 지속적으로 보행자를 의식하게 하는 여건을 조성하여 차량의 저속주행을 유도했다.

서울시에서는 2013년 구로구 개봉로 3길과 중랑구 면목로 48길의 생활권 보행자 우선도로 시범사업을 시작으로 2014년 11개소, 2015년 13개소, 2016년 20개소에 보행자 우선도로를 조성해 현재 총 44개소로 확대했다.

시범 조성되었던 구로구 개봉로 3길은 상가 및 주거 시설이 밀집된 생활도로로서, 2011~2012년 총 5건의 보행자 사고가 발생해 보행안전에 대한 요구가 높은 지역이었다. 이에 개봉로 3길의 약 490m 구간(대원주유소-광진교회)에 차량속도 저감시설 설치, 교차로 블록 포장, 보행자 전용 쉼터 조성, 그리고 불법주차 집중단속 등을 실시하여 보행권을 확보하고자 했으며 버스 승차장 개선을 통해 대중교통 이용을 활성화하여 보행환경을 구축하고자 했다.

중랑구 면목로 48길의 경우 시간대별로 학생 및 주민들의 보행이 집중된 도로로서 2011~2012년 총 11건의 보행자 사고가 발생한 중랑구의 교통사고 다발지점이었다. 이에 면목로 48길의 약 410m 구간(신한은행-오가네)에 대한 블록 포장 등 속도 저감을 위한 시설 보강, 인근 구역 속도제한 등을 통해 안전한 보행권을 확대하고자 했다.

2015년 10월 이전 조성된 보행자 우선도로의 경우 사업 전 만족도가 평균 40.8점이었던 데 반해 사업 직후에는 59.0점, 만족도 조사시점(2015년 10월)에는 62.0점으로 보행자 우선도로가 정착되는 시점에서 더욱 큰 만족도를 나타내는 것으로 조사되었다.

서울시(강동구청)는 생활권 보행자 우선도로가 주민의 생활과 매우 밀접

표 2.4.2 / 2015년 서울시(강동구청) 보행자 우선도로 조성 관련 주민소통 실적

연번	구분	계획실적
1	주민협의체 회의 (생활권 보행자 우선도로 조성)	일시: 2015.2.23 / 10.20 (2회) 장소: 명일2동 주민센터 회의실 대상: 대명초 학부모, 통장 등 16명
2	서울시 자문회의 (외부 민간위원)	일시: 2015.6.11 장소: 서울시청 서소문 별관 대상: 각 구 생활권 보행자 우선도로 조성 담당 내용: 외부 민간위원 초빙 생활권 보행자 우선도로 추진 방향 자문 등
3	주민설명회	일시: 2015.10.7 장소: 명일2동 주민센터 다목적실 대상: 주민, 경찰서, 구청 관계자 등 20명 내용: 대명초 주변사업 설명 및 주민의견 수렴 등
4	언론홍보	일시: 2016.1.15 제목: 강동구 '생활권 보행자 우선도로' 조성 내용: 생활권 보행자 우선도로 조성으로 보행자 안전에 기여 언론사: 한강타임즈, 아시아경제, 이데일리 등
5	주민설명회	일시: 2016.9.9 장소: 길동 주민센터 회의실 대상: 주민, 경찰, 구청 관계자 등 20명 내용: 양재대로 116길 주변사업 설명 및 주민의견 수렴 등

자료: 강동구청(www.gangdong.go.kr) 웹사이트.

한 만큼, 설계부터 유지관리에 이르기까지 생활권 보행자 우선도로의 전 조성 과정에 주민협의체가 적극적으로 참여하도록 했다. 조성 완료 후에도 불법주차를 단속하는 등 주민들이 직접 유지관리의 주체가 되어 생활권 도로의 안전을 지속적으로 확보할 수 있도록 하고 있다.

(4) 주민의견을 수렴한 청주시 완전도로

2012년 8월부터 시행된 「보행안전 및 편의증진에 관한 법률」의 시행에 따라 행정안전부에서는 '안전한 보행환경 조성 사업' 공모를 추진했다. 청주시는 '안전한 보행환경 조성 사업' 공모에 선정되어 전국에서 최초로 2013년 12월부터 사람 중심의 완전도로 조성 공사를 시작했다. 공사구간은 청

주시 홍덕구 분평동 제1순환로 1107번길 일원(청주시 분평동 주민센터 - 뜨란채 아파트, 연장 500m)이다.

분평동은 주거밀집지역으로 아파트 단지와 초등학교 3개, 고등학교 1개가 입지해 있다. 초등학교 앞은 스쿨존(School Zone)으로 지정되어 있으나 과속과 불법주차로 민원이 끊이지 않는 지역이었다. 또한 지역주민의 무단횡단으로 교통사고도 빈발하고 있었다. 자동차 과속을 방지하기 위해 4~5곳에 도로 턱을 높인 '고원식 횡단보도'를 설치했으며 차량이 속도를 내는 것을 원천적으로 막기 위해 도로선형은 직선이 아닌 S자형으로 구성되었다. 4차로였던 도로는 2차로로 줄고 자전거 도로와 공원이 조성되었다.

사업 초기에는 청주시 홍덕구 분평동 일대에 T자형(L=1020m) 완전도로인 '그린 스트리트(Green Street)'를 조성하고자 했으나 자동차 통행이 편리한 기존의 도로 개념에 익숙한 주민들은 교통이 불편해진다는 이유에서 도로의 차로를 줄이는 것에 반대했다. 청주시는 조금의 불편함이 더 큰 안전으로 돌아온다는 것을 주민들에게 알리기 위해 주민설명회만 14차례를 열었으며 주민들의 요구를 반영해 주차공간도 늘리고 인도도 추가로 정비했다. 완전도로의 긍정적인 취지와 정부의 적극적인 지원에도 불구하고 사업을 추진 중인 청주시는 해당 지역주민들을 설득하고 지역주민 간의 이견을 좁히는 데 어려움을 겪어 당초 계획의 절반 수준인 약 500m 구간에 완전도로를 조성했다.

3. 사람 중심 교통문화 정착을 위한 정책 방향

우리가 지향하는 도시공간은 삶이 있고 걷기 편하며 생활하기 적합한 도시이다. 도시공간의 주인은 자동차가 아닌 사람이라는 인식과 안전성, 편리성에 국한된 교통문화에 대한 인식이 근본적으로 전환되지 않는 이상 특정 구간에 한정된 요소(Component) 중심의 개별 사업(걷고 싶은 거리 조성, 어린이 보호구역, 자전거 도로 등) 추진으로는 제한적 성과만 달성할 수밖에 없다. 따라서 개별 사업을 중심으로 추진되어온 가로 및 보행환경 개선사업의 한계를 극복하고 사람 중심의 교통문화정책을 추진하기 위한 전략을 마련해야 한다.

1) 생활공간으로서의 도로공간 활용 필요

「도로법」 제2조(정의)에 따르면 도로는 "차도, 보도, 자전거 도로, 측도, 터널, 교량, 육교 등 대통령령으로 정하는 시설로 구성된 것"으로 정의되고 있다. 도로의 정의에서 이미 이용 주체에 따라 종류가 구분되고 있는 것이다. 이런 구분은 도시설계에도 반영되어 교통계획과 보행계획을 별도로 수립하고 자동차 공간과 보행공간을 분리하여 설계해 사람의 도로공간 활용은 매우 제한적일 수밖에 없다.

또한 현행 제도에서 가로는 주로 서로 다른 성격의 지역을 구분하는 요소로 인식되고 있다. 국토교통부의 「도시·군관리계획 수립지침」에서는 용도지역 지정 시 서로 다른 용도지역을 폭 15m 이상의 도로로 구분하여 도로가 완충 역할을 하도록 하고 있다. 기존의 가로를 유지하면서 주거환경을 개선하기 위해 도입된 '가로주택정비사업'에서의 사업 대상지인 '가로구역' 역시 가로를 중심으로 한 구역이 아닌 "도로로 둘러싸인 일단의 지역"으로 정의되어 가로로 둘러싸인 지역에 정비사업이 이뤄지는 경우 사업에서 기성 시가지의 가로환경이 개선될 여지가 적다.

겔(2014: 21)은 사람 중심의 가로를 이동뿐만 아니라 다양한 활동과 사회적 활동이 이뤄지는 공간으로 정의했다. 즉, 사람들이 보고 먹고 즐기고 머물 수 있는 요소가 있는 공간이자 소통을 통해 공동체 형성에 기여할 수 있는 공간으로 제시하고 있다. 다양한 국외 사례에서도 안전성과 편리성 증진뿐만 아니라 사회친화활동 등의 도로공간 활용, 경관 개선 등을 도모하고 있다. 국내에서도 활성화되고 있는 보행자 우선도로 등에서 보차공존을 통해 보행자가 편리하게 도로공간을 활용할 수 있도록 제시하고 있으나 그 안에서의 사회적 활동은 고려하지 않은 것으로 나타났다. 향후 주거지에서의 도로가 단순히 통로적 기능만을 담당하는 것이 아니라 생활의 장소로서 인식되어야 한다. 즉, 차량과 보행자가 공존하면서 이동성과 장소적 머무름의 기능이 모두 고려되는 방향으로 정책 결정이 이뤄질 필요가 있다.

2) 사람 중심의 교통문화 조성을 위한 행정협업 및 민관협력 구축

도로를 이동수단으로 바라보며 편리성을 최우선으로 두는 현시대의 인식에서는 사람 중심의 교통문화 조성을 위한 다양한 시도들이 무산될 가능성이 높다. 국내 최초로 도입된 청주시 완전도로의 경우에도 4차선 도로를 2차선으로 감축하는 데 그 반대가 만만치 않았으며 결론적으로 기존 계획 대비 50%에 이르는 구간에만 동의를 얻어 사업이 진행되었다. 서울시 생활권 보행자 우선도로 조성에서도 공간을 이용하는 주민들의 동의를 얻고자 주민협의체 구성 등의 다양한 노력을 수행했다. 도로에 대한 이동수단으로서의 인식이 생활공간으로 개선될 수 있도록 다양한 노력이 필요하다. 또한 지역주민이 도로공간의 주인이라는 인식을 제고하고 불법 주정차 및 주행속도 단속, 가로환경의 유지관리가 이뤄질 수 있도록 경관협정 등의 주민 참여를 도모해야 할 필요성이 있다.

또한 국내외 사례에서는 사람 중심 교통문화가 안전성과 쾌적성, 그리고 생활문화를 고려하여 조성되는 보행공간을 통해 구축될 수 있음을 나타냈다. 사업 내용으로는 통과교통 및 주행속도 감소, 도로경관 창출, 놀이공간 조성 등이 나타나 교통, 문화, 경관 등의 다양한 영역이 고려되어야 함을 드러냈다. 이는 곧 일본의 커뮤니티존 조성 사례에서 나타난 바와 마찬가지로 각 분야별 행정협업의 필요성을 나타내고 있다.

3) 보행 중심의 환경을 조성하기 위한 대중교통수단 마련 필요

도시 내에서의 이동은 보행만으로 이뤄지기보다는 보행과 대중교통수단을 복합적으로 이용하는 경우가 많다. 이런 교통수단의 이용이 불편할 경우 자동차를 선호하게 된다.

대중교통 이용편의 증진은 우선적으로 도시 내 승용차 이용을 줄이고 그만큼의 보행을 유발하여 궁극적으로 보행중심도시 조성에 기여할 수 있다. 국내에서 시행되고 있는 대중교통전용지구의 경우에도 조성 후 대중교통 이용자 및 유입인구가 증가하고 상권이 활성화되는 등의 효과가 나타났다. 오성훈·서선영(2014: 200~201)에 따르면 대중교통 이용편의 증진은 크게 대중교통수단의 양적 확충과 이용서비스 질 개선의 두 가지 차원에서 이뤄질 수 있으며 지금까지의 대중교통 이용편의 증진은 양적 확충에 치우쳐 있었다고 할 수 있다.

스페인 마드리드의 경우 모든 버스가 저상버스로 설계되어 있으며 저속으로 운행되어 안전하고 편리하게 이용이 가능하다. 그뿐만 아니라 대중교통시설에 어린이용 안전시트, 휠체어 및 유모차 거치공간 등이 확보되어 있어 다양한 교통약자가 주저 없이 대중교통을 이용할 수 있다. 또한 유럽 여러 나라에서 도입·운영하고 있는 노면전차(트램)는 보행자가 거리를 걷다가 쉽게 접근해 승하차할 수 있어 이용하는 데 심리적 장애물이 없다는 점에서 보행과 결합되기 좋은 교통수단으로 제시되고 있는바 국내에도 폭넓은 도입을 위한 방안의 모색이 필요하다.

4. 정책적 시사점

국내에서는 안전하고 쾌적한 보행권을 확보하기 위하여 교통문화지수 실태조사, 교통문화 개선 캠페인 등을 시행하고 있다. 또한 법적으로 명확하게 규정되지는 않았으나 주거지역 내의 생활도로에서도 보행자의 안전을 확보하기 위한 생활도로구역 지정, 생활권 보행자 우선도로 도입 등의 노력을 기울이고 있다.

그러나 국내에서 이야기하는 사람 중심 교통문화는 안전성과 편리성에 치중하여 생활공간으로서의 고려는 이뤄지지 않고 있다. 일본의 경우, '교통권 헌장'을 통해 교통권으로 i) 형평성의 원칙, ii) 안전성의 확보, iii) 편리성의 확보, iv) 문화성의 확보 등을 제시[3]하고 있어 교통문화에 대한 시각이 국내와 다르다는 것을 알 수 있다.

일본 교통권 헌장에서는 사람이 교통을 통해 산책, 사이클링, 여행 등을 즐기며 예술 감상· 문화활동·스포츠를 즐기는 풍부한 기회를 누릴 수 있음을 명시하고 있다. 이는 단순히 교통을 통한 문화적 요소로의 접근 혹은 문

---

3) 일본 교통권 헌장 웹사이트(www.kotsuken.jp/charter/hankul.html).

표 2.4.3／일본 교통권 헌장

구분		내용
제1조	평등성의 원칙	사람은 누구나 평등하게 교통권을 가지며 교통권을 보장받는다.
제2조	안전성의 확보	사람은 교통사고나 교통공해로부터 보호받으며, 안전하고 편안하게 걷고 교통할 수 있으며, 재해 시에는 신속하고 안전하게 대피하여 구조받는다.
제3조	편리성의 확보	사람은 연속성과 경제성이 뛰어난 교통서비스를 쾌적·저렴·편리하게 이용할 수 있다.
제4조	문화성의 확보	사람은 산책·사이클링·여행 등을 즐기며, 교통을 통해 예술 감상·문화활동·스포츠를 즐기는 등 풍부한 기회를 누릴 수 있다.
제5조	환경보전의 존중	국민은 자원을 낭비하지 않고 지구환경과 공생할 수 있는 교통시스템을 적극적으로 창조한다.
제6조	정합성의 존중	국민은 육지·바다·하늘에서 조화를 이루고, 주택·산업시설·공공시설·도시·국토개발계획과 정합성이 있는 공공교통 중심의 교통시스템을 적극적으로 창조한다.
제7조	국제성의 존중	국민은 일본의 역사와 풍토에 뿌리내린 교통시스템의 창조와 교통권 행사에 의해 세계의 평화와 복지와 번영에 적극 공헌한다.
제8조	행정의 책무	정부·지방자치체는 교통에 관한 정보 제공과 국민의 정책 결정에 국민의 참가를 통해 이해 조정을 배려하면서 국민의 교통권을 최대한으로 보장하고 발전시킬 책무를 진다.
제9조	교통사업자의 책무	교통 및 그와 관련한 사업체와 그 종사자는 안전·쾌적한 노동환경을 실현하고, 그 업무를 통해서 국민의 교통권을 최대한으로 보장하고 발전시킬 책무를 진다.
제10조	국민의 책무	국민은 교통권을 향유하기 위해 국민의 교통권을 최대한으로 실현하고 옹호·발전시킬 책무를 진다.
제11조	교통기본법의 제정	국민은 교통권 헌장에 준하는 「교통기본법」(가칭)의 제정을 국가에 요구하고 그 실현을 위해 노력한다.

자료: 일본 교통권 헌장 웹사이트(www.kotsuken.jp/charter/hankul.html).

화적 요소를 교통환경에 도입하는 것을 의미하지 않는다. 보다 근본적으로 교통문화에서의 문화적 측면을 안전성 혹은 편리성과 분리하여 또 하나의 중요한 권리로 인정하는 것이다. 국내에서도 안전과 편리성이 중심이 된 '사람 중심 교통문화'에서 교통으로 발생되는 제반 문화를 고려한 '사람 중심 교통문화'로의 인식 전환이 필요하다. 또한 사람의 삶과 밀접한 관련이 있으며 생활문화가 자리하고 있는 공간인 생활도로에서의 다양한 사회적·문화적 활동을 위한 방안 마련 역시 필요하다.

또한 국내외 보행자를 중심으로 조성된 보행자 우선도로 관련 사례에서는 공통적으로 도시기반시설의 변경이 곤란한 제약조건 아래에서 이뤄지는 특별한 교통규칙을 적용함으로써 통과교통을 배제하고 최소한의 차량 진입을 허용하는 등 주민의 생활환경을 개선하고자 했다. 즉, 자동차보다는 대중교통, 보행을 우선하는 도로공간의 재배분을 추진하고 있는 추세이다. 차량과 보행자를 분리시키는 것이 아니라, 보행자와 주민의 도로 이용과 도로에서의 활동을 침해하지 않는 범위에서 자동차의 이용을 인정한다는 것이 기본 개념으로서 공통적으로 나타났다.

보행자를 중심으로 조성된 국외의 보행자 우선도로 관련 사례는 대부분 안전뿐만 아니라 도로경관 창출, 어린이의 생활·놀이 공간 등의 사회적 활동공간 조성 등을 목표로 시행되었다. 그러나 국내에서 조성되는 보행자 우선도로 관련 사례는 주행속도 감소, 대중교통 이용 활성화를 위한 환경 조성 등이 주목적이어서 안전과 편리성 위주의 정책 및 사업이라는 데 그 차이가 나타났다.

또한 국외 사례에서는 계획 단계에서부터 조성 단계까지 주민협의체 구성, 주민설명회 등을 꾸준히 운영하고 전문가, 시민단체 등을 참여시켜 사회적 합의를 이끌어냈으며 일본의 커뮤니티존 조성 시에는 관계 부처(건설성, 경찰청 등)가 협업해 원활한 사업을 추진하고자 했다. 특징적으로 네덜란드의 본에르프는 지역주민과 전문가(건축 디자이너)가 먼저 고안했다.

반면 국내 사례에서는 국내 보차공존을 위한 다양한 사업 도입 시 지역주민들이 편리성 위주로 도로공간을 이해하는 탓에 사업 추진에 어려움이 많았다. 또한 보행환경 개선사업의 경우 특정 지역의 짧은 가로를 중심으로 시행되어 다른 지역과의 연계가 미흡했고 이용자의 전반적인 인식과 활용도가 부족해 이에 대한 개선방안 마련이 요구되었다.

사람 중심 교통문화를 정착하기 위해서는 우선적으로 안전성과 편리성뿐만 아니라 생활공간으로서의 도로 기능을 이해하고 이를 반영하여 설계할 수 있는 전문 인력 네트워크를 구축할 필요가 있다. 전문 인력 네트워크가 구축되면 이클레이, 녹색교통, 문화재생·도시재생·경관협정 관련 전문가 등이 함께 연구회를 결성하여 사람 중심의 교통문화 개념 외에도 실제 사업과 연계 가능한 사업 내용 등을 발전시켜나가야 한다. 연구회에서 발전시킨 내용들은 행정과 함께 도로를 생활공간으로서 조성하기 위한 시범모델로 운영할 수 있다. 시범모델 운영은 유사 사업의 중복을 방지하기 위해 문화재생사업, 도시재생사업, 경관개선사업 등의 기존 사업과 연계하여 운영할 수 있으며 관련 부처 간 협업을 통해 운영이 가능하다. 또한 시범모델 운영은 단기간의 사업으로 이뤄지는 것이 아니라 충분한 시간을 갖고 서서히 만들어가는 과정을 통해 사람 중심 교통문화를 정착시킬 수 있는 구체화된 방안들을 모색함으로써 향후 수도권 지역으로 확산될 수 있도록 해야 한다.

사람 중심 교통문화는 단순한 시설 조성으로 정착되는 것이 아니다. 따라서 단순한 물리적 환경의 조성이 아닌 도로로 인해 단절된 삶과 관계가 회복될 수 있도록 해야 한다. 이를 위해서는 행정가(공무원) 및 지역주민의 생활공간으로서 도로에 대한 이해가 수반되어야 하며, 궁극적으로 사람 중심 교통문화가 정착되기 위해서는 이 문화가 주민에 의해 지속적으로 유지·관리되어야 한다. 따라서 지역에서는 공청회, 토론회, 교육 프로그램 운영 등을 통해 안전성, 쾌적성 위주의 도로 기능이 삶이 있는 공간으로서의 기능으로 그 인식을 확대시켜나갈 수 있도록 하고 다양한 행정적·재정적 지원을 통해 지역주민들이 참여하는 사람 중심 교통문화가 정착될 수 있도록 해야 한다.

제5장
환경과 공존하는 교통체계

/김동영

1. 에너지·기후 시대의 교통문제

현대사회에서 교통부문은 가장 중요한 환경문제의 하나이다. 막대한 화석연료를 사용하는 자동차는 심각한 대기오염의 원인일 뿐만 아니라 전 지구적 기후변화의 주된 원인이기도 하다. 미국의 저널리스트 토머스 L. 프리드먼(Thomas L. Friedman)은 지구환경의 현재 상황을 '에너지·기후 시대(Energy·Climate Era)'로 정의하고, 에너지 낭비와 온실가스 배출 그리고 지구 온난화를 현대사회의 가장 심각한 문제점으로 지적했다. 이는 미래의 재앙을 피하기 위해서는 적극적인 대비가 필요하다는 역설인 것이다.[1)]

미국은 오바마 정부가 들어선 이후 그간의 소극적 대응에서 벗어나 저탄소 녹색성장을 국가전략으로 명시하고, 에너지 효율성의 향상과 청정 및 재생에너지의 활용을 추구하는 국가정책들을 적극적으로 추진하고 있다. 유럽이나 일본 등 다른 선진국에서는 1997년 교토의정서 발효 이후 미국보다 더 적극적으로 온실가스 감축을 위한 청정에너지체계를 구축하기 위해

---

1) Thomas L. Friedman, "Hot, Flat, and Crowded: Why We Need a Green Revolution —And How It Can Renew America," *New York Times*, 2008.

노력해오고 있다.

한국도 이명박 정부에 들어와서 '저탄소 녹색성장'을 국가전략으로 명시하여 온실가스와 환경오염을 줄이는 동시에 녹색산업이 성장의 동력이 되도록 하는 각종 정책을 추진해오고 있다. 한편에서는 구호에 그쳤다는 비판도 있고, 박근혜 정부에 들어와서 '창조경제'를 내세우며 동력이 떨어졌다는 지적도 있지만, 친환경 지속가능발전을 위한 국가전략은 여전히 가장 중요한 과제이다.

이와 같은 여건 아래 교통분야에서는 국가교통전략으로 화석연료에 의존한 기존 교통체계와 국민의 교통행태에 대한 전면적인 변화가 요구된다. 단기적으로는 교통부문 전반에 걸친 친환경기술의 확보가 필요하며, 중기적으로 저탄소 교통체계를 구축하고, 장기적으로 지속가능한 교통체계로 전환해나갈 필요가 있다.

최근 들어 미세먼지에 대한 사회적 관심의 증가와 함께 교통부문에 대한 친환경정책은 당면 과제로 급격하게 부상 중이다. 2016년 6월 발표된 범정부 미세먼지 관리 특별대책에서는 수송부문에서 경유차 미세먼지의 감축, 친환경차 보급 확대, 자동차 운행제한(수요관리), 건설기계 등 비도로이동오염원으로부터의 오염물질 배출 저감을 최대의 정책적 목표로 설정하고 있다.[2)]

---

2) 대한민국정부, 「국민 안전과 건강 보호를 위한 미세먼지 관리 특별대책」(2016).

2. 교통부문의 지속적인 환경영향 증가

친환경 지속가능성 관점에서 한국의 교통부문을 살펴보면 미래는 결코 밝지 않다. 자동차의 지속적인 증가와 함께 화석에너지 사용량도 계속해서 늘어나고 있다. 이에 따른 대기오염물질, 온실가스 배출도 여전히 증가하고 있는 추세이다.

수도권에서 사용하고 있는 에너지의 34%는 수송부문에서 사용되고 있으며, 온실가스는 25% 정도가 배출되고 있다. 대기오염은 전반적으로 수송부문의 기여율이 더욱 크게 나타나고 있다. 특히 미세먼지는 약 76%가 수송부문(미세먼지 기준 도로이동 40%, 비도로이동 35%)에서 배출되고 있다. 이와 같은 경향은 해를 거듭할수록 커지고 있어서, 교통부문을 친환경적으로 관리하지 않고서는 기후변화 대응이나 대기오염 관리가 불가능한 실정이다. 이와 관련하여 몇 가지 중요한 지표들을 살펴보면 다음과 같다.

1) 자동차와 에너지 소비의 지속적 증가

2015년 기준 한국에는 총 2000만 대가 넘는 자동차가 운행 중이다. 최근 10년(2006~2015년) 동안 자동차 등록 현황을 살펴보면, 전국의 자동차는 매년 증가하고 있으며 2006년 대비 2015년 자동차 수는 32.1% 증가했다. 수도권에서도 2006년 733만여 대에서 2015년 933만여 대로 27.3% 증가했다.

마찬가지로 한국의 최종에너지 소비량은 꾸준히 증가하고 있으며, 수송부문 역시 증가하고 있다. 2014년 기준 한국의 최종에너지 소비량은 2억 1387만 TOE였으며, 이 중 수송부문은 17.6%였다. 수도권에서는 2014년 5190만 9천 TOE로 전국 최종에너지 소비량의 24.3%를 차지하고 있다. 수

그림 2.5.1／수송부문 에너지원별 최종에너지 소비량 현황(2014년)

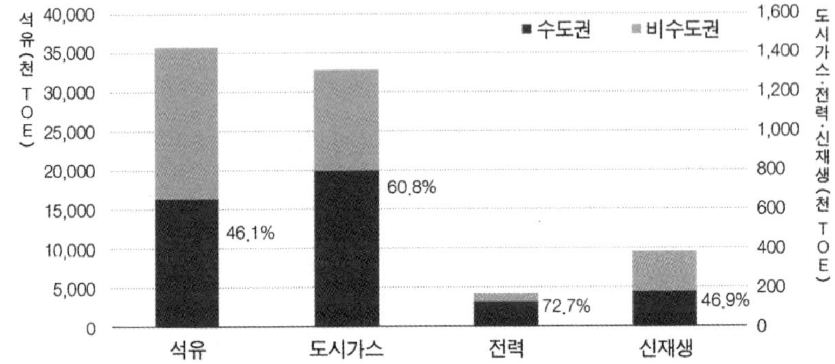

자료: 산업통상자원부·에너지경제연구원, 『2015 지역에너지통계연보』(2015).

도권에서 수송부문 최종에너지 소비량은 전국 17.6%에 비해 33.9%로 더욱 높다.

2014년을 기준으로 수송부문 에너지원별 최종에너지 소비의 90% 이상은 석유였으며, 다음으로 도시가스, 신재생에너지, 전력이 뒤를 이었다. 수도권에서도 비슷한 양상을 보인다. 전국 대비 수도권의 에너지원별 최종에너지 소비량은 전력이 전국의 72.7%(12만 5천 TOE)로 가장 높은 비율을 나타냈고, 다음으로 도시가스가 60.8%(79만 5천 TOE)로 나타났다. 신재생에너지와 석유의 비율은 각각 46.9%, 46.1%였다. 친환경자동차(전기차, 하이브리드차 등)는 전반적으로 타 지역보다는 수도권 지역에서 많이 운행되고 있다.

2) 대기환경 악화

2006년부터 2015년까지 최근 10년 동안 수도권의 대기 질은 전반적으로 개선되고 있다. PM_{10}(미세먼지)는 2006년 65㎍/m^3에서 2012년 47㎍/m^3로

그림 2.5.2／수도권 평균 대기 질 변화 추이(2006~2015년)

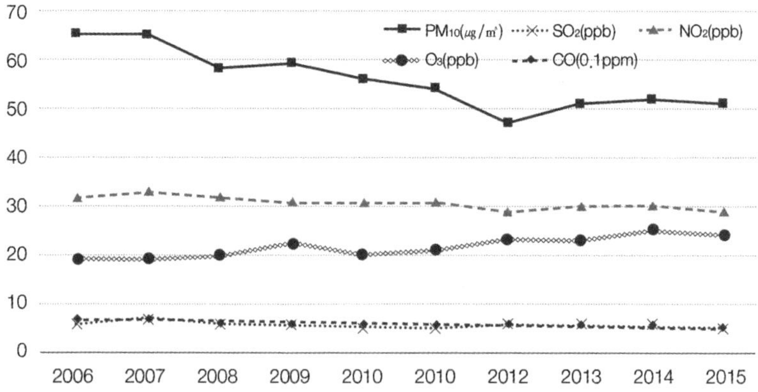

자료: 환경부, 『대기환경연보 2015』(2016).

「수도권 대기환경 개선에 관한 특별법」 시행 이후 처음으로 국가 대기환경 기준 목표 농도 50㎍/m^3에 만족하는 수준으로 개선되었다. 하지만 이후 다시 증가하여 2015년 PM_{10} 농도는 51㎍/m^3로 나타났다. NO_2 농도는 2006년 0.032ppm에서 2015년 0.029ppm으로 9.4% 감소했고, SO_2와 CO 농도는 서서히 감소하는 추세이지만 큰 변화는 없는 것으로 나타났다. O_3 농도는 2006년 0.019ppm에서 2015년 0.024ppm으로 다른 물질과 달리 오히려 증가한 것으로 나타났다. 전반적으로 대기오염농도는 여전히 매우 높은 수준이기 때문에 더욱더 개선이 필요한 상태이다.

2015년을 기준으로 수도권에서 주요 대기오염물질의 농도를 지역별로 살펴보면, PM_{10}은 경기도와 인천시가 53㎍/m^3로 높고, 서울시는 45㎍/m^3로 낮게 나타났다. PM_{10}은 수도권 외곽지역으로 갈수록 고농도를 보였는데, 경기도 포천시·동두천시·평택시와 인천시 중구(신흥)·남구(숭의)·남동구(구월동)가 연평균 PM_{10} 농도 60㎍/m^3를 웃도는 수준이었다.

그림 2.5.3／수도권 대기오염물질 농도 분포현황(2014년)

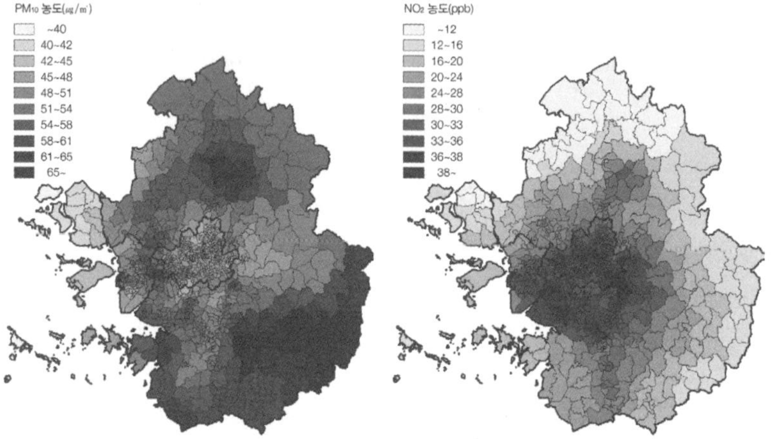

자료: 김동영 외, 「봄철 미세먼지 개선, 노천소각 관리가 중요하다!」, ≪이슈&진단≫ 225호(2016), 경기연구원.

NO_2는 PM_{10} 농도와 반대로 도심지일수록 농도가 높았다. 교통량이 많은 서울시가 0.032ppm으로 가장 높았고, 경기도는 0.029ppm, 인천시는 0.026 ppm이었다. 시·군·구별로는 서울시 중구·관악구·양천구와 경기도 성남시·의왕시가 0.036ppm으로 높게 나타났다.

O_3도 PM_{10}과 동일하게 외곽지역으로 갈수록 고농도를 띠는 것으로 분석되었다. 특히 경기도 포천시가 0.039ppm으로 가장 높게 나타났고, 다음으로 인천시 중구(운서동)가 0.033ppm, 인천시 강화군(송해면), 경기도 파주시·양주시가 0.031ppm으로 고농도였다.

3) 대기오염물질 및 온실가스 배출량 증가

환경부는 매년 대기오염물질 및 온실가스 배출목록을 작성하여 대기정

그림 2.5.4／교통부문 대기오염물질 및 온실가스 배출량

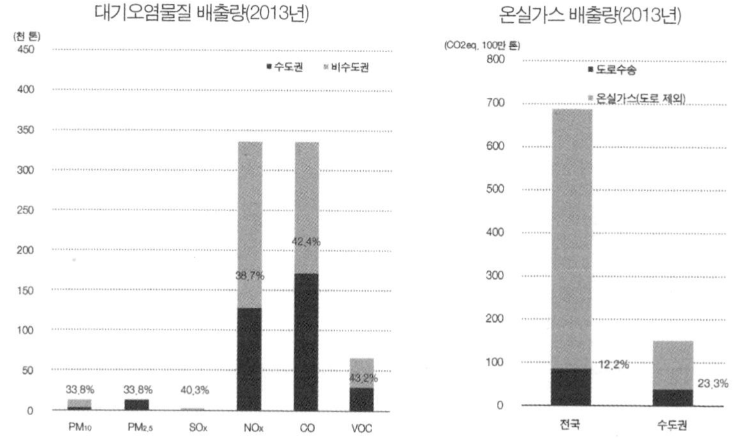

자료: CAPSS(2013), 김동영, 「대기질개선 정책과 기후변화대응 정책 간의 공편익 상관성 연구」(경기연구원, 2016).

책지원시스템(CAPSS: Clean Air Policy Support System) 자료체계를 구축하고 있다. 2013년 기준으로 수도권의 NOx와 CO 배출량은 각각 28만 3911톤, 26만 4938톤으로 전국의 26.0%, 38.0% 정도이다. 이 중 도로이동오염원에서 배출되는 비율이 각각 45.7%, 65.5%로 매우 높다. PM_{10}과 $PM_{2.5}$는 전국적으로 제조업연소 부문이 높으나, 수도권에서는 도로이동오염원과 비도로이동오염원 부문에서 75% 이상을 차지하는 것으로 분석되고 있다.

도로이동오염원 부문에 대한 대기오염물질 배출량을 전국과 수도권에 대해서 비교해보면, 전반적으로 전국 배출량의 30% 이상이 수도권에서 배출된다. VOC는 전국 대비 수도권 배출 비율이 43.2%로 가장 높고, 다음으로 CO 42.4%, SOx 40.3% 순이었다.

2013년 온실가스 배출량을 살펴보면, 한국에서 배출되는 온실가스는 총 6.9억 톤 CO_2eq.이고, 이 중 수도권에서 1.5억 톤 CO_2eq.(21.8%)이 배출된

다. 온실가스의 90% 정도는 에너지 사용 과정에서 배출되는데, 에너지 부문 중에서 도로수송은 전국 단위에서는 8359만 톤 $CO_2eq.$으로 전체의 12.2%를 차지하고 있다. 수도권에서는 3493만 톤 $CO_2eq.$으로 23.3%에 달해 전국보다 높게 나타났다. 전국 대비 수도권의 온실가스 배출량은 도로수송 부문이 41.8%로 다른 부문에 비해 비율이 높다. 이처럼 전반적으로 수송부문, 특히 도로수송 부문에 의한 기여율이 매우 높음을 알 수 있다.

3. 교통분야의 환경정책

현재 교통분야에서 대기오염물질 및 온실가스를 저감하기 위한 정책은 크게, ① 배출허용기준의 단계적 강화, 배출가스 인증제도 활용 등을 통해 개별 자동차에서 나오는 오염물질을 줄여나가는 정책, ② 전기차, 하이브리드차 등 친환경 교통수단의 보급, ③ 대중교통 확충, 공해차량 운행제한 제도 도입 등과 같은 교통수요관리 대책으로 나눠 살펴볼 수 있다. 이 중 교통수요관리는 차세대 정책으로 더욱 중요시되고 있다. 이는 단기간에 획기적인 친환경기술 개발이 쉽지 않기 때문이다. 각 분야의 내용을 간략하게 살펴보면 다음과 같다.

1) 개별 자동차의 오염물질 저감정책

(1) 제작차 배출허용기준 강화

한국은 1980년에 제작차 배출가스 규제를 처음 시작했고 2000년부터 단계적으로 배출허용기준을 강화해오고 있다. 제작차에 대한 배출허용기준 강화는 자동차의 기술개발 수준에 맞추어 신규로 생산되는 자동차의 배출허용기준을 점진적으로 강화하는 정책이다. 휘발유 및 가스차에 대해서는 2009년 ULEV(Ultra Low Emission Vehicle) 기준에서 2025년까지 SULEV(Super Ultra Low Emission Vehicle)의 기준을 적용할 예정이다. 이는 ULEV보다 NOx 기준을 82% 강화한 것으로 제작사별 평균배출량(FAS: Fleet Average Standard) 측정항목 중 현행 탄화수소에 NOx를 추가하고, 단계적으로 기준을 강화했다. 직접분사(GDI) 엔진의 입자상물질의 경우에는 2012년 0.006g/km에서 2014년 0.004g/km로 강화했고, 증발가스(VOCs) 기준도 강화했다.

경유차는 2015년부터 EURO-6 기준을 적용하며, 미세입자 개수 규제를 도입했다. NOx와 입자상물질(PM_{10}, $PM_{2.5}$) 기준은 EURO-5보다 50% 강화되었고, 위해성이 큰 $PM_{2.5}$ 등 미세먼지 관리에 초점을 두었다. 이륜차는 현행 배출허용기준인 2008년 EURO-3를 2016년 EURO-4(EURO-3보다 NOx 40% 감소), 2020년 EURO-5(EURO-4보다 NOx 24% 감소)로 단계적으로 강화할 예정이다.

제작차 배출허용기준을 강화함에 따라 자동차 제작사의 배출가스 보증으로 효율적인 자동차 배출가스를 관리하기 위해 다음의 배출가스 검사 및 인증강화제도 등을 도입했다.

① 자동차 배출가스 인증 강화

배출가스 인증제도는 자동차 배출가스를 법으로 규정된 시험방법에 따라 검사하고, 보증기간 내 내구성을 만족하는지 확인하는 제도이다. 인증시험 방법은 일반적으로 자동차의 주행특성을 고려하여 배출가스시험을 실시하고, 저감기술 수준에 맞추어 배출허용기준을 설정하고 있다. 최근 들어 제작차 배출허용 기준을 인증할 때 검사조건을 실제 도로주행 상황에 가깝도록 개선해 급가속 시, 에어컨 가동 시 등 실제 주행상황을 반영하고 있다.

2016년부터는 휘발유차와 가스차에 대해 시내주행 패턴만을 반영하던 인증시험모드(CVS-75)에서 고속 및 급가속, 에어컨, 고속도로 주행 등 실도로 조건을 반영하는 인증시험모드(5모드)를 추가하여 검사하고 있다. 경유차는 2017년부터 저속과 급가속을 포함하는 운전조건과 온도조건(-7~35℃)을 반영한 시험방법도 도입할 예정이다. 실주행 조건에서는 현재 사용되는 인증조건보다 더 많은 오염물질이 배출(NOx 배출량 50~70% 증가)되는데, 앞으로는 보다 실질적인 배출여건을 반영한 관리가 가능할 것으로 전망된다.

② 배출가스 결함확인검사 강화

자동차 배출가스 결함확인검사는 배출가스 보증기간 이내에서 운행 중인 자동차에 대해 제작차 배출허용기준 준수 여부를 확인하는 제도이다. 결함확인검사에서 부적합한 경우 자동차 제작사는 결함의 원인을 조사하고 무상으로 시정해야 한다.

배출가스 결함확인검사의 주요 내용은 제작차의 배출허용기준이 강화됨에 따라 자동차에 부착된 저감장치(경유차의 경우 Lean NOx trap, Urea-SCR)들이 정상작동 하는지 확인하는 것이다. 대형차에 대해서는 2015년부터 이동측정장비(Portable Emission Measurement System)를 활용하여 실제 도로주행 시 저감장비의 결함을 확인하고, 결함이 있을 경우 시정해야 한다.

③ 경유차 탈질장치의 성능 유지관리 강화

배출가스 결함확인검사와 동일하게 경유차에 부착한 탈질장치의 성능 유지관리를 통해 제작차 배출허용기준 준수 여부를 확인하는 제도이다. 경유자동차 탈질장치(SCR)의 유레아(Urea) 사용량 조작 및 희석, 온도센서기능 장애 설정 등 임의조작 여부, LNT 연료분사량 확인, 배출가스 자기진단장치 적정 기능 여부 확인 등의 결함확인검사를 강화한다.

④ 제작차 공회전제한장치 부착

공회전에 따른 오염물질 배출을 저감하기 위해 자동차 제작 단계에서 공회전제한장치를 부착하도록 한다. 이는 대기오염물질 배출이 저감되는 것은 물론이고, 연비개선효과도 있는 것으로 평가되고 있다. 공회전 제한에 따른 연비 변화를 비교해보면, 밴 5.6%, 버스 6.4%, 택시 7.8%, 트럭 4.5%가 개선되는 것으로 확인되고 있다.

자동차 공회전 금지는 현재 계도 차원에서 이뤄지고 있지만, 향후에는 5분 이상 공회전 시 엔진을 자동으로 정지시키는 장치(자동엔진 정지장치)를 제작 단계에서 의무적으로 부착하는 방안을 검토하고 있다. 오염물질 배출량이 크고 공회전이 빈번한 것으로 예상되는 버스나 택시를 우선 대상으로 하고, 단계적으로 확대해나가도록 한다.

(2) 운행차 저공해화

현재 운행하고 있는 자동차의 배출가스를 저감하기 위해 수도권에서는 특정 경유차(배출가스 보증기간이 지난 일정 규모 이상의 경유자동차)를 대상으로 DPF(Diesel Particulate Filter) 부착, 엔진 개조, 조기 폐차 등을 지속적으로 추진해오고 있다. 또한 특정 경유차에 PM·NOx 동시저감장치를 부착하고, 휘발유 및 가스차에 대해서도 삼원촉매장치를 부착하는 등 새로운 사업도 시행하고 있다.

DPF는 디젤 입자를 제거할 수 있는 매연여과장치로 2006년 이전(EURO-3

기준)에 제작되어 오염물질을 과다 배출하는 특정 경유차를 대상으로 부착하면 배출구에서 미세먼지 80%, 증발가스 85% 정도를 저감할 수 있다. 수도권에서는 2015~2019년 5개년에 걸쳐 노후차량 15만 1000대에 DPF를 부착할 계획이다.

엔진 개조는 운행 중인 노후 경유차에 대해 저공해 엔진인 LPG로 개조하는 것을 말한다. LPG 엔진 개조는 디젤엔진의 연료 분사노즐을 스파크 플러그로 대체하고, 불꽃점화시스템을 장착하여 디젤연료를 LPG연료시스템으로 변경하는 원리로 미세먼지와 질소산화물, 휘발성 유기화합물 등의 저감효과가 있다. 엔진 개조는 수도권에서 2015~2019년 5년간 총 3만 8000대를 계획하고 있다.

조기 폐차는 특정 경유차 중 배출허용기준을 초과하는 자동차 중에 배출가스 저감장치 부착, 저공해 엔진 개조가 어렵거나 장치의 부착 또는 개조 비용이 높아 폐차하는 것이 더 효과적일 때, 보조금을 지급하여 조기 폐차를 촉진하는 것을 말한다. 수도권에서는 노후차량에 대하여 2015~2019년 5년간 총 19만 대를 조기 폐차할 계획이다.

PM·NOx 동시저감장치 부착은 「1차 수도권대기환경관리기본계획(2005~2014)」에 포함되었으나 기술적으로 문제가 있어 시행이 유보되었다가 「2차 수도권대기환경관리기본계획(2015~2024)」에서 새로이 추진하는 사업이다. 최근 대형버스와 화물차를 대상으로 시범사업이 추진되고 있다. 오염물질별 저감효율은 PM_{10} 80%, NOx 80% 수준으로 추정된다. 수도권에서는 2015년부터 2024년까지 총 10만 대에 PM·NOx 동시저감장치를 부착할 계획이다. PM·NOx 동시저감장치에 대한 저감효율, 비용효과 등의 실효성이 부족하다는 지적이 있으므로 여전히 기술적 검증 등이 필요한 상태이다.

대형 경유차와는 달리 휘발유 자동차는 배기구에 삼원촉매장치를 설치하여 오염물질 배출을 저감할 수 있다. 2015년부터 2024년까지 배출가스 보증기간이 경과한 노후 휘발유 및 가스차를 대상으로 총 83만 대에 삼원 촉매장치를 교체할 예정이다.

운행차 사후관리 측면에서는 배출가스를 관리하기 위해 먼저 운행차에 대한 검사기준을 강화해나갈 예정이다. 배출가스 정밀검사제도는 실제 도로주행 상태와 유사한 조건에서 배출가스를 측정하여 과다 배출차량을 정확히 선별함으로써 배출가스 관련 장치를 정비토록 하는 제도로 2002년 5월부터 시행했다. 2017년부터는 $PM_{2.5}$ 관리를 위해 매연검사기준만 있는 경유차에 NOx를 검사항목으로 추가할 계획이다. 또 O_3의 전구물질(Precursor)인 휘발유 및 가스차의 배출허용기준(140ppm)을 EU 등 선진국 수준인 80~100ppm으로 강화한다. 이륜차의 배출가스 정밀검사제도는 엔진 용량과 검사장비 확보여건을 감안하여 단계적으로 도입할 계획이다. 현재 시행 중인 자동차의 배출가스검사는 강제 정차를 통해 이뤄지므로 검사가 불편하고 횟수도 제한적이라는 문제가 있다. 원격측정장비(RSD: Remote Sensing Device) 는 운행차에 대한 점검을 원격으로 변경하여 적시 정비를 유도할 수 있으므로 적극 활용할 계획이다.

2005년에 도입된 배출가스 자가진단장치(OBD: On Board Diagnostics)는 자동차 제작 시 부착되는 것이다. 자동차의 배출가스 관련 부품의 노후화, 오작동 및 고장 등으로 배출가스가 증가할 경우 차내 계기판의 정비 지시등을 점등시켜 운전자로 하여금 정비를 유도하는 장치이다. 미국(1996년)과 유럽(2000년) 등 선진국에서도 차내 OBD 장착을 의무화하고 있다. 국내에서도 2015년부터 운행차 검사 시 OBD 검사를 도입했다. OBD는 차량 소유자가 운전 중 스스로 배출가스의 이상 유무를 파악하는 데 도움을 주고 있으나, OBD의 고장 여부를 알지 못하거나 알더라도 방치하는 경우가 있다.

그러므로 정기검사 항목에 OBD 정상작동 여부 확인을 추가하면 OBD 장치의 정상작동을 보장하고, 배출가스 부품의 적시 정비를 유도할 수 있다.

2) 친환경 교통수단의 보급

수도권에서는 하이브리드자동차, 전기자동차, 수소연료전지자동차 등의 친환경자동차 보급을 확대하여 대기오염물질 배출을 감축하고 있다. 「2차 수도권대기환경관리기본계획(2015~2024)」에서는 친환경자동차(하이브리드차, 전기차, 수소연료전지차)를 2020년까지 수도권 지역 등록 자동차의 10%, 2024년까지 20% 수준(약 200만 대)으로 보급하는 것을 목표로 하고 있다.

(1) 하이브리드차 보급

「1차 수도권대기환경관리기본계획(2005~2014)」에서는 승용차에 한해 하이브리드자동차를 보급했으나, 「2차 수도권대기환경관리기본계획(2015~2024)」에서는 CNG 버스도 환경성이 높은 CNG 하이브리드 버스로 교체할 예정이다. CNG 하이브리드 버스는 CNG 엔진에 전기모터를 결합시켜 두 가지 동력원을 함께 사용함으로써 연료효율 향상과 오염물질 배출을 감소시킬 수 있는 차량이다. 친환경자동차인 하이브리드 버스와 승용차를 수도권에서는 2015년부터 2024년까지 총 148만 7250대(승용차는 148만 2250대, 버스는 5000대)를 순차적으로 보급하고, 이로 인한 자동차 부문의 오염물질 배출 저감을 기대하고 있다.

(2) 전기자동차 보급

전기자동차는 RV차 소형 및 중형, 이륜차 2행정 및 4행정, 승용차 경차,

승합차 대형 시내버스를 대상으로 했다. 「2차 수도권대기환경관리기본계획(2015~2024)」에서는 전기자동차 구매보조 대상을 민간까지 확대(저탄소차협력금제도 연계)하고 영세 상공인, 저소득층 등이 보유한 노후자동차를 전기차로 교체 시 보조금을 지원할 예정이다. 보급을 확대하기 위해 친환경자동차 인프라도 구축하고 있다. 수도권에는 2015년부터 2024년까지 승용차와 경유버스를 대상으로 총 39만 9180대(승용차 39만 8380대, 버스 800대)를 보급할 계획이다.

(3) 친환경자동차 보급 확대

친환경자동차 보급을 확대하기 위해 제작사에 무배출차 중심의 판매 강화, 행정·공공기관의 구매의무율 상향 조정 및 대상기관 확대, 친환경차 인센티브 확대, 저탄소차협력금제도 도입 등을 예정하고 있다.

① 무배출자동차 판매 확대

자동차 제작사로 하여금 대기오염물질을 전혀 배출하지 않는 무배출자동차(ZEV: Zero Emission Vehicle) 제작 판매를 확대할 수 있도록 유도한다. 전기자동차, 수소연료전지자동차 등 차세대 무배출자동차에 대한 기대가 크지만 기술적·경제적 한계로 보급이 지연되고 있다. 중장기적 기술개발 투자, 시범사업 등을 통해 차세대 기술 확보가 필요하다. 제작사 규모 등을 고려해 2015년부터 무배출자동차 보급 확대방안을 진행해오고 있다.

② 저공해차 의무구매율 상향 및 대상기관 확대

「수도권 대기환경 개선에 관한 특별법」을 근거로 수도권 대기관리권역 내에 있는 행정 및 공공기관 중 10대 이상 자동차를 보유하고 있는 기관은

신차 구매 시 일정 비율 이상의 저공해자동차를 구매해야 한다. 현재 행정 및 공공기관에 적용되고 있는 저공해자동차 의무구매율은 30%이다. 2020년까지 50%로 늘리고(매년 5%) 의무구매 대상에 해당하는 기관을 자동차 수요가 많은 대형 택시회사, 렌트카 회사, 대형 사업장 등으로 확대할 예정이다.

③ 친환경차 인센티브 확대

친환경자동차 관련해 기술 개발과 차량 보급에 관한 사업들이 활발히 진행 중이나 차량 교체에 따른 인센티브와 지원은 다소 미흡한 실정이다. 해당 차량을 운행하는 단계에서 사용자들에게 주어지는 혜택과 지원제도를 마련하는 것이 필요하다. 전기차 구매 시 보조대상을 공공기관에서 민간부문까지 확대하고, 영세 상공인이나 저소득층에게 보조금을 지원하는 방안도 필요하다. 친환경차를 보급하기 위해 하이브리드차를 비롯해 전기차, 수소연료전지차 등 친환경차량 운행 시 고속도로 통행료, 주차료 감면을 경차 수준으로 하는 등 인센티브를 확대해나갈 예정이다.

표 2.5.1／운행 단계 전기차·하이브리드차, 경차의 혜택 비교

구분	전기차·하이브리드차	경차	근거법
공영주차장	서울·경기 50% 할인 인천 20~50% 할인	50% 할인	주차장법
혼잡통행료	면제(서울 남산터널)	50% 할인	도시교통정비촉진법
고속도로 통행료	-	50% 할인	-
환승주차장	-	80% 할인	-

자료: 환경부 수도권대기환경청, 「2차 수도권대기환경관리기본계획(2015~2024)」(2013).

④ 저탄소차협력금제도 도입

국내 경·소형차 비중은 28%로 일본 70%, 프랑스 74% 비해 매우 낮다.

중·대형차는 경·소형차에 비해 CO_2를 1.4~2.6배 과다 배출하지만 한국은 중·대형차를 선호하는 자동차 소비문화로 CO_2 과다 배출 및 에너지 낭비를 초래하고 있어 자동차 소비문화 개선이 필요하다.

현재 미국, 유럽, 일본 등 주요 선진국에서도 CO_2 규제를 강화하는 추세이다. 미국 캘리포니아 등 11개 주는 친환경차 의무판매비율을 2018년 2%, 2020년 6%, 2025년 16%로 늘려나갈 예정이다. 프랑스는 기준보다 CO_2를 적게 배출하는 차량을 구입 시 보너스를 지급하고 CO_2를 많이 배출하는 차량은 부담금을 부과하는 보너스-맬러스 제도(Bonus-Malus System)를 시행 중이다. 이로 인해 친환경자동차 판매량이 증가했고, 전체 자동차 CO_2 연평균 감축률이 제도 시행 전 1.6g/km에서 시행 후 4.1g/km으로 증가했다.

국내에서도 저탄소차협력금제도를 도입하여 중·대형차에 부담금을 부과하고 친환경차와 중·소형차에는 보조금을 지급하여 오염물질 배출량이 적은 자동차를 확대하고자 한다. 2015년부터 저탄소차협력금제도가 시행될 예정이었으나, 국내 산업계의 부담 인식과 시장에 미치는 영향을 고려하여 2020년까지 제도시행이 유예되어 있다.

3) 교통수요관리 정책의 추진

(1) 대중교통체계의 보완

① 경기도 광역버스 확충

경기도와 서울, 경기도와 인천을 운행하는 광역버스(2016년 1월 기준)는 161개 노선이 있고, 이 중 고속도로를 운행하는 노선은 113개가 있다. 전체 노선은 하루 2만 2000여 회 운행되며, 60여만 명의 승객이 이용하고 있다. 고속도로를 운행하는 노선은 하루 1만 5000여 회 운행, 43만 명의 승객이

이용하는 것으로 나타났다.[3)]

법률상 고속도로에서 입석 운행은 위반이다. 고속도로 입석 이용자는 대형교통사고 위험에 노출되어 있어 국토부와 수도권 3개 시·도가 공동으로 대안을 마련할 필요가 있다. 2015년 시범사업을 시작으로 2017년까지 8개 정류소 정비를 완료하여 광역버스 이용자에게 앉아갈 수 있도록 서비스를 확충할 예정이다.

② 카셰어링 제도 확대

최근 들어 승용차에 대한 개념을 '소유'에서 '공유'로 전환하고, 환경·에너지 문제를 완화하기 위해 차량공동이용제도인 카셰어링이 주목받고 있다. 전기차, 하이브리드차와 같은 친환경자동차를 사용하고, 공영주차장의 주차공간 할당 및 이용료 감면 등을 통해 지원을 확대해나가고 있다. 현재 서울시와 인천시, 수원시 등에서 시행 중인데, 이용률이 증가하는 추세다.

표 2.5.2／수도권 카셰어링 현황

구분	사업명	참여기업	차량대수/ 지점 수	회원 수/ 1일 이용객
합계	-	7개	848/465	113,763/800
서울시 (2013.9)	공유서울 나눔카 (일반, 전기)	그린포인터(일), 쏘카(일), 엘지씨앤에스(전), 한카(전), KT렌털(전), 코레일네트웍스(전)	618/343	100,416/680
인천시 (2014.5)	인천시 카셰어링	KT렌털, AJ렌터카	200/92	13,347/120
수원시 (2012.2.21)	나누미	KT렌털	30/30	-

자료: 경기도, 「2차 수도권 대기환경관리 기본계획 추진을 위한 경기도 시행계획(2015~2019)」(2014).

3) 경기도, 「2차 수도권 대기환경관리 기본계획 추진을 위한 경기도 시행계획(2015~2019)」(2014), 255쪽.

③ 공공자전거 프로그램 활성화

교통체증, 대기오염 증가, 고유가 문제를 해결하고 건강한 사회 및 삶의 질을 높이기 위한 취지로 서울 및 경기도 등 여러 지자체에 공공자전거 프로그램을 도입·운영하고 있다. 서울시는 여의도와 상암동에 '서울바이크'를 운영하며, 서초구는 독자적으로 공공자전거를 운영 중이다. 경기도에서도 안산시와 고양시가 2010년부터 운영을 시작했다. 경기도에서는 산업단지 근로자의 이동편의 도모에 중점에 두고 일터 출근자를 위한 공공자전거 G-BakWiro(지-바퀴로)를 운영할 계획이다. 지 바퀴로는 종사자 8만 명 이상인 경기도 소재 산업단지인 시화국가산업단지, 반월국가산업단지, 판교테크노밸리 등 3개 지점을 대상으로 한다.

(2) 개별교통수단의 억제

교통유발부담금은 교통수단 전환정책의 일환으로 교통유발의 원인이 되는 시설물의 소유자에게 사회적·경제적 손실비용을 부담시키는 제도이다. 교통유발부담금을 확대하여 통행수요 감소를 유도하고, 시설물을 비도심지역으로 유치하기 위한 목적이 있다.

개별교통수단을 억제하기 위해 기업체에 대한 교통수요관리도 활성화할 필요가 있다. 서울시는 연면적 1000m^2 이상의 기업에게 교통수요관리에 참여하도록 하고 교통유발부담금을 감면하고 있다. 2009년 조사에 따르면 참여기업 수는 2300개소 정도인 것으로 파악된다. 경기도에서는 대형사업장(종업원 1000명 이상)을 우선 대상으로 하여 대중교통요금 지원, 카풀·밴풀 지원, 재택근무 등 탄력근무제, 출퇴근 시차제, 주차장 유료화, 통근버스 운영 등 기업의 자율적인 교통수요관리 프로그램을 권고하고 있다.

(3) 공해차량 운행제한지역 운영

공해차량 운행제한지역(LEZ: Low Emission Zone)은 대기오염이 심각한 지역에서 차량 운행을 제한하는 제도이다. 「수도권 대기환경 개선에 관한 특별법」에 의하면 시·도지사는 대기환경 개선을 위해 필요하다고 인정하는 지역에 대해 자동차의 운행을 제한(저공해조치를 미이행한 대기관리권역 등록 차량에 한해)할 수 있다. 운행이 제한되는 자동차의 범위, 지역 및 운행제한 미이행에 따른 과태료 부과는 조례로 설정하도록 하고 있다. 현재 수도권에서 LEZ를 시행하고 있으나, LEZ의 단속시스템에 대한 설치와 단속실적은 미미한 상태이다.

수도권에서 LEZ 제도의 실효성을 높이기 위하여 2018년까지 수도권 대기관리권역 내의 주요 간선도로 152개소(서울 76, 인천 20, 경기 56)에 단속시스템을 설치하고, 수도권통합센터를 구축해 본격적으로 운영할 예정이다.

표 2.5.3／수도권 LEZ 운영 현황

구분	단속 방법	단속 실적
서울시	전용CCTV ANPR (6개 지점 22개 카메라)	• 2012년 1670대(서울 92, 경기·인천 1578), 2013년 375대, 2014년 679대 • 위반사실 통지, 과태료 부과 102대(2013, 2014년)
인천시	CCTV(8개소) 녹화자료를 수작업으로 선별	• 2010년 7월~2012년 6월: 23대(서울 3, 경기 4, 인천 16) • 위반사실 통지, 과태료 부과실적 없음
경기도	기존 주정차단속용 CCTV 활용(1507대)	• 2012년 6월~2014년 4월: 109대 • 위반사실 통지, 과태료 부과 1대(2012년)

자료: 경기도, 「2차 수도권 대기환경관리 기본계획 추진을 위한 경기도 시행계획(2015~2019)」(2014).

(4) 교통흐름 개선을 통한 오염물질 배출 저감

도로망은 기능별로 간선 및 지선으로 구분된다. 도로의 종류별로 경계지점의 신호운영방법이 달라 이용자들의 정지횟수와 통행시간을 증가시키는 요인이 되고 있다. 이는 단순히 교통체증 문제만이 아닌 신호 대기에 따른 자동차 공회전 시간이 길어짐에 따라 오염물질이 증가하는 등 환경문제 요인으로도 작용하게 된다. 신호 연동화 사업을 추진하여 교통흐름을 개선함으로써 환경 개선도 기대할 수 있다.

(5) 에코 드라이빙

에코 드라이빙은 급발진, 급정지, 급가속 등을 지양함으로써 연료도 저감하고 환경에도 기여하는 운전방법을 말한다. 정속 속도(60~80km/시) 유지, 적정 타이어 공기압 유지, 공회전 방지 등 개인의 운전 습관을 바꾸어 친환경 운전법을 실천하면 20~30% 정도의 연료절감 효과를 얻을 수 있다고 한다. 또 교통사고 감소 및 대기오염물질과 온실가스 배출 저감 등 부수적인 효과도 있다. 에코 드라이브 관련 자료를 운수회사나 버스운송업체 등에 배포하고, 개별 운전자들에게도 차량에 붙여놓고 쉽게 볼 수 있는 스티커나 브로슈어를 배부함으로써 참여를 유도하도록 한다.

4. 정책적 시사점

현대사회에서 교통서비스의 원활한 공급은 매우 중요하다. 지금까지 경제성장과 기술 발전으로 교통서비스의 공급은 지속적으로 증가해왔다. 그러나 한편으로는 환경을 오염시키고 생태계를 파괴하여 국민 건강을 위협하고 있으며, 궁극적으로는 이로 인해 지속가능한 발전을 우려하게 되었다. 지속적인 경제 사회의 발전을 위해서는 환경오염을 줄이면서 필요한 교통서비스를 공급할 수 있는 지속가능한 교통체계를 마련하는 정책이 무엇보다 중요하다. 지금까지는 성장과 효율을 기초로 한 이동성의 증진만이 교통정책의 주된 목표였다면 이제부터는 환경과 형평의 가치를 함께 고려해 지속가능성 확보에 역점을 두어야 한다.

최근 들어 기후변화에 대응하고 대기오염을 줄이기 위해 교통분야에 대한 친환경정책은 다양한 분야에서 시도되고 있다. 먼저 친환경차량의 개발과 보급이 보다 더 적극적으로 추진되어야 한다. 환경오염이 적은 차량이 보급될 수 있는 여건을 조성하고 청정연료 사용을 촉진해나간다. 그리고 대기오염 배출 기준을 강화하고 대체 연료, 고연비 차량기술 개발을 지원해나가야 한다.

친환경차량의 보급 확대와 관련된 이슈에는 경유차 문제가 그 중심에 있다. 친환경자동차의 보급은 경유차를 어떻게 전환해 나가느냐에 달려 있다고 해도 과언이 아니다. 이는 경유차에 의한 대기오염, 특히 디젤 입자(DPM: Diesel Particulate Matter)에 의한 건강영향이 가장 두드러지기 때문이다. 최근 경유차에 대한 배출가스 규제가 EURO-5, EURO-6로 단계적으로 강화되면서 휘발유차와의 간격이 많이 좁아진 것이 사실이다. 그렇지만 신규 규제를 적용받는 차량은 보급되는 데 시간이 필요하고, 디젤 엔진의 전반에 걸친 규제 강화는 여전히 요원하다. 최신 경유자동차에 대한 친환경성 여부도 문제이지만, 폭스바겐의 배출가스 임의 조작 스캔들이 불거짐으로써 경유차의 환경성 확보에는 좀 더 시간이 필요할 것으로 보인다. 또 한국에서는 세금이 휘발유보다 작아서 싸진 경유값 때문에 경유차 판매를 비정상적으로 부추기는 요인도 문제가 되고 있다. 최근 경유차의 환경 비용을 고려해 연료 간 가격 차이를 줄여야 한다는 논의도 사회적인 쟁점이 되고 있다.

최근 관심이 폭발적으로 늘어나고 있는 전기차와 관련해서도 여러 가지 환경성 논란이 있다. 전기차 자체는 무배출 차량이지만 전기차에 사용되는 전기의 양과 발전원에 대한 문제가 있다. 전기차 수가 많지 않은 지금은 저비용인 것으로 여겨지지만 전기차가 보편화될 정도로 많아지면 전기공급 문제가 반드시 화두로 떠오르게 된다. 전기차를 위해 석탄 화력이나 원자력 발전소를 추가로 건설해야 한다면 또 다른 환경성 논쟁이 불가피할 것이다. 가장 바람직한 방향은 분산화·소규모화된 신재생에너지 발전으로 전기차의 전기를 충당하는 것이다. 그러나 이는 기술적 문제와 함께 막대한 사회적 인프라를 구축해야 하는 문제를 수반한다.

궁극적으로 지속가능한 교통체계는 대중교통체계를 통해 승용차 중심의 교통체계를 탈피하는 것이다. 간선철도, 광역전철, 광역버스 연계 운영, 환승체계를 구축하여 개인 교통수요를 대폭 흡수하고 승용차 이용을 지속적으로 억제해나가야 한다. 그리고 한국 수도권과 같이 과밀 거대도시 지역에서는 교통수요관리가 무엇보다 중요하다. 이를 위해 장기적으로는 토지이용계획과 교통계획을 연계하여 교통수요를 감축하고, 도시 개발 및 관리계획에서 교통계획과 환경계획을 조화시켜나가는 것도 필요하다.

제6장

교통복지와 이동권 보장

/김도균

1. 이동의 권리

현대사회에서 이동권 보장은 가장 기본적인 복지정책 중 하나가 되었다. 무엇보다도 이동권이 보장되지 않을 경우 경제활동 자체가 힘들어졌고, 이와 함께 사회적으로 고립될 위험도 훨씬 증가하게 되었다. 가령 보통 사람이 1시간에 걸을 수 있는 거리가 평균적으로 4km 정도라고 할 때, 전통 사회에서는 1일 생활권이 반경 20km를 넘지 못했을 것으로 추측된다. 하지만 현대사회에서는 한국의 경우만 놓고 보더라도 수도권 지역의 출퇴근 거리가 평균 30~40km 정도나 된다. 최근에는 KTX를 타고 출퇴근하는 경우까지 생기면서 생활권의 반경이 급속도로 확대되고 있다. 그런데 경제적인 이유에서든 물리적인 이유에서든 이런 교통수단을 이용할 수 없을 경우 경제활동도 어렵고 사회적 교류도 불가능해질 수밖에 없다. 다시 말해 이동권이 보장되지 않을 경우 사회 구성원으로 살아갈 수 있는 권리 자체가 제약되는 것이다.

이동권의 중요성이 커지면서 그동안 이동권 보장을 위한 교통복지정책들이 다양하게 시도되어왔다. 한국의 경우 '지하철 노인무임승차' 제도가 대표적이다. 일반적으로 노인계층은 다른 연령대에 비해 소득이 낮기 때문에 교통비 부담으로 이동권이 제약될 우려가 있다. 게다가 한국의 경우 공적인 노후소득보장도 미흡해서 노인계층의 이동권이 제약될 가능성이 훨씬 크다. 이런 이유로 현재 도시철도 운영기관이 '지하철 노인무임승차' 제도를 통해 65세 이상 노인계층의 교통비 부담을 덜어주고 있는 상황이다.

이 밖에도 지역마다 지역 특성에 맞는 교통복지정책을 실시해오고 있다. 전라남도 신안군은 지리적으로 고립된 지역에 거주하는 주민들의 이동권을 보장하기 위해 지역 차원에서 '버스공영제'를 실시하고 있다. 또한 지리적으로 고립된 지역에 거주하는 주민들의 이동권을 보장하기 위해 버스나 택시 등을 이용해 '수요응답형' 교통정책을 실행하는 경우도 있다. 해외의 경우에는 아예 모든 지역주민들이 대중교통을 무료로 이용할 수 있도록 '무상대중교통'을 실시하는 경우도 있다.

앞으로 이동권 보장을 위한 교통복지정책은 그 중요성이 더욱더 커질 것으로 예상된다. 무엇보다도 노인인구의 증가로 물리적 이동권 제약이나 경제적 이동권 제약이 중요한 문제로 부각될 듯하다. 통계청의 「장래인구추계」에 따르면 한국의 65세 이상 노인인구는 2016년 13.2%에서 2060년 40.0%로 급증이 예상되는데, 이런 급격한 고령화로 노인계층에 대한 이동권 보장은 중요한 사회문제가 될 것이다. 물리적 이동을 어렵게 하는 장애물을 개선하고, 물리적 어려움을 겪는 계층을 위한 교통인프라 확충이 지금보다 훨씬 중요해질 것이다. 또한 노인인구의 증가에 따라 '노인무임승차'에 대한 재정비용도 급격히 증가할 수밖에 없어 이동권 보장과 재정 부담 간에 균형을 유지하는 정책 대응이 요구된다.

산업구조의 변화도 중요하다. 그동안 한국 사회에서는 산업화에 따른 직주분리현상이 심했고, 이에 따라 출퇴근 거리가 멀어지면서 교통정책도 자연스럽게 출퇴근자들의 편의를 개선하는 방향으로 발달하게 되었다. 하지만 4차 산업혁명과 스마트워크의 발전은 정형화된 생활양식의 변화를 이끌어 직주분리현상으로 인한 출퇴근 교통수요를 감소시킬 것으로 예상된다. 그 대신 스마트워크의 발달로 사회적 교류의 범위가 확대되면 원거리 도시 간 이동이나 국가 간 이동이 늘어나게 되어 이에 대한 이동권 보장은 더욱 중요해질 것으로 예상된다. 그렇다면 앞으로는 일상적인 출퇴근이 아니라 원거리 이동 중심의 교통복지정책이 요구될 가능성이 크다.

교통복지는 자동차와 사람 간의 통행권 문제, 안전의 문제, 대중교통 이용자 복지, 이동권 보장 등 다양한 차원에서 접근할 수 있다(이상훈 외, 2013). 이 장에서는 다양한 차원의 교통복지 중에서 이동권 보장이라는 측면에 초점을 두고 논의를 전개해나갈 것이다. 이동권 보장의 유형을 물리적 제약 유형, 지리적 제약 유형, 경제적 제약 유형으로 나누어보고, 각각의 유형에 해당하는 정책과 사례들을 살펴볼 것이다. 그리고 각각의 교통복지 유형에 해당하는 실제 사례들을 통해 이런 실험들이 앞으로 우리에게 주는 시사점이 무엇인지 검토해볼 것이다.

2. 이동의 권리를 보장해온 교통복지정책

1) 이동권 제약의 유형

현대사회에서 이동권이 기본적인 권리 중의 하나라면 이동권은 언제 어떤 경우에 제약되는가? 이동권이 제약되는 경우는 크게 세 가지 유형으로 나누어볼 수 있다. 첫 번째, 교통수단에 대한 물리적 접근이 불가능해서 이동권이 제약되는 경우를 생각할 수 있다. 일반인들은 교통수단을 이용하는 데 불편을 느끼기 어렵지만 장애인이나 노인계층같이 일상생활 수행이 어려운 경우 물리적인 이유에서 이동권이 제약되는 경우가 많다. 장애인이나 노인계층의 경우 일반버스 승하차에 어려움을 겪는 경우 등이 이에 해당한다. 두 번째, 지리적인 고립으로 인한 이동권 제약 유형도 존재한다. 산간오지나 벽지, 도서지역 등 지리적 특성으로 인해 대중교통서비스 제공이 어려울 경우 이동권 제약이 발생할 수 있다. 세 번째, 경제적 이유로 인한 이동권 제약이 존재한다. 현대사회의 교통서비스는 거의 대부분이 이용자 부담을 원칙으로 하고 있다. 그러므로 교통서비스 이용에 따른 비용 부담으로 이용이 제약될 수 있는데, 이런 경우도 중요한 이동권 제약 유형으로 구분할 수 있다. 그럼 이하에서는 세 가지 이동권 제약 유형을 차례대로 살펴보고, 이런 경우 이동권을 보장하기 위해 어떤 교통복지정책들이 실행되어왔는지 국내외 사례들을 살펴보도록 한다.

2) 물리적 이동권 보장

물리적 이동권 제약은 교통약자가 교통시설을 이용할 경우 불편을 초래하는 환경적 요소를 말한다. 일반적으로 사람들이 걸어다니는 거리는 일반인을 기준으로 설계되어 있기 때문에 교통약자가 이용하기에는 불편한 경우가 많다. 지하철 출입구에 경사로가 설치되지 않은 경우나 횡단보도에 점자블록이 설치되지 않은 경우, 또는 점자블록이 설치되어 있지만 관리가 부족해 부서지고 깨져 있는 경우 등이 모두 물리적인 이유에서 이동권이 제약되는 경우라고 할 수 있다.

물리적으로 이동권이 제약되는 경우는 보행환경뿐만 아니라 교통수단을 이용하는 경우에도 발생한다. 국토교통부에서 실시한 「2015년도 교통

표 2.6.1／주로 이용하는 교통수단

(단위: %)

구분		사례 수	점유율									
			도보	휠체어	자가용	버스	지하철	기차	택시	특별 교통수단	무료 셔틀	기타
교통 약자	장애인	511	21.1	15.1	13.7	17.8	3.3	2.0	2.9	15.3	5.1	3.7
	임산부	263	19.0	0.0	33.5	31.6	3.8	0.4	11.8	0.0	0.0	0.0
	고령자	573	32.3	3.3	15.4	27.2	4.2	3.7	8.9	1.4	2.8	0.9
	계	1,347	25.5	7.1	18.3	24.5	3.8	2.4	7.2	6.4	3.1	1.8
일반인		925	25.1	2.2	23.9	30.1	5.6	4.5	6.9	0.9	0.6	0.2
총계		2,272	25.3	5.1	20.6	26.8	4.5	3.3	7.1	4.1	2.1	1.1

자료: 국토교통부, 「2015년도 교통약자 이동편의 실태조사」(2016), 167쪽.

약자 이동편의 실태조사」에서는 교통약자들이 주로 이용하는 교통수단을 제시하고 있는데, 교통약자들은 주로 도보(25.5%), 버스(24.5%), 자가용(18.3%) 순으로 이용하고 있는 것을 알 수 있다. 교통약자를 세부적으로 분류하여 살펴보면, 장애인의 경우 도보(21.1%), 버스 (17.8%), 특별교통수단[1](15.3%) 순으로 많이 이용하고 있고, 임산부는 자가용(33.5%), 버스(31.6%), 도보(19.0%), 고령자의 경우는 도보(32.3%), 버스(27.2%), 자가용(15.4%) 순으로 교통수단을 이용하고 있음을 알 수 있다.

이런 결과는 일반인의 교통수단 이용 패턴과 대조적이다. 일반인의 경우 교통약자집단과 비교했을 때 버스, 지하철, 기차의 이용률이 높은 편이다. 반면 고령자의 경우에는 일반인이나 전체 평균에 비해 도보나 택시의 이용 비율이 높은 것을 알 수 있으며, 임산부의 경우에는 자가용과 택시의 비율이 월등히 높은 것을 알 수 있다. 장애인의 경우에는 휠체어와 특별교통수

1) 특별교통수단이란 휠체어 탑승설비가 장착된 교통수단을 말하며, 이용대상은 대중교통 이용이 어려운 장애인과 65세 이상의 고령자, 일시적으로 휠체어를 이용하는 사람이다. 동 주민센터에서 사전 등록을 한 후 지정된 콜센터로 전화하여 예약 신청을 하면 일정비용 지불 후 이용 가능하다.

단의 이용비율이 다른 집단에 비해 월등히 높은 편이다. 이것은 교통약자의 경우 일반인과 다른 욕구를 지니고 있어서 일반인과 동등하게 교통수단을 이용하기가 쉽지 않다는 것을 보여준다.

이렇게 교통약자는 버스, 지하철 등의 대중교통수단에 대한 접근성이 떨어지기 때문에 한국은 법적으로 저상버스나 특별교통수단 등을 통해 교통약자들의 물리적 이동권을 보장하도록 하고 있다. 「교통약자의 이동편의 증진법(교통약자법)」의 제정 목적은 교통약자의 사회 참여와 복지 증진에 이바지하는 것이고, 이런 맥락에서 교통수단, 여객시설 및 도로의 이동편의 시설 확충을 법에 명시하고 있다. 가령, 법 제14조 제3항에서는 '시장이나 군수는 지방교통약자 이동편의 증진계획을 수립할 때 저상버스 등 도입 및 저상버스 등의 운행을 위한 버스 정류장과 도로 등 시설물의 정비계획을 반영하고, 이에 따라 저상버스 등을 도입'해야 한다고 규정하고 있다.

하지만 한국의 경우 저상버스와 특별교통수단의 도입, 이에 맞는 도로 시설물 정비는 지자체의 책임으로 규정되어 있으며 강제성 또한 없다. 그 결과 지자체는 예산 부담 등을 이유로 저상버스 도입을 기피하고 있는 실정이며, 이로 인해 지자체의 재정환경 등에 따라 교통약자 간 이동권의 격차가 존재한다. 전국적으로 교통약자의 물리적 이동권을 보장하는 정도도 낮은 편인데, 여기에 더해 지역 간 격차까지 존재하는 상황이다.

우선 2015년 말 기준 전국 평균 저상버스 도입률은 19.9%인데, 이런 수치는 2012년 3월 국토교통부에서 발표한 「제2차 교통약자 이동편의 증진계획(2012~2016)」의 2015년 저상버스 도입 목표율 32.2%에 비해 매우 낮은 수준이다. 이와 더불어 서울(35.5%), 경기(13.1%), 경북(9.5%), 제주(2.7%) 등 각 시·도 간 저상버스 도입률에서도 상당한 차이를 보이고 있다. 전국 평균 저상버스 도입률을 상회하는 지역보다 해당 수준에도 미치지 못하는 지역

표 2.6.2／전국 시·도별 저상버스 및 특별교통수단 도입 현황

(단위: 대, %)

구분	저상버스			특별교통수단		
	시내버스 대수	저상버스 대수	도입률	법정대수	운행대수	도입률
전국	33,776	6,737	19.9	2,730	2,579	94.5
서울	7,482	2,653	35.5	432	424	98.1
부산	2,511	464	18.5	185	131	70.8
대구	1,521	360	23.7	128	123	96.1
인천	2,285	318	13.9	139	140	100.7
광주	998	166	16.6	76	92	121.1
대전	965	214	22.2	78	57	73.1
울산	741	100	13.5	49	41	83.7
세종	126	41	32.5	10	8	80
경기	10,522	1,376	13.1	547	566	103.5
강원	569	184	32.3	103	91	88.3
충북	578	118	20.4	126	107	84.9
충남	944	54	5.7	132	86	65.2
전북	828	139	16.8	168	110	65.5
전남	697	66	9.5	143	79	55.2
경북	1,182	112	9.5	184	169	91.8
경남	1,640	367	22.4	192	315	164.1
제주	187	5	2.7	38	40	105.3

주: 2015년 기준.
자료: 국토교통부, 「2015년도 교통약자 이동편의 실태조사」(2016), 155, 257쪽.

들이 대다수인 것을 확인할 수 있다.

특별교통수단의 경우에는 어느 정도 정책목표를 달성한 것으로 보인다. 2015년 기준 전국 평균 특별교통수단 도입률이 94.5%로 이는 「제2차 교통약자 이동편의 증진계획(2012~2016)」의 2015년 목표 도입률 90%를 상회하는 수준이다. 하지만 이 경우에도 경남(164.1%), 광주(121.1%), 경기(103.5%), 대전(73.1%), 전남(55.2%) 등으로 특별교통수단 도입률에서 지역적으로 상당히 큰 격차를 보이고 있다. 또한 도입률이 가장 높은 지역인 경남과 도입률이 가장 낮은 지역인 전남의 차가 약 110%로 이는 특별교통수단을 이용

하는 교통약자의 편의가 지역적으로 상당히 편중되어 있음을 알려준다. 여기서 알 수 있듯이 저상버스와 특별교통수단의 도입률은 전국적으로 큰 격차를 보이고 있는데, 이것은 교통약자의 기본권인 이동권이 지역별로 상당한 격차가 존재한다는 사실을 보여준다.

3) 지리적 이동권 보장

지리적 이동권 제약은 산간 오지, 벽지 및 도서지역 등 거주지역의 지리적 고립 등으로 이동의 권리가 제약되는 경우에 해당한다. 산간 오지마을의 경우 정규 버스노선이 없어서 지역주민들이 이동에 어려움을 겪는 경우가 많다. 그런데 최근에는 인구 감소와 고령화로 인해 농어촌 지역의 주요 교통수단인 버스에 대한 수요가 줄어들면서 그나마 운행하던 정규 버스노선도 없어지거나 운행이 줄어들고 있는 상황이다. 이런 경우 지리적 요인으로 인해 이동권이 제약될 수밖에 없어서 문제가 심각하다.

이런 지리적 이동권 제약 문제를 해결하기 위해 2015년 1월 「여객자동차운수사업법」에 의거하여 농·어·산촌, 벽·오지 지역주민들의 교통편의를 위해 수요응답형 교통사업이 가능하도록 법이 개정되었고 현재 일부 지역에서 시행 중이다. 「여객자동차운수사업법」 제3조에서는 '수요응답형 여객자동차운송사업'을 "농촌 또는 어촌을 기점 또는 종점으로 하고, 운행계통·운행시간·운행횟수를 여객의 요청에 따라 탄력적으로 운영하여 여객을 운송하는 사업"이라고 정의하고 있으며, 제23조에서는 국토교통부장관 또는 시·도지사가 운송사업자에게 '벽지노선이나 수익성이 없는 노선의 운행'을 명할 수 있으며, 그 대신 "운행명령을 이행하면서 손실을 입은 경우 대통령령으로 정하는 바에 따라 그 손실을 보상하여야 한다"고 규정하고

표 2.6.3／국내 수요응답형 교통사업 주요 성과

구분	수요응답형 도입 전	수요응답형 도입 후	비고
대중교통 만족도	41.7점	88.6점	△46.9점
정류장 접근 보행시간	22.3분	5.0분	▼17.3분
버스 대기시간	19.9분	5.0분	▼14.9분
외출횟수(월)	3.2회	6.5회	△3.3회
편의성(화물 운반)	42.2점	87.1점	△44.9점

자료: 한국운수산업연구원, 『농어촌지역의 효율적 대중교통서비스 공급방안 연구』(2015), 농림축산식품부 보도자료, "정부3.0으로 농촌지역 주민들 '삶의 질' 높인다", 2015.10.16.

있다.[2)]

지리적 이동권을 보장하는 차원에서 도입된 수요응답형 교통은 이용자들로부터 매우 좋은 평가를 받고 있다. 농림축산식품부가 발표한 내용에 따르면 수요응답형 교통이 도입된 후 대중교통 만족도, 정류장 접근 보행시간, 버스 대기시간, 외출횟수, 편의성(화물 운반) 다섯 가지 모든 항목에서 도입 전과 비교하여 상당히 개선되었음을 알 수 있다. 대중교통 만족도는 도입 전 41.7점에서 도입 후 88.6점으로 2배 이상 증가했으며, 정류장 접근 보행시간은 도입 전 22.3분에서 도입 후 5.0분으로 4배 이상 단축되는 효과가 나타나고 있다. 버스 대기시간도 19.9분에서 5.0분으로 대폭 줄었으며, 외출횟수는 3.2회에서 6.5회로 2배 이상, 편의성도 42.2점에서 87.1점으로 2배 이상 증가한 것을 알 수 있다.

2015년 농어촌희망재단의 조사결과에서도 전국 지자체별 수요응답형 교통 이용자의 만족도는 평균 85점 이상으로 상당히 높았다. 특히 요금과 운영시간 측면에서 만족도가 높았는데, 이를 통해 기존 대중교통의 수혜를 입지 못한 농어촌 주민들의 교통복지가 크게 향상되었음을 알 수 있다.[3)]

2) 법제처 국가법령정보센터 웹사이트(http://www.law.go.kr).

또한 충남연구원의 조사결과는 농어촌 기존 벽지노선을 수요응답형 교통으로 대체할 경우 30%가량의 손실보상금을 절감할 수 있다는 사실을 보여주고 있다.[4] 충남연구원에서는 동일한 지역주민을 대상으로 수요응답형 교통을 도입하기 전과 후로 나누어 통행실태조사를 실시·분석했는데, 그 결과 손실보상금 절감효과가 발생하는 것을 알 수 있었다. 또한 수요응답형 교통으로 대체할 경우 손실보상금이나 운영비용 등의 비용적 측면뿐만 아니라 대중교통서비스의 전반적인 만족도도 향상되어 경제적·비경제적 측면에서 모두 정책효과가 우수하다고 평가할 수 있다.

수요응답형 교통유형은 크게 버스대체형과 택시활용형으로 구분할 수 있다. 버스대체형은 기존 운영되던 벽지노선의 효율성을 제고하기 위해 20인승 이상의 시내버스 대신 11인승 안팎의 승합차를 이용해 예약된 장소를 지정한 후 승하차하는 방식으로 셔틀버스처럼 운행된다. 반면 택시활용형의 경우에는 버스대체형 노선보다 더 접근성이 낮은 교통사각지대에 기존 운행되던 택시를 활용하여 이동성을 높이는 데 목적을 두고 있다. 버스대체형을 채택해서 운영하고 있는 지자체는 9개 시·군으로 춘천시·홍천군·양평군·창녕군·예천군·울진군·순천시·완주군·청주시 등이며, 택시활용형으로 운영하고 있는 지자체는 12개 시·군으로 안성시·함양군·의령군·합천군·성주군·의성군·봉화군·무안군·해남군·부안군·완주군·고창군 등이 있다.[5]

버스공영제를 통해 지리적 이동권 제약 문제를 해결한 경우도 있다. 신안군의 경우 오지가 많아 버스의 불규칙한 배차와 잦은 운행 중단으로 주민

3) 농어촌희망재단, 「농촌형 교통모델 발굴사업 모니터링」(2015).

4) 충남연구원, 「수요응답형 교통체계(DRT) 타당성 검토」(2013).

5) 농어촌희망재단, 「농촌형 교통모델 발굴사업 모니터링」(2015).

그림 2.6.1／(좌)완주군 수요응답형 버스, (우)경기도 따복택시

자료: (좌)완주군공식블로그(http://wanjublog.com), (우)경기도공식블로그(http://ggholic.tistorycom).

들이 버스 이용에 어려움을 겪는 경우가 많았다. 이에 신안군은 2007년 임자도부터 농어촌버스 공영화를 시작했으며, 2013년 1월 압해도 관내 20개 마을에 공영버스를 운행하면서, 신안군 전 지역에 버스공영제를 실시하게 되었다. 버스요금은 일반 1000원, 학생 500원이며 만 65세 이상 노인에게는 무료승차카드를 발급하여 무상으로 공영버스를 이용할 수 있게 했다. 버스공영제가 실시된 후 신안 14개 읍·면·섬에 모두 버스가 다니면서 운행 횟수가 늘어나자 이용자 수가 대폭 증가했다. 또한 기존 민간기업들이 영리추구 목적으로 운영했던 버스사업이 공영제로 바뀌면서 예산절감 효과를 불러왔고 적자업체에서 고용 불안에 시달리던 버스기사들 또한 신분이 안정되게 되었다.

4) 경제적 이동권 보장

경제적 이동권 제약은 교통비 부담 등 경제적 이유로 이동의 권리가 제약되는 경우를 말한다. 경제적 이동권 제약은 흔히 노인계층에만 해당되는 문제라고 생각하기 쉽다. 하지만 최근에는 청년들의 취업난이 심각해지면

서 청년층에서도 경제적 이동권 제약의 위험이 증가하고 있다. 이런 맥락에서 여기에서는 '지하철 노인무임승차' 제도 등 노인계층의 경제적 이동권을 보장하는 교통복지정책뿐만 아니라 청년들의 경제적 이동권 보장과 관련한 논의들도 살펴본다.

(1) 한국의 '지하철 노인무임승차' 제도

노인은 다른 연령대에 비해 소득이 낮고 신체조건도 약하므로 이동능력이 제한되며 사회활동 참여의 기회 또한 제한된다. 이런 이유로 한국은 1980년 경로우대 차원에서 노인의 교통 이용을 지원하기 위해 버스의 노인승차권 지급, 철도 및 지하철 운임 50% 할인제도를 시작했다. 이후 2008년 기초노령연금제도가 시행됨에 따라 2009년부터 16개 시·도 노인교통수당 지급제도는 전면 폐지되었고, 현재 일반 철도는 65세 이상 노인에 대해 경로할인을, 도시철도는 노인무임승차를 시행 중이다.

노인을 대상으로 하는 교통요금 할인제도는 「노인복지법」에 근거를 두고 시행되고 있으며 「노인복지법시행령」에 따라 경로우대의 할인율을 제시한다. 수도권 전철과 도시철도는 전액할인혜택이 주어지며, 새마을호·무궁화호는 30%, 통근열차의 경우에는 50%의 할인혜택이 주어진다.

2008년부터 2012년까지의 지하철 노인무임승차 이용객 현황을 살펴보면 경로무임승차의 경우 연평균 2.5%의 증가율을 보이고 있다. 이는 전체 지하철 이용객 연평균 증가율인 2.1%보다 다소 높으나 무임승차의 연평균 증가율인 3.6%보다는 낮은 것을 알 수 있다. 또한 무임승차인원 중 노인무임승차인원 변화 추이에서는 2008년에서 2010년까지 점차 감소하다가 2010년 이후부터 소폭 증가하는 추세를 보이고 있다. 전체 이용인원 대비 노인무임승차인원이 차지하는 비율 또한 2010년 이후로 해마다 증가하는

표 2.6.4／지하철 노인무임승차인원 변화 추이

(단위: 천 통행/년, %)

구분	2008년	2009년	2010년	2011년	2012년	연평균 증가율
전체(A)	2,896,557	2,907,232	2,979,037	3,080,804	3,146,879	2.1
무임승차(B)	445,390	454,440	467,990	493,971	513,719	3.6
경로무임승차(C)	355,015	349,627	352,430	373,148	391,172	2.5
(C)/(B)	79.7	76.9	75.3	75.5	76.1	-
(C)/(A)	12.3	12.0	11.8	12.1	12.4	-

자료: 최진석, 「교통부문 복지정책 효과분석: 지하철 노인무임승차를 중심으로」(한국교통연구원, 2014).

추세를 보인다.

노인무임승차인원이 해마다 증가하는 원인은 앞에서도 지적한 것처럼 기대수명의 연장으로 인한 인구 고령화와 지하철 노선의 광역화로 볼 수 있다. 한국 고령화 인구는 해마다 증가하고 있는 추세이며 머지않아 초고령사회에 진입할 것으로 예측되고 있다. 이에 따라 노인무임승차비중은 더욱 빠르게 증가할 것으로 예상된다. 또한 지하철 노선의 광역화로 강원, 충북 등에 거주하는 경로 승차자가 추가됨에 따라 노인무임승차인구는 계속 증가하고 있는 상황이다. 이런 추세를 봤을 때 앞으로 경제적 이동권 보장을 위한 교통복지정책의 중요성은 계속 증가할 것으로 예상된다.

(2) 해외의 노인계층 교통비 지원 사례[6)]

노인계층에 대한 교통비 지원정책이 한국에만 있는 것은 아니다. 가령 유럽의 경우에는 지방자치제도의 발달로 각 지자체별 노인 교통요금 지원제도를 실시하고 있다. 표 2.6.5를 보면, 서구 선진국의 노인 교통비 지원정

6) 이하 내용은 석재은 외, 「노인교통이용 요금제도 개선방안 연구: 지하철 무임승차를 중심으로」(2013) 내용을 참고해 작성했다.

표 2.6.5／국가별 노인교통요금 할인제도 현황

구분	할인대상	할인내용 및 수준
영국	• 연금수급대상연령(현재 60세)	• 국철, 버스, 지하철, 트램: 피크시간 외 09:30~23:00까지 무료 • 고속버스: 50% 할인, 금·토 30% 할인, 일하는 장애인의 경우 04:30~09:30에도 이용 가능 • 항공: 국내 50% 할인
프랑스	• 일정수준 소득이하 65세 이상 노인(참전용사 및 전쟁 미망인 또는 홀아비 제외), 노동불가 60세 이상 노인 • 프랑스 국적 • 합법적 외국인으로 3년간 파리 거주	• 철도: 국영철도의 경우 할인(시간대별 차이), 교통체증시간 제외하고 50% 할인 • 버스: 지역에 따라 할인(20~80%) 또는 무료 • 항공: 해외 25%, 국내 25~50% 할인
네덜란드	• 65세 이상 노인	• 철도: pass60 소지자 편도 40%, 왕복 45% 할인, 7일간 무료 이용 • 버스: pass65 소지자 50% 할인 (국가노선버스)
덴마크	• 65세 이상 노인	• 철도/버스: 50% 할인 • 철도카드제: 75% 할인
독일	• 65세 이상 노인	• 철도: 65세 이상 남성 노인, 60세 이상 여성 노인 50% 할인 • 버스: 60세 이상 노인 할인 • 항공: 독일항공회사 이용 시 30% 할인
룩셈부르크	• 65세 이상 노인(여성의 경우 60세 이상 노인), 저소득층 노인	• 철도 및 여객선: 50% 할인
벨기에	• 65세 이상 노인(여성의 경우 60세 이상 노인)	• 철도 및 버스: 저소득층은 무료, 일반은 50% 할인
미국	• 65세 이상 노인	• 철도, 지하철, 버스, 고속버스 등: 50~100% 할인
캐나다	• 소득보충급여를 받는 65세 이상 노인 • 캐나다 국적	• 저소득층을 위한 버스패스 프로그램: 1년에 45~54달러 지불 • 일반 노인: 120달러
호주	• 65세 이상 노인 • 연금수급자	• 모든 교통수단에 대해 50% 할인 • 하루 2편 이용 외 무료
일본	• 70세 이상 노인 중 신청자	• 모든 대중교통에 이용 가능 • 소득수준에 따라 일정액 본인 부담
홍콩	• 65세 이상 노인(여행자 포함)	• 모든 교통수단 50%할인 및 최대 2달러 지급

자료: 석재은 외, 「노인교통이용 요금제도 개선방안 연구: 지하철 무임승차를 중심으로」(보건복지부·한림대학교 산학협력단, 2013), 106~107쪽.

책이 다양하게 운영되고 있음을 알 수 있다. 대부분 연령 기준으로 교통비 지원 대상을 선별하는 가운데, 프랑스, 룩셈부르크, 캐나다, 호주 등은 소득수준이나 복지급여 수급 여부까지 고려하여 교통비를 지원하고 있다. 연령 기준에서도 대부분 65세 이상 노인을 대상으로 지원하지만, 일본과 같이 노인인구 비중이 높은 국가들은 70세 이상 노인 중 신청자에 한해 교통비를 지원하는 것을 알 수 있다.

할인내용과 수준도 국가별로 다양하다. 무엇보다 한국과 비교해서 특징적인 것은 지원하는 교통수단이 지하철 외에도 철도, 항공 등 다양하다는 점이다. 대부분의 유럽 국가들이 철도 이용료에 대한 지원제도를 운영하고 있으며, 영국, 프랑스, 독일은 노인계층에 대한 항공료 할인 혜택도 제공하는 것을 알 수 있다. 반면 지원규모에서는 전액 지원보다는 일정 금액을 지원하는 방식을 택하고 있다. 가령 연간 정액의 교통비를 지원하거나 이용료에 일정 비율의 할인혜택을 제공하는 식이다.

한국의 노인 교통비 지원정책이 지하철과 같은 특정 교통수단에 한해 전액 이용료를 지원하는 것과 달리 대부분의 서구 선진국은 다양한 교통수단에 대해 일정 금액을 지원하고 있다. 이것은 공적 연금제도의 발달 여부와 관련이 있다고 할 수 있다. 즉, 한국과 달리 유럽 등 공적 연금 제도가 잘 갖춰진 국가들에서는 교통비 지원이 다양한 수단에 대해 보조적인 수단으로 활용될 수 있는 것이다. 가령 유럽 복지국가들의 경우 기본적인 노후소득 보장이 되기 때문에 경로우대 지원은 대부분 요금할인 방식으로 시행되고 있으며, 할인율 및 할인시간, 교통수단별 할인 내용 등에서도 차등을 두는 경우가 많다. 반면 한국의 경우 공적인 노후소득보장이 미흡하기 때문에 최소한의 이동권 보장을 위해 가장 기본적인 교통수단에 대해 무임승차 제도를 운영하고 있다고 할 수 있다.

(3) 청년층 교통비 지원

한국에서는 아직까지 청년층에 대한 교통비 지원정책이 시행된 적은 없지만 최근 청년층들의 취업난이 악화되면서 그 필요성이 제기되고 있다. 청년들이 졸업 이후 취업까지 걸리는 소요시간이 장기화되면서 청년수당 등 청년들의 생활비 지원이 중요한 사회적 이슈가 되고 있는데, 청년들의 생활비에서 중요한 비중을 차지하는 것 중 하나가 교통비인 것이다.

서울시가 실시한 2015년 청년고용·진로 관련 조사에서는 미취업 청년의 한 달 평균 지출액이 약 58만 원으로 나타났다. 그중 식비가 27%로 가장 지출이 많은 항목이었으며 이어 교통비·통신비(20.4%), 여가·문화생활비(17%), 학원비(16.5%)가 뒤따랐다. 미취업 청년들의 생활비에서 교통·통신비는 지출항목 중 두 번째로 높은 순위를 차지하고 있다.[7)]

경기도의 경우에는 청년들이 느끼는 교통비 부담이 더 큰 편이다. 2015년 경기청년유니온에서 서울로 출퇴근하는 20, 30대 청년을 대상으로 온라인 설문조사를 실시한 결과, 평균 통근(왕복) 소요시간은 166.49분이였으며 월평균 교통비는 11.46만 원이었다. 또한 서울로 출퇴근 시 비용(손실)이라고 느끼는 항목에 대해 교통비 지출은 20%로 3위를 차지했다.

이렇듯 청년층에게도 교통비는 큰 부담으로 작용한다. 취업난에 생계비 마련이 빠듯할 뿐만 아니라 구직활동을 하는 청년들에게 일자리 선택 시 지역요건은 크게 작용하지 않기 때문이다. 따라서 전체 생활비에서 교통비가 차지하는 비중이 클 수밖에 없고, 청년들은 본인 희망업종의 유무를 우선적으로 고려하여 취업을 하다 보니 자연스럽게 교통비가 증가할 수밖에 없

7) "청년들에겐 생활비가 늪…미취업 청년 한 달 생활비 58만 원", ≪경향신문≫, 2013. 3.8.

표 2.6.6／경기도 거주 서울 출퇴근 청년의 교통비 부담

구분		조사결과
이동시간/수단	통근(왕복) 소요시간	(평균)166.49분
	교통수단	① 지하철(60%) ② 버스(38.2%)
교통비 및 손실	교통비(월)	(평균)11.46만 원
	비용 손실	① 여가시간 부족 ② 높은 피로도 ③ 교통비 지출

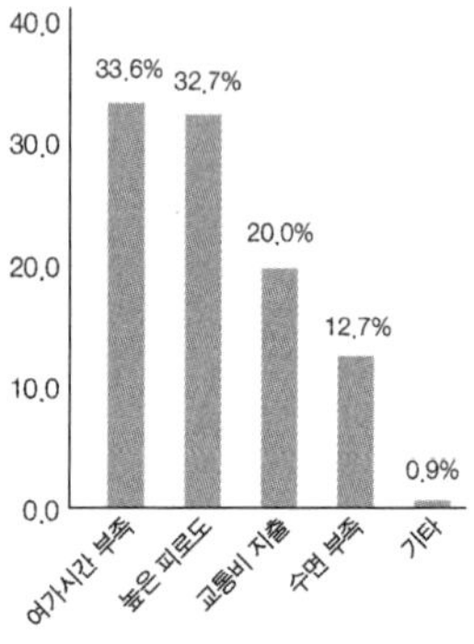

자료: 경기청년유니온, 「경기도 청년 노동환경 실태조사」(2015).

다. 이로 인해 경기도에 거주하는 청년들은 서울에 거주하는 청년들에 비해 교통비 부담을 더 크게 느끼는 상황이다.[8)]

해외의 경우에도 청년 교통비 지원이라는 명목하에 일정 금액을 할인해 주는 정책에 관한 논의들을 찾아볼 수 있다. 일본의 경우에는 정기권제도를 통해 일정 금액을 할인함으로써 대학생들에게 교통비를 지원하고 있다. 일본 내 대학을 다니는 학생들이 학생증 뒷면에 학교 직인이 날인된 '통학정기승차권발행' 또는 학교로부터 발급받은 '통학증명서'를 제시하면 정기권 발급 시 최소 5000엔 이상 저렴하게 구입할 수 있다(국토교통부공식블로그). 미국 뉴욕 시에서는 2015년 10월 15일 찰스 슈머(Charles Schumer) 상원의원이 대학생들의 통학 시 발생하는 교통비에 대해 25%를 할인·지원하려는 목적으로 'UTRIP'이라는 이름의 법안을 발의했다. 이 법안이 통과될 경우 뉴욕 시에서 대학을 다니는 학생들은 116.50달러 메트로 카드 30일 정

8) 경기청년유니온의 「경기도 청년 노동환경 실태조사」(2015) 결과에 따르면 경기도 청년들이 서울로 출퇴근하는 이유 중 1위가 '경기도 내 희망업종 부재'(35.1%)이다.

기권을 25% 저렴하게 구입할 수 있게 된다.[9]

청년세대에게 이동권은 매우 중요한 권리이다. 특히 이들은 구직활동을 하는 과정에서 이동수요가 많으며, 경제적 제약으로 이동권이 제약될 경우 입게 될 불이익도 상대적으로 클 수밖에 없다. 이런 이유로 최근에 청년수당과 같은 청년층 지원정책에 교통비 지원이 포함되어야 한다는 주장이 제기되고 있다.

(4) 무상대중교통

대중교통서비스를 무상으로 제공하는 무상대중교통정책은 생활권의 다양화와 관련이 있다. 생활권이 주거 중심으로 이뤄지던 기존과는 달리 현재는 주거, 직장, 여가활동 등 다양한 방면으로 생활권이 확대되고 있다. 이는 우리가 더 이상 단일화된 생활권이 아닌 복합적인 생활권 속에서 살아가고 있음을 의미한다. 하지만 이로 인해 교통량이 급증하고 이에 따른 대기오염 문제가 심각해지면서 교통량을 감소시키는 방법으로 무상대중교통에 대한 논의가 이뤄지고 있다.

약 42만 명의 인구를 가진 에스토니아의 탈린은 유럽 중소도시 중 최초로 전면적인 무상대중교통을 시행하게 되었다. 대부분의 도시에서는 교통량 감소를 위해 교통혼잡 부담금 부과, 새로운 도로 건설을 대안으로 제시했으나 탈린 시는 시민 모두에게 무료로 대중교통을 이용하도록 하는 방안이 도심 교통량을 줄이는 데 가장 효과적이라고 판단하여 2013년 1월부터 시행하고 있다. 탈린 시의 시민은 그 누구든 2유로의 대중교통카드와 1유로의 웹사이트 가입비만 지불하면 무상으로 대중교통을 이용할 수 있다.

---

9) "연방의회, 대학생 교통비 25% 할인 추진", ≪뉴욕중앙일보≫, 2015.10.17.

또한 외국인의 경우에도 탈린 시에 공식적으로 거주신고를 했거나 에스토니아 내에서 공부를 하고 있는 학생은 무료로 대중교통을 이용할 수 있다.

탈린 시는 무상대중교통에 대한 비용을 충당하기 위해 유류세 증가, 주차요금 증가 등의 정책도 동시에 시행했으며 무상대중교통 시행 후 한 달 만에 대중교통 이용량 10% 증가, 도심 교통량 15% 감소라는 결과를 보였다. 또한 저소득층이나 실업자들이 도심으로 나올 수 있는 기회를 제공하여 도심의 지역경제 활성화에도 보탬이 되었다고 평가받고 있다. 설문조사에 따르면 75%의 탈린 시민이 이 정책을 지지하고 있어 긍정적으로 평가되고 있다(김상철, 2014).

호주의 퍼스 시에서는 도심 내 상업지구 혼잡을 막기 위해 시내의 일정 구간을 FTZ(Free Transit Zone)으로 지정하여 무료로 모든 대중교통을 이용할 수 있도록 하고 있다. 또한 CAT(Central Area Transit) 서비스라는 무료버스를 제공하여 네 가지 노선을 기반으로 시내 곳곳에서 운행하고 있다. 호주에서는 퍼스뿐만 아니라 시드니와 멜번, 브리즈번 등에서도 시내 중심을 이동하는 특정 노선은 무료로 이용이 가능하다.

고령화에 대한 대응 방법으로 무상대중교통을 실시한 경우도 있다. 프랑스 샤토루 시는 인구 7만 4000명의 작은 도시로 전체인구 중 노인인구가 35%를 차지하는 초고령 도시이다. 2001년 당시 낮은 버스 이용률로 인해 버스 운영에 적자가 발생하면서 무료버스운행을 실시하게 되었고 이에 유럽에서 가장 오랫동안 무상대중교통을 시행한 도시로 주목받고 있다. 버스 운영적자에 대한 대응책을 무상대중교통으로 해결한 결과 시행 1년 만에 버스 이용객은 2배로 증가하게 되었고, 집 안에서 고립되어 사는 노인들이 시내로 나오게 되어 노인의 사회 참여가 증가했다.[10)]

무상대중교통을 시행하는 문제점으로 재정적 요인이 흔히 거론된다. 무상대중교통은 교통인프라 구축처럼 단기간의 재정 지원으로 끝나는 것이 아니라 장기간 지속적으로 예산 지원이 이뤄져야 하기 때문이다. 이런 문제 때문에 해외에서는 재정 확보의 어려움으로 무상대중교통을 시행했다가 철회한 사례도 존재한다. 벨기에 하셀트 시는 1997년부터 무료대중교통을 시행했으나 하루 평균 버스 이용객이 13배로 급증하면서 소요예산 또한 증가하게 되었고, 이에 2013년 5월부터 19세 미만 청소년을 제외한 모든 주민들로부터 요금을 받기로 전환한 사례이다.[11]

하지만 무상대중교통으로 인해 증가하는 재정 부담은 문제의 한쪽 측면만을 보는 것에 지나지 않는다. 왜냐하면 무상대중교통을 지지하는 사람들은 무상대중교통으로 발생하는 편익이 비용에 비해 훨씬 크다고 지적하고 있기 때문이다. 한국 자동차 등록대수는 2006년 1500만 대에서 2015년 2000만 대로 불과 10년 만에 500만 대가 증가했다. 이것은 심각한 도로교통 혼잡을 동반하는데, 특히 수도권의 교통체계가 승용차 중심으로 이뤄진 오늘날 출퇴근 시간에는 극심한 교통혼잡이 발생한다. 수도권의 교통혼잡을 해소하기 위해 정부는 매년 혼잡·광역도로 확충과 주차환경 개선을 위한 예산을 마련하고 있으며 2017년 기준 국토교통부에 편성된 총 41조 원의 예산 중 대도시권 혼잡·광역도로사업에 1288억 원, 주차환경 개선사업에는 520억 원이 편성되었다.[12]

교통혼잡으로 인한 문제점은 도로확충 및 주차여건 개선비용뿐만 아니라 환경적인 요인에도 존재한다. 김동영(2016)의 연구결과에 따르면 승용차 일평균 주행거리를 30% 감축 시 연간 8907억 원(32.9%), 노후차 조기 폐

---

10) 「무상버스 모델은 프랑스? 실상은 이렇다」, 오마이뉴스, 2014.4.2.

11) 「(이민우 기자의 If) 만일 대중교통이 '공짜'로 바뀐다면?」, ≪시사저널≫, 2017.1.4.

12) 국토교통부 보도자료, "2017년 국토교통부 예산안 41.0조 원 편성", 2016.9.

표 2.6.7／공편익에 따른 연평균 사회적 편익

구분	계(단위: 100만 원)
합계	2,705,419
승용차 일평균 주행거리 30% 감축	890,718
노후차 조기 폐차	507,891
하이브리드차 보급	133,390
노후차 엔진 개조	60,367
전기자동차 보급	12,652

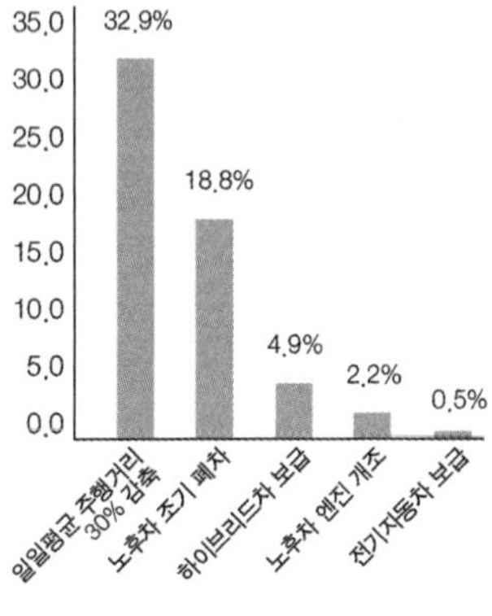

자료: 김동영, 「대기질개선 정책과 기후변화대응 정책 간의 공편익 상관성 연구」(경기연구원, 2016), 72~73쪽을 바탕으로 재구성.

차 시 연간 5079억 원, 하이브리드차 보급 시 연간 1334억 원의 사회적 편익이 발생할 것으로 추측되었다. 이는 2017년 정부예산안의 '미세먼지 저감대책 투자확대' 비용인 5795억 원을 훨씬 상회하는 수준이다.

이렇듯 기존 교통체계가 발생시키는 비용이 크기 때문에 교통혼잡을 해결하고 에너지 사용을 축소하기 위한 정책 대안으로 무상대중교통을 시도하는 지역들이 등장하고 있는 것으로 이해할 수 있다. 단순히 공짜 대중교통 측면이 아닌 도시가 가지고 있는 특성에 맞게 도시환경정책, 공간정책이라는 의미로 접근하여 전면 무상대중교통 시행 또는 시간대별 부분적 시행 등 무상대중교통을 다방면으로 활용하는 정책들이 시행되고 있는 것이다. 이런 사례들은 전반적으로 정책을 시행하고 난 후 대중교통 이용객이 증가하거나 도심 교통체증이 감소했다는 점에서는 긍정적인 정책 효과를 보여주고 있다.

3. 이동권 보장을 위한 교통복지정책 방향

1) 보편적 이동권 보장

한국은 기본적으로 장애인, 노약자 등 교통약자를 중심으로 이동권을 정의해왔다. 이동권을 '교통약자가 인간으로서의 존엄과 가치 및 행복을 추구할 권리를 보장받기 위해 교통약자가 아닌 사람들이 이용하는 모든 교통수단, 여객시설 및 도로를 차별 없이 안전하고 편리하게 이용할 수 있는 권리'로 정의하고 있는 것이다. 여기서 교통약자는 교통수단 이용 불편으로 인해 이동권이 제약되는 자를 말하며 장애인, 고령자, 임산부, 어린이, 영유아 동반자로 구분될 수 있다.

국토교통부·교통안전공단의 「2015년 대중교통 현황조사」에 따르면, 한국의 전국 교통약자는 2011년 1238만 5389명에서 2014년 1298만 5611명으로 해마다 증가하고 있는 추세이며 연평균 증가율은 1.59%이다. 또한 저출산으로 인해 임산부, 어린이, 영유아 동반자 수는 감소세를 보이나 고령자의 증가폭이 이를 훨씬 상회하므로 전체 교통약자 수는 증가하고 있음을 알 수 있다.

한국의 전체인구 대비 교통약자 수를 살펴보면 증가폭을 더 명확하게 알 수 있다. 2011년 전체인구 대비 교통약자 수는 24.4%였으나 이 또한 해마다 증가해 2014년에는 25.3%까지 교통약자비율이 늘어났다. 이는 한국 전체인구의 1/4이 교통약자에 해당한다는 것을 보여준다. 따라서 교통복지 측면에서 교통약자를 위한 이동권 보장은 기초 복지이자 간과해서는 안 될 중요한 사회적 이슈라고 할 수 있다.

그런데 기존 교통복지정책에서 이동권은 교통약자만을 포괄하는 방식

표 2.6.8／한국 교통약자 현황

(단위: 명, %)

구분	2011년	2012년	2013년	2014년	연평균 증가율
장애인	1,537,303	1,500,806	1,522,584	1,438,195	-2.20
고령자	5,700,972	5,980,060	6,250,986	6,520,607	4.58
임산부	471,265	484,550	436,455	435,435	-2.60
어린이	2,347,414	2,347,418	2,322,614	2,297,070	-0.72
영유아 동반자	2,328,435	2,321,293	2,301,320	2,294,304	-0.49
계(A)	12,385,389	12,634,127	12,833,959	12,985,611	1.59
전체인구(B)	50,734,284	50,948,272	51,141,463	51,327,916	0.39
전체인구 대비(A/B)	24.4	24.8	25.1	25.3	-

주: 중복 산정을 피하기 위해 장애인 중 65세 이상 고령자, 어린이는 제외함.
자료: 국토교통부·교통안전공단, 「2015년 대중교통 현황조사」(2016), 322쪽, 행정자치부, 「주민등록 인구통계」(각 연도).

이었던 반면, 최근에는 점차 교통복지정책이 보편성을 추구하는 방식으로 변화되면서 이동권 보장의 범위도 전 국민의 이동환경을 개선하는 방향으로 바뀌고 있다. 이런 점에서 광의의 개념으로서 이동권에 대해 살펴볼 필요가 있다.

광의의 개념에서의 이동권이란 인간이 사회적 관계를 형성하기 위한 통로로서 보장되어야 할 권리로 정의할 수 있다. 이런 맥락에서 보면 이동권은 모든 사람들에게 동등하게 제공되어야 할 권리이며, 개인의 이동권을 박탈하는 것은 사회 구성원으로 살아갈 수 있는 자격을 박탈하는 것과 마찬가지이다. 왜냐하면 이동권을 보장받지 못할 경우 사람들은 일자리나 여가 활동 등의 사회참여 기회가 줄어들고 사회적으로 고립된 채 살아갈 수밖에 없기 때문이다.

이렇듯 협의의 차원에서든 광의의 차원에서든 이동권의 중요성이 커지게 되면서 2010년 「교통기본법」 제정을 통해 이동권 보장에 대한 법적인 근거를 갖고자 했다. 「교통기본법」 제정을 추진한 이유는 '국민의 최저 교

그림 2.6.2／교통약자 이동편의 증진계획 비전 및 추진전략

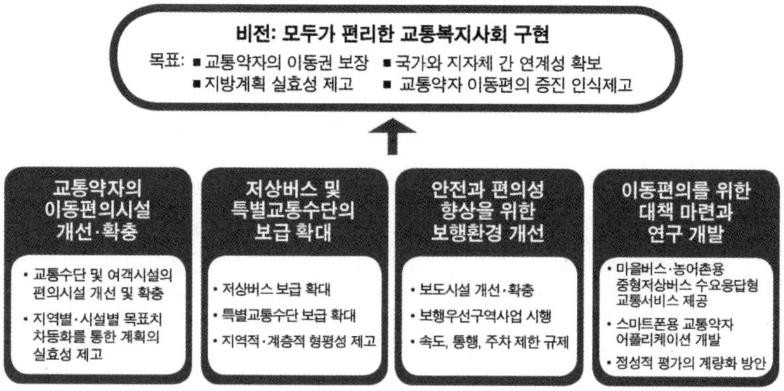

자료: 국토교통부, 「제2차 교통약자 이동편의 증진계획(2012~2016)」(2012.3).

통서비스 수준 제정을 통한 기본적인 교통서비스를 확대'하기 위한 것이었으나 기존에 유사한 법령이 존재한다는 이유 등으로 아직까지 제정되지 못했다. 「교통약자 이동편의 증진법」에 근거하여 2012년 국토교통부에서 수립한 「제2차 교통약자 이동편의 증진계획(2012~2016)」은 계획의 비전을 교통약자뿐만 아니라 모두가 편리한 교통복지사회 구현이라고 설정하고 구체적인 실행방안을 제시하고 있다.

이를 구체적으로 살펴보면, 교통약자를 대상으로 한 교통약자의 이동편의시설 개선·확충, 저상버스 및 특별교통수단의 보급 확대에 더해 일반인을 위한 안전과 편의성 향상을 위한 보행환경 개선, 수요응답형 교통서비스 제공과 같은 이동편의를 위한 대책 마련 및 연구 개발까지 추진전략으로 내세우고 있다. 이런 변화들은 모두 교통복지정책이 교통약자들을 위한 이동권 보장에서 모든 사람들의 보편적 이동권 보장으로 전환되고 있음을 보여주는 것이라고 할 수 있다.

2) 교통정책 패러다임 전환과 교통복지재원 마련

앞으로 고령화가 진행되면 교통정책은 중요한 패러다임 전환을 맞을 것으로 보인다. 무엇보다도 그동안 교통인프라 구축에 많은 투자를 한 결과 앞으로는 인프라 구축에 들어가는 비용이 이전과 비교해서 줄어들 것으로 예상된다. 반면 급속한 인구 고령화와 4차 산업혁명과 같은 인구·산업구조의 변화는 지금까지와는 다른 생활방식과 교통수요를 만들어낼 것으로 예상되며, 이와 관련해 새로운 교통복지에 대한 수요가 증가할 듯하다.

우선 그동안의 교통인프라 구축 추이부터 살펴보자. 그림 2.6.3의 점선은 지난 40~50년 동안 한국의 포장도로 증감률 추이를 보여준다.[13] 포장도로는 가장 기본적인 교통인프라라고 할 수 있기 때문에, 그동안 포장도로 증감률 추이를 보면 앞으로의 추세도 어느 정도 예측해볼 수 있을 것이다. 그래프는 1960년부터 2014년까지 55년 동안의 포장도로 증감률 추이를 보여준다. 1960~1970년대에는 포장도로 증가율이 매우 높았던 것을 알 수 있다. 가령 1970년에는 포장도로가 전년에 비해 절반 가까이 증가한 것을 알 수 있으며, 1980년대까지도 포장도로는 매년 10% 정도씩 증가한 것을 알 수 있다. 하지만 전체적인 추세를 보면 1970년대 이래로 포장도로 증가율은 하락하고 있으며, 더구나 2000년대 들어서는 포장도로 증가율이 1~2%대의 낮은 수준을 유지하고 있다.

이렇듯 포장도로의 증가율 하락은 그동안 기본적인 교통인프라 구축에 많은 투자를 해온 결과, 도로와 같은 기본적인 교통인프라들이 이제 어느

13) 한국의 도로 관련 통계를 보면 도로 현황은 크게 개통도로와 미개통도로로 구분되며, 개통도로는 다시 포장도로와 비포장도로로 구분된다. 그림 2.6.3은 포장도로의 증감률을 보여준다.

그림 2.6.3／포장도로 증감률 추이와 GDP 대비 공공사회지출 비중

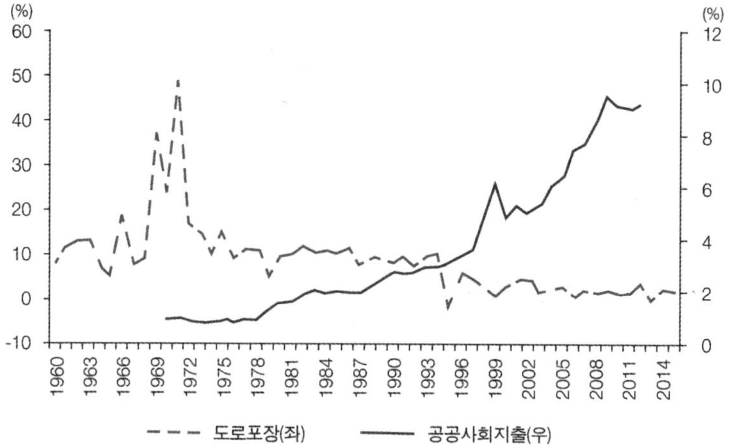

자료: 국토교통부, 「도로 현황」(각 연도), OECD Stat.

정도 갖춰졌기 때문이라고 할 수 있다. 현재 한국의 국토면적당 도로 길이는 주요 20개국(G20) 가운데 고속도로가 1위, 국도는 3위, 철도는 6위에 달할 정도로 선진국 수준의 높은 순위를 보여주고 있다.[14] 이런 차원에서 봤을 때, 앞으로 교통인프라에 대한 투자수요는 점차 하향 안정화할 것으로 예상된다.

반면 포장도로 증가율의 감소 추세와는 대조적으로 GDP 대비 공공사회지출 비중은 매우 빠르게 증가하고 있다. 그림 2.6.3의 실선은 GDP 대비 공공사회지출 비중을 보여주는데, 1980년대까지도 2%대의 매우 낮은 수준을 유지하던 공공사회지출 비중이 최근에는 9%대까지 증가하고 있다. 한국은 산업화 시기에 산업기반이나 교통인프라 등에는 많은 돈을 투자해왔지만,

14) 대한민국정부, 「2016~2020년 국가재정운용계획」(2016), 127쪽.

반대로 공공복지지출은 극도로 억제해왔다. 그 결과 1990년대까지도 한국은 남미나 동유럽 국가들보다도 낮은 복지지출 수준을 유지해왔다(Haggard and Kaufman, 2008). 하지만 최근 들어 복지지출 수준은 매우 빠르게 증가하고 있으며, 앞으로 인구 고령화가 진행되면 이런 속도는 더욱 증가할 것으로 예상되고 있다.

이 같은 포장도로 증감률 추이와 GDP 대비 공공사회지출 비중 추이는 앞으로 교통복지정책 패러다임의 전환과 관련해서 중요한 함의를 지닌다. 기대수명의 연장으로 한국의 고령화 속도는 빠르게 진행되고 있다. 통계청의 「장래인구추계」에 따르면 2010년 전체인구 중 65세 이상 노인인구가 차지하는 비중은 11%로 이미 고령화 사회에 진입했다. 이후 지속적으로 증가하여 2060년에는 노인인구비율이 40%에 도달하는 초고령 사회가 될 것이라 전망하고 있다. 이런 고령화 속도는 주요 선진국보다 빠르다는 점에서 특히 심각하다. 고령화 사회(고령인구비율 7%)에서 초고령 사회(고령인구비율 20%)로 진입하는 데 소요되는 시간을 국가별로 비교해보면 노인국가라 불리는 일본이 36년, 프랑스가 154년인 데 반해 한국은 26년에 불과하다.

이렇게 노인인구가 빠르게 증가함에 따라 노인들의 이동권 보장에 대한 수요는 더욱 중요해질 것으로 예상된다. 무엇보다도 물리적인 이유로 교통수단을 이용하기 힘든 경우에 대비한 교통정책이 중요해질 듯하다. 현재 한국은 장애인들이나 노인들처럼 물리적 어려움을 겪는 계층을 위한 교통 인프라가 부족한 상황이다. 버스를 타거나 내릴 때, 지하철을 이용할 때 어려움을 겪는 경우가 많다. 그런데 지금까지는 물리적 어려움을 겪는 계층이 장애인 등으로 한정되어 있어 심각한 문제가 아니었을 수 있지만, 앞으로 고령화가 진행되면 물리적 이유로 인한 이동권 제약이 심각한 사회문제가 될 수 있다.

또한 노인인구의 증가와 함께 교통비 부담 등 경제적인 이유로 이동권 제약을 경험하는 인구도 증가할 것이다. 한국은 지난 30여 년간 65세 이상 노인계층이 지하철을 이용할 경우 무임승차를 법적으로 보장해왔다. 이것은 그동안 국민연금이나 기초연금 같은 공적인 노후소득보장체계가 미흡한 상황에서 노인계층의 이동권을 보장하기 위해 취해진 최소한의 조치였다고 할 수 있다. 그런데 아직까지는 한국이 상대적으로 인구구조가 젊은 국가에 해당했기 때문에 별 문제가 되지 않았지만, 앞으로 노인인구가 급격히 증가하면 노인무임승차와 관련한 재정적 부담이 급격히 증가할 것이고, 이런 재정 압박을 이유로 무임승차혜택을 삭감하면 노인들의 경제적 이동권은 크게 제약될 것이다.

이미 인구 고령화로 인해 지하철의 노인무임승차 인원이 해마다 증가하면서 비용 부담을 둘러싼 갈등이 발생하고 있다. 노인무임승차 증가로 지하철의 손실액수가 증가하면서 이를 누가 부담할 것인지 논란이 되고 있다. 65세 이상 인구가 급격히 증가하면서 도시철도의 손실규모가 눈덩이처럼 증가하고 있는 것이다. 2015년 기준 전국 7개 도시철도 운영기관 손실액이 5000억 원 정도로 추산되었는데, 그 주된 이유는 노인무임승차인원이 빠르게 증가했기 때문이다. 2010년 대비 일반 지하철 이용객 증가율은 4% 정도에 머물렀던 반면, 고령화가 빠르게 증가하면서 노인무임승차 이용객 증가율은 15%를 넘어서게 되었던 것이다. 하지만 중앙정부와 지자체가 서로 손실금 부담 책임을 떠밀면서 갈등이 심화되고 있다.[15)]

이렇듯 인구 고령화는 물리적 이동권 보장이나 경제적 이동권 보장과 같은 문제를 교통복지정책의 핵심 이슈로 부상시킬 가능성이 매우 크다. 물

15) "'65세 이상 지하철 무료승차' 헌재 간다", ≪조선일보≫, 2017.2.14.

론 경제적 차원에서 이동권을 보장하는 방법에는 현재와 같이 무임승차혜택을 제공하는 방법도 있고, 기초연금과 같은 소득보장방법도 있을 것이다. 하지만 어쨌든 고령화로 노인인구가 증가할 경우 교통비 지원을 위한 재원 마련을 명확히 하지 않으면 제도 자체가 유지되기 힘들 뿐만 아니라 불필요한 갈등을 초래할 수 있다는 사실을 명심해야 한다.

최진석(2014: 81)의 연구에 따르면, 전국 65세 이상 노인세대의 66.1%가 현행 노인무임승차제도를 유지해야한다고 응답할 정도로 지하철 노인무임승차제도는 좋은 평가를 받고 있다. 하지만 수도권 65세 미만 성인의 경우에는 동 제도에 대한 긍정적 평가가 33.0%에 불과했다. 또한 65세 미만 성인 응답자 중 37.3%는 무임승차정책에서 소득수준에 따라 차별을 둬야 한다고 했으며 23.2%는 연령기준을 상향 조정해야 한다고 응답했다. 이처럼 지하철 노인무임승차에 대해서는 정책을 수혜하고 있는 집단과 그렇지 못한 집단 간의 의견 차이가 상당히 첨예함을 알 수 있다.

이것은 앞으로 인구 고령화에 대응하여 새로운 교통정책 패러다임에 대한 사회적 합의가 필요하다는 점을 보여준다. 지금까지는 교통인프라에 상당한 재원이 투자되어왔던 반면, 이동권 보장을 위한 교통복지에는 명확한 재원조달 방안이 없었다. 그 결과 '지하철 노인무임승차' 제도와 같이 좋은 평가를 받고 대상자도 많은 정책들이 독자적인 재원 없이 철도운영기관이 비용을 떠안는 방식으로 유지되어왔다. 하지만 앞으로 인구 고령화가 진행되면 현재처럼 비용 부담을 전부 철도운영기관에 떠넘기는 방식으로는 더 이상 제도 유지가 어려울 것이다. 한 가지 대안은 앞으로 교통인프라 구축비용이 줄어드는 만큼 이에 걸맞게 교통복지 지출을 늘려가는 방법이다. 하지만 이것은 교통정책의 패러다임 전환을 요구하는 것이기 때문에 명확한 사회적 합의를 전제로 논의를 진행해나가야 할 것이다.

3) 지역맞춤형 이동권 보장

지역적 특성을 반영한 이동권 보장도 중요하다. 한국 교통복지의 근간이 되는 「교통약자의 이동편의 증진법(교통약자법)」에 따르면 이동권 보장을 위한 교통복지의 경우 지자체를 중심으로 정책이 시행되고 있음을 알 수 있다. 따라서 중앙정부 주도가 아니라 지자체의 특성을 반영하여 이에 맞는 교통복지정책을 구축할 필요가 있다.

경기도의 경우 다른 광역시에 비해 지자체별 지역적 특성이 뚜렷하게 나타나며 농촌도시부터 대도시까지 다차원적인 지자체의 특성을 잘 반영하고 있다. 그러므로 경기도 차원에서도 교통복지정책은 지역적 특색을 고려하여 시·군을 분류한 후 단계적인 정책을 추진할 필요가 있다. 앞에서 살펴보았듯이, 해외의 무상대중교통정책은 대부분이 대도시가 아닌 인구 50만 명 미만의 중소도시에서 시행되었다는 사실도 눈여겨볼 필요가 있다. 무상대중교통은 사실 중소도시나 버스수요 감소지역을 대상으로 고안된 지역맞춤형 정책이라고 할 수 있다. 따라서 경기도 차원에서도 새로운 정책을 모색할 때 지역의 규모나 지역 구성원의 인구학적 특성, 교통서비스 수요 등을 종합적으로 고려해 정책을 발전시켜나갈 필요가 있다.

4. 정책적 시사점

지금까지 살펴본 것처럼 물리적인 이유에서든 지리적인 이유에서든 경제적인 이유에서든 교통수단을 이용할 수 없을 경우 취업활동도 어렵고 사회적 교류도 불가능하게 될 정도로 이동권은 현대사회에서 기본적인 권리가 되었다. 또한 생활권이 확대됨에 따라 이동권이 보장되지 않을 경우 여가활동이나 사회적 교류 역시 줄어들 수밖에 없어 심각한 사회적 고립을 초래할 수 있다. 즉, 현대사회에서는 이동권이 보장되지 않을 경우 사회 구성원으로 살아갈 수 있는 권리 자체가 제약되는 것이다.

이동권의 중요성이 커지면서 그동안 이동권 보장을 위한 교통복지정책들도 확대되어왔다. 그런데 앞으로 고령화가 진행되면 교통복지정책의 중요성은 더욱 커질 것으로 보인다. 무엇보다도 앞으로는 교통서비스 이용자에 대한 지원을 확대할 필요가 있다. 노인인구의 증가로 물리적 이동권 제약이나 경제적 이동권 제약이 중요한 문제로 부각될 듯 보이기 때문이다. 아직까지는 노인인구가 12% 정도에 불과하지만, 2030년경이 되면 65세 이상 인구는 25% 정도가 될 것으로 예상된다. 인구의 약 1/4이 무상대중교통의 대상이 되는 것이다. 지금까지 '지하철 노인무임승차' 정책은 재정 부담에 대한 책임 소재가 불분명한 채로 제도가 운영되어왔다. 노인인구가 많지 않아서 책임 소재가 불분명해도 제도 운영에 별다른 어려움이 없었기 때문이다. 하지만 노인인구가 인구의 절대다수를 차지하게 된다면 제도 운영이나 비용 부담에 대한 명확한 사회적 합의를 바탕으로 제도를 운영해나갈 필요가 있다.

지금까지는 교통 관련 지출의 상당 부분이 교통인프라 구축 등에 들어갔지만, 앞으로 교통인프라 구축에 대한 수요는 예전만큼 크지는 않을 것으로 예상된다. 반면 노인계층의 교통비 지원과 같은 수요는 계속 증가할 것이다. 그러므로 교통정책 패러다임을 교통인프라 구축에서 이용자에 대한 지원 쪽으로 전환할 필요가 있으며, 이런 목표를 바탕으로 어느 정도나 교통비 지원이 가능한지 등에 대한 논의가 필요가 있다. 현재 '지하철 노인무임승차' 적용연령을 65세에서 70세로 상향 조정하는 방안이 논의되고 있는

표 2.6.9／이동권 보장을 위한 교통정책 현황

구분	물리적 제약	지리적 제약	경제적 제약
선별적	특별교통수단	수요응답형 버스, 따복택시	소득계층별 교통비 지원
보편적	저상버스	-	무상대중교통, 노인무임승차

데, 이런 과정들은 고령화 사회에 대응해 교통복지정책이 변화해가는 과정으로 이해할 필요가 있다.

이와 함께 교통정책의 중심이 교통인프라 구축에서 이용자 지원 중심으로 전환하게 되면 교통복지혜택을 선별적으로 제공할지 보편적으로 제공할지도 중요한 쟁점이 될 것이다. 선별적 교통복지는 장애인, 노약자, 임산부 등 특정 집단을 대상으로 하는 반면, 보편적 교통복지는 전 국민을 대상으로 하는 교통복지정책이라고 할 수 있다. 선별적 교통복지의 경우에는 교통약자들의 이동권 보장이 핵심이라고 할 수 있으며, 특별교통수단, 수요응답형 버스, 소득계층에 따른 교통비 지원 등이 이에 해당한다. 반면 보편적 교통복지는 모든 사람들의 이동권을 보장하는 것이 목표이며, 한국의 지하철 노인무임승차라든가 최근 서구의 몇몇 지자체에서 시도하고 있는 무상대중교통이 대표적인 예라고 할 수 있다.

대체로 지금까지 교통복지정책은 선별적 정책을 중심으로 발전해왔다고 할 수 있다. 앞에서 살펴본 것처럼 한국의 경우에는 65세 이상 모든 노인에게 무임승차혜택을 제공하지만 소득기준을 적용해 저소득층에게만 혜택을 제공하는 복지국가들도 다수 존재한다. 반면 무상대중교통정책에서 알 수 있듯이 최근에는 보편적 교통복지정책이 실험적으로 추진되고 있는 추세이다.

교통복지혜택을 선별적으로 제공하는 것이 바람직한지 보편적으로 제공하는 것이 바람직한지에 대해서 아직까지 활발한 논의가 이뤄진 적은 없다. 하지만 교통복지를 보편적 형태로 제공할 경우에는 '무상대중교통' 논쟁에서 알 수 있듯이 막대한 재정 부담을 감당하기가 쉽지 않을 것이다. 더구나 인구가 빠르게 고령화하는 상황에서 과연 모든 노인계층에게 무임승차혜택을 제공하고서도 현재의 시스템을 유지할 수 있을지도 의문이다.

또한 교통복지혜택을 보편적으로 제공하는 것보다는 기본적인 소득보장 강화를 통해 이동권을 보장하는 것이 바람직할 수도 있다. 이미 대부분의 국가들은 '국민 최저선(National Minimum)'이라는 차원에서 모든 국민이 기본적인 권리를 누릴 수 있도록 보장하고 있다. 한국의 경우에도 비록 미흡하긴 하지만 국민기초생활보장제도나 기초연금 등이 도입됨으로써 기본적인 사회안전망을 갖춰나가고 있다. 한국이 65세 이상 모든 노인계층을 대상으로 교통비 지원정책을 실시했던 이유는 사실 공적 노후소득보장정책이 부실했었기 때문이다. 국가가 국민의 최소한의 노후소득을 보장하지 못하다 보니 교통비 지원같이 개별적 지원정책이 발달해왔던 것이다. 하지만 2008년에 기초노령연금 도입으로 교통비 지원의 필요성이 줄어들게 되면서 광역 차원에서 노인교통수당 지급제도는 폐지된 바 있다. 이것은 노인계층의 경제적 이동권을 보장하는 방식이 무임승차정책만 있는 것이 아니라 기본적인 소득보장방식도 있다는 것을 보여준다.

대부분의 유럽 복지국가들도 노인계층을 대상으로 대중교통 할인혜택을 제공하고 있다. 하지만 모든 노인계층에게 혜택을 제공하는 국가도 있는 반면, 소득수준을 자격 기준으로 두어 차등화된 혜택을 제공하는 국가들도 있다. 한국은 65세 이상 모든 노인계층에게 지하철 이용에서 무상대중교통을 실행하고 있다는 점으로 봤을 때 유럽복지국가들보다 더 관대한 교통복지정책을 실시하고 있다. 하지만 이것은 아직까지 한국의 공적 노후소득보장이 충분하지 않고 노인빈곤이 심각했기 때문이다. 앞으로 정책을 설계할 때는 교통복지혜택을 더 늘리는 방식으로 갈 것인지, 아니면 기본적인 소득보장을 강화하는 방식으로 갈 것인지에 대한 논의가 필요하다.

제7장

경제의 질적 구조변화에 따른 교통혁신[1)]

/김은경

1. 양적 확대에서 질적 고도화로의 전환 필요

한국의 수도권은 한국 경제의 성장의 중심이자 혁신을 이끄는 지역이다. 2015년 기준 수도권에는 한국 인구의 49.1%가 살고 있고 수도권은 한국 생산의 49.0%를 담당하고 있다. 또한 수도권은 대한민국의 상징이자 관문으로 세계적인 대도시권들과 경쟁을 하고 있다. 따라서 수도권이 지역의 위상에 맞는 기능과 역할을 하기 위해서는 경제활동의 동맥이 되는 교통이 매우 중요하다. 교통은 직장인들의 출퇴근 수단으로 원활한 경제활동을 가능하게 하고, 주민들의 자유로운 이동을 보장하여 생활의 질을 높이는 기반 시설이다. 특히 경제성장에 따라 여가를 즐기는 인구가 증가하고 한류와 함께 국내외 관광수요가 높아지면서 교통의 역할은 더욱 중요해지고 있다.

수도권은 다른 지방에 비해 상대적으로 교통인프라가 잘 구축되어 있다. 수도권에 많은 인구가 집중되어 있고 산업이 가장 발전되어 있는 지역이기 때문이다. 수도권 내 출퇴근 시간의 교통혼잡도가 높고 대중교통수단이 부

1) 이 장에서 언급하는 교통정책은 주민들이 원하는 목적에 따라 안전하고 편리하고 쾌적하게 이동을 할 수 있도록 보장하고 촉진하는 정책으로 한정한다.

족하다는 지적이 여전히 있지만 이는 세계 대부분의 대도시권이 일반적으로 안고 있는 문제로 인프라 확충과 함께 점진적으로 해결될 것이다.

한국 경제는 성숙 단계로 진입하면서 저성장이라는 거시 경제적 변화와 함께 다양한 경제적·사회적 변화에 직면하고 있기 때문에 교통정책도 시대적 환경 변화에 조응하여 변해야 한다. 고도 성장을 구가하던 개발 연대에는 교통인프라의 양적 확충이 교통정책의 핵심 목표였다고 볼 수 있다. 그러나 저성장과 함께 높아진 소득수준에 조응하는 교통정책의 목표는 부족한 인프라의 양적 확충과 함께 교통의 질적 고도화 또는 선진화가 되어야 한다.[2] 세계 10대 강국의 경제력을 자랑하고 1인당 국민소득도 3만 달러 시대를 바라보고 있는 OECD 회원국인 한국이 개발 연대의 교통정책을 유지하는 것은 타당하지 않다. 특히 수도권은 이런 여건 변화가 가장 빨리 일어나고 있는 지역이자 한국을 대표하는 지역이므로 교통정책의 새로운 패러다임을 주도할 필요가 있다.

한국 경제가 직면한 대표적인 도전은 저출산, 고령화와 4차 산업혁명이다. 저출산, 고령화는 인구구조의 변화뿐만 아니라 경제적·사회적 구조를 변화시킬 것으로 전망된다. 저출산, 고령화로 인한 생산가능인구의 감소와 고령인구의 증가는 교통수요의 구조적 변화를 초래할 것이다. 따라서 저출산, 고령화에 따른 교통수요층의 구조변화에 조응하는 교통수단도 필요하다. 이를 위해 교통정책은 누구를 대중교통의 주 수요층으로 할 것인지, 대중교통의 양적 규모 및 질적 개선방향이 무엇인지를 결정해야 한다. 또한 인구구조 변화에 따른 수요구조 변화는 요금 체계 및 요금 수입구조에도 주

---

2) 교통의 질적 고도화 또는 선진화는 교통수단이나 교통인프라의 양적 공급과 대비되는 교통서비스의 질적 향상, 교통수단의 혁신, 교통인프라의 질적 개선, 인간 중심의 교통제도 등을 의미하는 용어로 사용되었다.

요한 변화를 초래하므로 지속가능한 대중교통시스템의 문제도 중요한 이슈가 될 것이다.

정보통신기술(ICT: Information and Communication Technology)의 발전이 촉진한 기술혁신에서 출발한 4차 산업혁명은 산업구조와 경제구조뿐만 아니라 우리의 삶의 방식과 사회구조도 변화시킬 것으로 예측된다. 이런 여건 변화들은 교통정책 전반에도 영향을 미칠 것으로 보인다. 예를 들어 ICT 발전은 제조업 공장에서 필요로 하는 인력수요를 줄이기 때문에 전통적인 제조업 중심의 산업단지로 출퇴근하는 인구의 감소는 목적별 통행량에 영향을 미칠 것이다. 또한 4차 산업혁명으로 재택근무가 증가되고 제조업이 첨단화되면서 친환경적 성격을 갖게 되면 도심에 첨단산업단지가 건설되고 직주근접형 산업입지가 확대되어, 제조업 중심에서 서비스업 중심으로 산업이 전환되면 출퇴근 거리가 단축되고 출퇴근을 위한 교통수단도 변하게 될 것이다. 따라서 4차 산업혁명과 같은 기술혁신에 따른 산업구조나 산업특성의 변화는 출퇴근 중심의 교통정책에 대한 새로운 관점을 필요로 한다. 특히 경제발전 수준에 따라 교통의 목적도 변화될 수 있다. 소득수준이 높아지고 개인이 여가를 중요시하게 되면 교통정책의 목표는 출퇴근의 원활화에서 여가나 소비의 촉진을 위한 편의 제공 등으로 전환될 수도 있다.

이런 다양한 환경 변화를 고려하면서 수도권 내 산업구조나 경제적 연계를 고려한 대중교통정책도 필요하다. 갈수록 커지고 있는 재정 압박 속에서 지속가능한 대중교통을 위해 요금체계 개선 및 재정지원 개혁도 필요하다. 철도망 확충에 따른 광역버스의 위상 및 역할에 대한 재검토나 시·군간 연계를 강화하기 위해 광역버스 중심의 지원정책에서 마을버스나 경기도 내 연계 및 근거리 이동수단에 대한 지원정책으로 전환할 필요도 있을 것이다. 따라서 수도권 교통정책에서 핵심적인 과제는 급변하고 있는 여건에 맞춰 교통정책의 새로운 패러다임을 모색하는 것이다.

2. 경제적 여건 변화에 따른 교통의 역할

1) 4차 산업혁명과 교통혁신[3)]

(1) 4차 산업혁명 개요

2016년 1월 다보스포럼에서 개념화된 4차 산업혁명(The Fourth Industrial Revolution)은 전 세계적인 돌풍을 일으키고 있다. 4차 산업혁명은 물리학, 디지털, 생물학 등 세 분야를 융합하는 신기술들에 의해 주도되며(Schwab, 2016) 인공지능, 로봇, 사물인터넷(IoT: Internet of Things), 3D 프린팅 등이 4차 산업혁명을 대표하는 산업들이다.[4)]

4차 산업혁명은 3차 산업혁명을 주도한 ICT에 기반을 두고 있다. 그러나 이제까지의 산업혁명들이 인간의 노동력을 기계화하고 자동화하여 생산의 양적 확대를 추구한 반면, 4차 산업혁명은 인간의 노동력을 인공지능로봇으로 대체하는 생산방식의 근본적인 질적 변혁을 가져올 것으로 전망된다.

한편 4차 산업혁명과 동의어로 사용되기도 하는 산업 4.0(Industry 4.0)의 구성은 4차 산업혁명의 특징을 잘 보여준다. PWC(2016)는 4차 산업혁명의

---

3) 이하 내용은 김은경, 「제4차 산업혁명에 대한 경기도의 대응방향」(경기연구원, 2016)에 근거했다.

4) 물리적 기술은 자율주행자동차, 드론, 무인운송수단, 3D 프린팅, 첨단로봇공학, IoT, 블록체인, 수요맞춤형 경제(On Demand Economy), 생물적 기술은 유전공학, 합성생물학, 바이오 프린팅 등으로 제시된다(Schwab, 2016).

표 2.7.1 / 산업혁명의 구분

구분	특징	동력
1차 산업혁명 (1784년)	• 석탄, 석유 등 고에너지 화석연료에 기반을 둔 증기기관 발명 • 증기기관차가 발명되고 운송과 이동을 확대시키는 다리, 터널, 항만 등의 건설로 연결성 촉진 • 기계 발명을 통한 초기 자동화 시작	기계적 생산, 증기기관
2차 산업혁명 (1870년)	• 품질기준, 운송방법, 작업방식 등의 표준화 및 컨베이어 벨트 생산방식 도입 • 대량 생산에 기반을 둔 기업 간, 국가 간 연계로 글로벌 공급 체인이 구축되어 국제적인 연결성 확대 • 기계제 대량 생산의 확대로 노동의 분업과 연결성 촉진	대량 생산, 전기에너지
3차 산업혁명 (1969년)	• 1969년 알파넷 개발 이후 인터넷 기술이 급속하게 발전되고 컴퓨터의 기술혁신과 모바일 기기의 발전으로 IT 시대 대두 • 디지털 자동화의 확대와 사람과 사람, 사람과 사물, 사람과 기계 간의 연결성 급증	전자장치, IT
4차 산업혁명 (현재~)	• 자동화와 연결성이 극대화되면서 국가 간 경계와 장벽이 없어지고 초연결성에 기반을 둔 비즈니스 모델과 플랫폼 경제 확대 • 육체노동뿐만 아니라 빅데이터의 분석 및 처리 등을 포함한 인간의 지적인 사무노동까지 인공지능로봇이 대체 • 연결성이 사물과 사물에까지 확대되어, '인간' 없는 자동화된 생산이 가능한 스마트 팩토리로 생산방식의 혁명적 전환	인공지능, 빅데이터, 사이버물리 시스템

자료: Klaus Schwab, *The Fourth Industrial Revolution*(World Economic Forum, 2016), 김은경, 「제4차 산업혁명에 대한 경기도의 대응방향」(경기연구원, 2016)에서 재인용.

핵심 역량으로 모바일 기기, IoT 플랫폼, 클라우드 컴퓨팅, 스마트 센서, 증강현실, 빅데이터 분석 등을 기반으로 하는 데이터의 수집과 분석을 지적한다. 이런 과정에서 수직적·수평적 가치체인의 디지털화(Digitization)와 통합, 제품과 서비스 공급의 디지털화, 디지털 비즈니스 모델과 고객 접근 등이 실현되는 것이 바로 4차 산업혁명이다.

(2) 기술혁신에 기반을 둔 교통혁신

4차 산업혁명은 다른 산업혁명들과 마찬가지로 단순한 기술혁신이 아니라 경제, 사회, 문화 등 전 분야에 근본적인 변화를 가져올 것으로 기대된다. 4차 산업혁명의 발전은 교통의 효율성을 높이고 기술혁신에 기반을 둔 교통수단의 출현을 촉진하면서 기술기반 교통시스템을 구축할 것으로 전망된다. 실제 슈바프(Schwab, 2016)는 무인운송수단, 자율주행자동차 등을 4차 산업혁명 시대의 10개 선도 기술들에 포함시키고 있다.

4차 산업혁명은 무엇보다도 교통의 효율성을 높일 것이다. ICT 플랫폼에 기반을 둔 교통은 운영비용을 줄이고 더 빨리 더 많이 더 안전하게 승객들을 이동시키고 다양한 서비스를 제공할 수 있을 것이다. 사실 교통에서는 이미 많은 영역에 ICT가 적용되고 있다. ICT와 결합한 교통상황 예측이나 교통관리, 내비게이션 등이 대표적이다. 향후 본격화될 IoT에 기반을 둔 교통시설은 인력의 개입 없이 교통흐름을 자동화하고 빅데이터 분석에 기반으로 해서 교통혼잡을 사라지게 하며 교통수단의 이용을 최적화할 수 있다.

IoT 기반 디지털화는 교통혁신도 일으킬 것이다. 근본적으로 IoT 또는 사이버물리시스템(CPS: Cyber-Physical System)은 자원 이용의 효율성을 높인다.[5] IoT는 모든 물리적 사물을 디지털 네트워크로 통합시켜 다양한 제품들이 전파식별(RFID: Radio-Frequency Identification)시스템으로 식별되고 통제될 수 있다. 이를 통해 자동차와 자동차 간의 커뮤니케이션이 가능해지고 독립적으로 자신들의 위치와 환경에 대한 정보를 교환하여 자동차 스스로가 안전과 운송의 효율성을 높이는 능력을 가질 수 있다. 이런 정보시스템과 자동차 간 연결성은 대중교통을 편리하게 만들며, 효율적인 이동시스템으로 인해 도시는 좀 더 경쟁적이고 스마트하게 된다.

특히 전자화, 자동화 및 디지털화는 교통의 가용성(Availability), 처리량

---

5) 사이버물리시스템은 사이버시스템(Cyber System)과 물리시스템(Physical System)이 통합된 시스템으로, IoT에서 컴퓨팅과 물리세계가 네트워킹을 통해 유기적으로 융합되면서 사물들을 자동적·지능적으로 제어한다. 제조업 공장뿐만 아니라 에너지, 전력망, 교통시스템, 공공기반시설 등 핵심적인 공공인프라에도 이용될 수 있다(김은경, 2016).

(Throughput)과 여행 편의를 높여줄 것이다. 디지털화된 작업흐름은 좀 더 높은 가용성을 보장한다. 예를 들어 철도 운영에서 모바일과 IT지원서비스를 통해 차량의 가용성을 높이는 것은 철도 운영의 최적화된 유지를 가능하게 해준다. 디지털화된 작업흐름은 방대한 데이터 통합과 이용자 인터페이스 덕분에 효율적인 의사결정 과정을 보장해준다. 또한 대중교통시스템의 경우 자동화된 운영 관리는 처리량을 증가시키고 배차 간격을 단축시켜줄 수 있다. 예를 들어 지하철의 경우 차량과 철도선로시설이 통신할 수 있는 자동통제시스템을 통해 처리량을 증대시킬 수 있을 것이다. 여행객들은 지능화되고 네트워크로 연결된 시스템을 통해 차량 내에서 지불을 포함한 모든 서비스와 정보를 제공받아 시간을 절약하며, 교통수단의 이용방식이 단순화되어 여행 편의도 높아진다.

모든 과거의 산업혁명들은 수로, 도로, 철도의 발견 및 발전 등 교통수단과 교통인프라의 변화를 초래했다. 4차 산업혁명도 궁극적으로는 무인형태가 될 스마트카(Smart Car)라는 새로운 형태의 교통수단을 출현시키고 있다. 스마트카는 자동차에 체화된 스마트폰으로 통신망이 상시 연결된 '커넥티드카(Connected Car)'를 의미하며, 자율주행자동차도 스마트카이다(김은경, 2016). 커넥티드카는 실시간 내비게이션, 원격차량제어, 멀티 미디어 등을 완비해 단순한 이동수단이 아니라 삶의 공간이다. 커넥티드카 시장은 매년 20% 이상 성장할 것으로 전망되고 있다(김상국, 2014).

그러나 4차 산업혁명은 교통과 관련된 일자리를 많이 축소시킬 것이다. 자율주행자동차가 등장하면 운전기사, 교통경찰, 교통 관련 사무행정직 등의 일자리가 많이 사라지거나 로봇으로 대체될 것이다. 교통데이터 분석도 사람 대신 빠른 처리 속도와 방대한 데이터 분석 능력을 갖춘 인공지능로봇이 대신하게 될 것이다. 또한 드론산업의 발전은 인력에 의한 택배나 운송시스템을 드론에 의한 서비스로 대체함에 따라 교통량이나 운송인력 수요에 영향을 미칠 것으로 전망된다.

한편 4차 산업혁명으로 인한 기술기반 플랫폼의 발전은 공유경제의 발전을 촉진한다. 생산의 유연성과 연결성의 강화 및 이에 기반을 둔 공유경제의 발전은 자원 낭비도 최소화할 것이다. 공유경제는 소유하지 않고 빌려서 소비(사용)하는 경제로 정의될 수 있다. 최근 공유경제가 확산된 배경에는 인터넷 발전과 스마트폰 등장도 있지만 2008년 글로벌 금융위기 이후 지속 중인 세계적 경기 침체에 따른 소비의 합리화라는 더 중요한 요인이 있는 것으로 보인다. 자본주의 시장원리에 기반을 둔 공유경제는 기업의 새로운 비즈니스 모델의 하나이며 사회적 가치의 실현과는 실질적으로 거의 무관한 개념이다. ICT 기반 플랫폼을 통해 소비자는 광범위한 상품 정보를 쉽게 얻을 수 있고 거래 시간과 비용을 줄일 수 있고 공급자는 서비스의 중개만으로도 이윤을 창출할 수 있다는 것이 공유경제의 장점이다.

공유경제를 대표하는 우버(Uber)와 같은 비즈니스 모델이 발전하면 자동차와 주차장에 대한 수요가 줄어들 수 있는 반면 이용자는 최소한의 비용으로 원하는 서비스를 얻을 수 있다. 공유경제의 장점은 이미 존재하는 설비를 더 잘 활용하여 경제의 효율화를 높인다는 것이다. 그러나 공유경제의 발전이 차량과 같은 교통수단에 대한 소유를 근본적으로 감소시키지는 않을 것이다. 가령 아무 때나 어느 곳에서나 차를 단시간 빌릴 수 있는 미국의 집카(Zipcar)와 같은 서비스가 있더라도 사람들이 승용차를 아예 소유하지 않는 경우는 많지 않을 것이다.[6] 단지 공유경제는 교통수단이나 교통인프

---

6) 2000년에 설립된 미국의 카셰어링 회사 집카는 집스터라고 불리는 회원제를 운영하며 회원들은 자신의 필요에 따라 차량을 시간 또는 일 단위로 이용할 수 있다. 회원들은 한 달에 일정한 회비를 납입하고 자동차를 사용할 때는 시간당 사용료를 지불한다. 모

라의 가용성을 최대한 높여주면서 교통의 효율성을 증가시킬 것이다.

4차 산업혁명은 소비패턴도 전면적으로 변화시킬 것이다. 이제 사람들은 소비를 하기 위해 판매장을 직접 방문하기보다 집이나 사무실 혹은 지하철 안에서 주문을 하고 배송을 받는다. 이런 온라인 쇼핑은 실제 급속하게 확대되고 있다. 통계청에 따르면 2015년 소매판매액은 366조 5180억 원으로 전년대비 1.9% 증가된 반면 온라인쇼핑 거래액은 53조 9340억 원으로 전년대비 19.1%가 증가되었다. 온라인 쇼핑은 인터넷과 모바일 기기의 발전에 따라 급성장하고 있다. 따라서 이런 소비방식의 변화는 결국 쇼핑을 위한 사람들의 실질적인 이동을 감소시켜 일상적인 교통량은 감소시키는 반면 배송을 위한 교통수요는 증가시킬 것이다. 그러나 앞에서도 언급되었듯이 드론산업의 발전이 본격적으로 사람에 의한 운송을 기계로봇에 의한 운송으로 대체하면 운송을 위한 교통수요의 증가 여부는 불확실하다.

2) 저출산, 고령화에 따른 교통수요 변화

(1) 저출산, 고령화의 경제적 영향

인구구조의 변화는 사회서비스나 복지정책뿐만 아니라 교통인프라부터 거주형태까지 사회 전반에 영향을 미친다. 저출산, 고령화는 경제성장과 함께 대부분의 선진국이 경험하는 사회경제적 현상으로, 국가 및 지역 경

든 자동차는 사용시간과 운행거리를 기록하고 이는 무선 데이터 접속을 통해서 중앙 컴퓨터에 전송된다. 집카는 길이나 공용 주차장에 정해진 전용 주차장이 있으며 캠퍼스, 마트, 공항 등에서 이용할 수 있다. 2013년 3월 집카는 아비스(Avis)의 자회사가 되었으며 2015년 7월 기준 90만 명 이상의 회원을 가지고 있는 글로벌 자동차 렌터카 네트워크의 하나가 되었다.

제 나아가 세계 경제의 미래에 가장 큰 영향을 미치는 핵심 요인의 하나이다. 한국은 세계적으로도 유례가 없는 급속한 고령화를 경험하고 있어, 2000년 고령화 사회(노인인구 비중 7%)에서 2018년 고령사회(노인인구 비중 14%), 2026년 초고령 사회(노인인구 비중 20%)로의 진입이 예측되고 있다. 고령화는 의학의 발전과 의료서비스의 보편화에 따른 수명 연장이기 때문에 인류에 대한 축복이다. 그러나 사회경제적 변화에 따른 가족 개념의 변화와 함께 나타나는 저출산, 고령화는 사회경제적 발전을 저해하는 요소가 되고 있다. 저출산, 고령화로 생산가능인구가 부족해지고 인구도 감소하거나 정체되면서 경제성장이 한계에 부딪히고 잠재성장력도 하락되고 있기 때문이다.

그림 2.7.1에서 합계출산율을 보면 서울은 전국 평균보다 지속적으로 낮은 추세를 유지하고 있는 반면, 인천과 경기도는 대체로 전국 평균보다 높지만 최근 들어 전국 평균에 수렴하는 추세다. 전체인구 대비 65세 이상 인구의 비율인 고령화율의 경우에는 서울, 경기도, 인천 모두 전국 평균보다 낮다. 따라서 수도권은 다른 지역에 비해 젊은 인구가 상대적으로 많이 거주하고 있는 지역이다.

수도권 인구 추이를 보면 서울의 인구는 1991년 1046만 1122명으로 정점에 도달한 이후 지속적으로 감소하고 있는 반면, 인천의 인구는 점증적으로 증가해 2037년 318만 3787명으로 정점에 도달한 후 감소할 것으로 전망된다. 경기도 인구는 2003년부터 서울의 인구를 능가하여 2032년 1346만 6259명으로 정점에 도달한 후 점진적으로 감소할 것으로 추정된다.

저출산, 고령화는 경제성장에 부정적인 영향을 미칠 것으로 예측된다. 저출산, 고령화는 공급 측면에서 노동력 감소와 자본축적 저하 등을 초래하여 성장잠재력을 저해하고, 수요 측면에서는 소비수요와 총수요의 구성

그림 2.7.1／(상)합계출산율 추이, (하)고령화율 추이

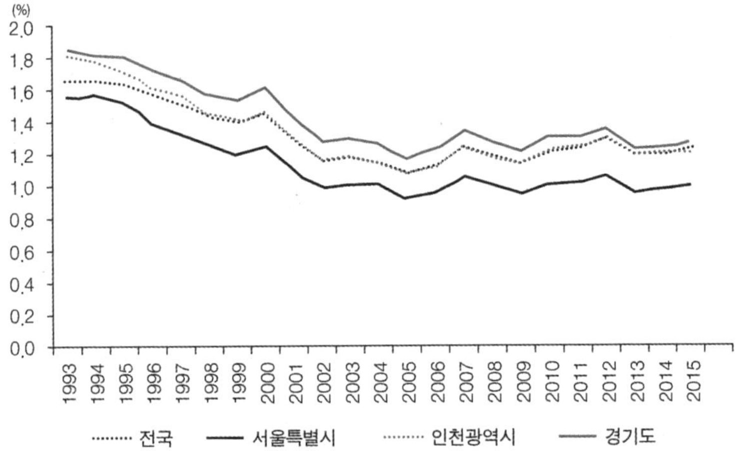

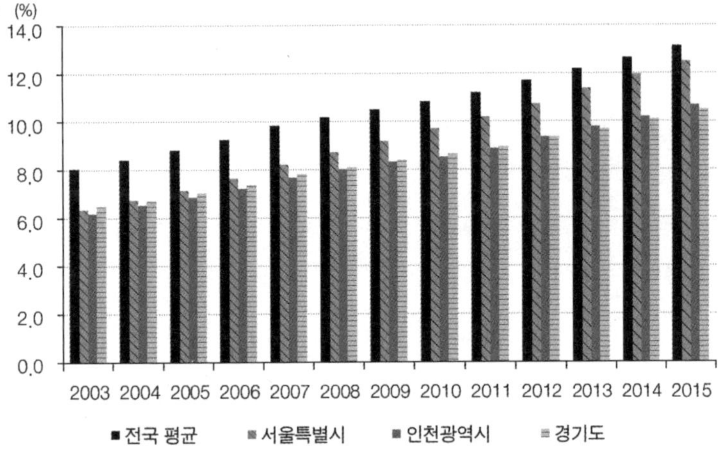

자료: 통계청.

을 변화시켜 산업구조에 영향을 미칠 수 있다. 고령화는 재정건전성에도 부정적 영향을 미친다. 세금을 부담할 젊은 세대가 줄어드는 반면 사회보장과 의료서비스 지출이 필요한 노인층이 증가하기 때문이다. 고령화로 인

해 재정적자와 GDP 대비 부채가 확대되면서 재정건전성과 증세문제는 쟁점이 될 수밖에 없다. 고령화로 경직적인 복지지출이 증가하면 결국 거시정책에서 재정정책의 유연성이 저하되고 정책적 효과성도 줄어든다.

(2) 인구구조 변화에 따른 교통수요 전망

저출산, 고령화로 인한 인구구조의 변화는 교통에 대한 수요구조를 변화시키고 교통의 공급 측면에서는 교통수단의 질적 변화를 필요로 하게 될 것이다. 2015년 기준 수도권의 목적별 통행 분포를 보면 출근 19.4%, 등교 7.2%, 업무·귀사 9.4% 등이고, 수도권 시·도 내 통행의 목적별 비율은 출근 18.2%, 등교 7.7%, 업무·귀사 8.6%, 수도권 시·도 간 광역통행은 출근 28.5%, 등교 5.0%, 업무·귀사 10.0% 등이다. 따라서 생산가능인구의 업무나 학업 관련한 목적별 통행이 약 35~45%를 차지한다.[7)]

그러나 저출산, 고령화로 생산가능인구가 감소되면 근로현장에서의 노동력이 감소되므로 출퇴근 교통의 비중이 줄어들 수 있다. 물론 기술의 발전에 따라 고령인력의 취업이 연장될 수 있겠지만 이는 한계가 있을 것이며, 4차 산업혁명에 따른 전통적인 일자리 소멸 및 인공지능로봇에 의한 노동력 대체 등과 함께 저출산, 고령화는 출퇴근에 따른 교통수요를 감소시킬 여지가 크다. 학령인구의 감소 또한 등하교로 인한 교통수요를 감소시킬 것이다.

또한 수도권은 전국 평균에 비해 상대적으로는 젊은 편이지만 2040년이 되면 10명의 주민 중 3명이 65세 이상의 고령인구가 될 것으로 예측된다.

---

7) 수도권교통본부·서울시·인천시·경기도, 「2016년 수도권여객 기·종점통행량(O/D) 현행화 공동사업」(2017), 301쪽.

따라서 지금부터 선제적으로 고령인구의 이동편의성을 보장하기 위한 교통인프라의 구축이 필요하다. 고령인구의 이동권 보장을 위한 저상버스 확대나 버스좌석 개선 등 대중교통수단이 고령인구의 수요에 맞춰 변화되어야 할 것이다.

3) 제조업 혁신과 디지털화에 따른 교통이동 변화

(1) 제조업의 디지털화로 인한 새로운 산업 생태계의 출현

4차 산업혁명 시대에 제조업 혁신은 제조업의 디지털화로 대표된다. 수도권은 다른 지역에 비해 혁신역량이 높고 고부가가치 산업들을 가지고 있어 가장 빨리 그리고 매우 주도적으로 한국의 4차 산업혁명을 이끌어갈 것으로 기대된다. 그림 2.7.2와 그림 2.7.3은 2015년 기준 전국 대비 산업별 부가가치 비중을 기준으로 수도권의 산업구조를 분석한 것이다. 2015년 총 부가가치 기준으로 보면 수도권은 전국 총 부가가치의 49.8%를 차지하고 있고, 서울의 비중은 22.1%, 경기도의 비중은 22.9%, 인천의 비중은 4.8% 등이다. 산업별 부가가치 비중으로 보면 전국 대비 수도권은 도매·소매업 67.4%, 출판·영상·방송통신 및 정보서비스업 82.3%, 금융 및 보험업 65.4%, 부동산업 및 임대업 61.9%, 사업서비스업 69.8% 등을 담당하고 있다. 서울시 업종 가운데 전국 대비 부가가치 비중이 높은 업종은 출판·영상·방송통신 및 정보서비스업(58.2%), 금융 및 보험업(47.2%), 도매·소매업(44.8%), 부동산업 및 임대업(33.0%), 사업서비스업(40.7%) 등이다. 반면 경기도는 제조업(28.6%)과 사업서비스업(26.2%), 인천은 전기·가스·증기 및 수도 사업(14.3%)과 운수업(15.3%) 등의 전국 대비 부가가치 비중이 높다.

특히 4차 산업혁명의 기초가 되는 ICT 산업의 현황을 보면 1800개의 ICT

그림 2.7.2／(상)전국 대비 수도권의 산업별 부가가치 비중(2015년 기준), (하)전국 대비 서울의 산업별 부가가치 비중(2015년 기준)

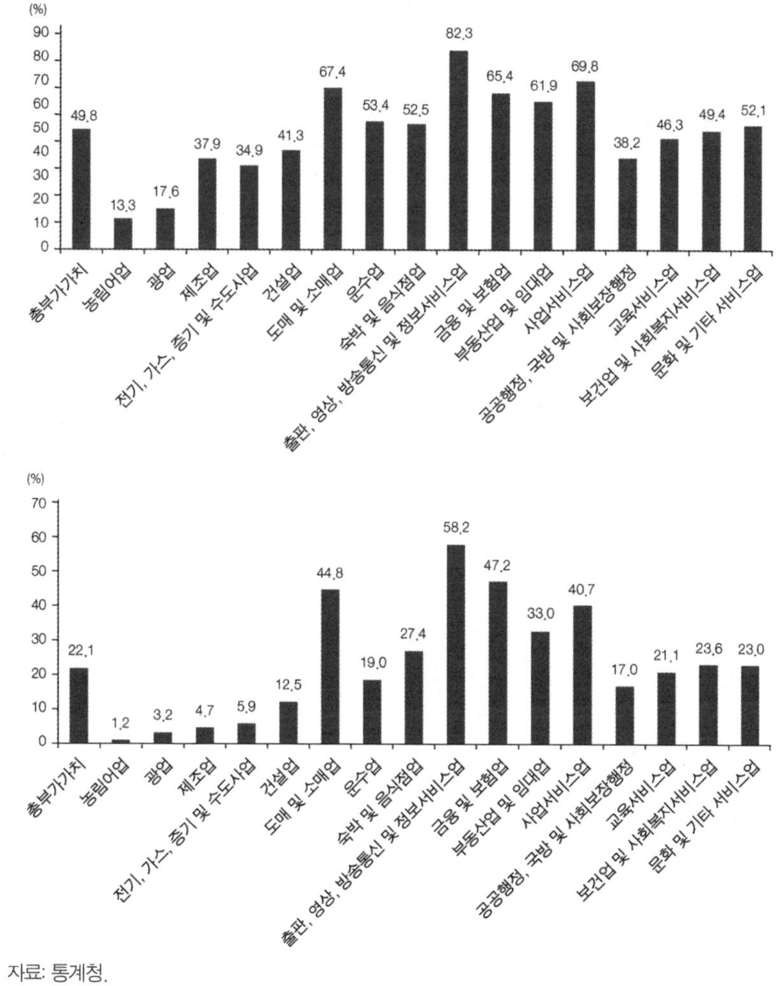

자료: 통계청.

중소기업 본사 중 26.2%가 경기도에, 40.7%가 서울에 소재해 있다(미래창조과학부·벤처기업협회, 2015). 업종별로는 경기도에는 통신기기 38.7%, 방

그림 2.7.3／(상)전국 대비 경기도의 산업별 부가가치 비중(2015년 기준), (하)전국 대비 인천의 산업별 부가가치 비중(2015년 기준)

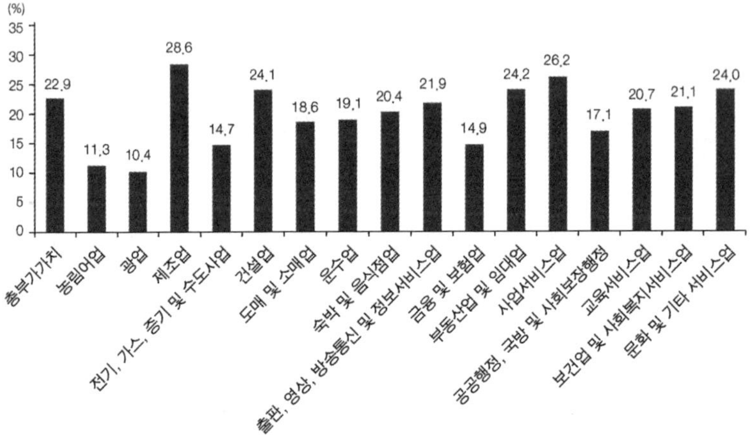

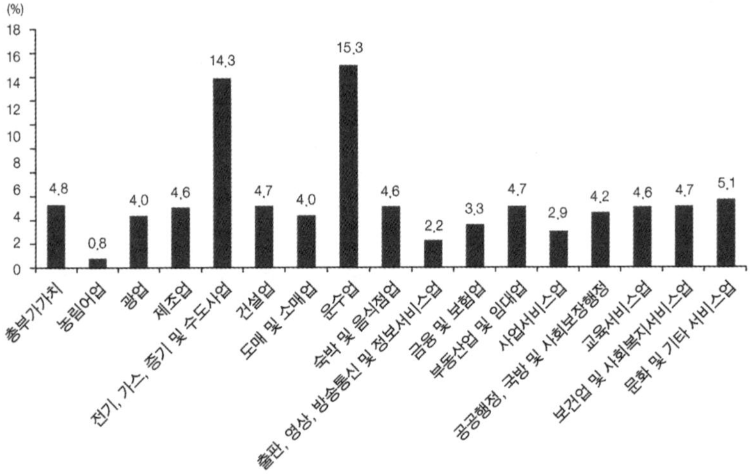

자료: 통계청.

송기기 39.5%, 부품 50.7%, 정보통신 응용기반 기기 33.1% 등이 입지하고 있으며 기업들 중 33.6%가 수출을 하고 있다.[8] 경기도에 소재한 중소기업 본사들은 주로 ICT 관련 제조업체이며 서울에는 주로 ICT 관련 서비스업체들이 소재하고 있는 것이다. 업력은 경기도 기업의 36.9%가 20년 이상인 반면, 5년 미만은 24.5%로 비중이 낮아 서울에 비해 상대적으로 오래된 기업이 많다.

또한 ICT 산업 현황을 보면 업체 수, 종사자 수, 생산액 모두 수도권이 압도적인 비중을 차지하고 있다. 특히 ICT 서비스의 경우 ICT 제조업보다 수도권, 특히 서울 집중도가 매우 높다. 정보통신방송기기의 경우 수도권은 전국 업체 수의 67.1%, 상시 종사자 수의 53.9%, 생산액의 45.7%를 차지한다. 그러나 정보통신 방송서비스의 경우에는 수도권은 전국 업체 수의 77.9%, 상시 종사자 수의 90.1%, 생산액의 95.7%, 소프트웨어 및 디지털 콘텐츠의 경우 수도권은 전국 업체 수의 76.2%, 상시 종사자 수의 91.3%, 생산액의 94.2%를 담당하고 있다.

따라서 수도권은 4차 산업혁명을 위한 새로운 산업 생태계를 구축할 수 있는 가장 높은 잠재력을 가지고 있다. 4차 산업혁명은 ICT가 제조업에 적용되어 디지털화가 이뤄지고 제조업이 서비스와 융·복합을 이루는 과정을 통해 전통적인 산업이 디지털 기술 및 인터넷과 결합하면서 나타나는 산업 시스템의 전반적인 전환을 의미한다. 완전한 자동 생산 및 지능형 시스템을 기반으로 하는 IoT가 발전하여 네트워크에 기반을 둔 제조업 생태계가 형성된다. IoT에 기반을 둔 비즈니스 프로세스 자동화 및 사무 자동화가 산업 프로세스 및 공장의 자동화와 결합된다(Sogeti VINT, 2014). 이런 제조업의 디지털화는 제조업과 서비스업의 경계를 허물어버린다. 가치사슬의 형

8) 정보통신서비스는 여의도, 상암 등 서울로 집중되어 있고 경기도의 정보통신서비스는 분당을 중심으로 이뤄지고 있다. 반면 정보통신 방송기기는 경기도 남부의 수원, 안산, 파주 등에 집중되어 있고 소프트웨어 및 디지털 콘텐츠는 서울의 가산과 강남 등에 집중되어 있다.

성 과정에서 어디까지가 제조업의 영역이고 어디부터가 서비스업의 영역인지 더 이상 구분할 수 없게 된다. 제조업의 디지털화와 서비스화는 향후 새로운 산업 분류를 필요로 하며 이에 따라 산업구조의 개념이나 정의도 변화될 것이다.

(2) 출퇴근 이동수요 변화

제조업 혁신으로 기존의 제조업 공장들이 스마트 팩토리(Smart Factory)로 전환되고 제품의 생산 및 유통 과정이 축소되면 제품의 생산부터 유통까지의 기간이 급격하게 단축될 것이다.[9] ICT에 기반을 두고 산업기기와 생산과정이 네트워크로 연결되면서 생산과정의 최적화가 달성되는 제조업 혁신은 물류비용을 최소화해 생산비용을 급격하게 감소시킬 수 있다. 스마트 팩토리는 오염이나 공해를 배출하지 않아 도심형 산업단지를 형성할 수 있다. 반면 물류비용이 감축되고 유통시간도 짧아지기 때문에 물류단지는 도심에서 더 멀어질 수도 있다. 따라서 제조업의 디지털화는 도심형 스마트 팩토리를 중심으로 직주접근이 강화되어 교통이동수단이 차량에서 보행이나 자전거 등 단거리 이동수단으로 전환될 수 있는 반면, 물류는 도심에서 더욱 멀어져 이로 인해 장거리 출퇴근 수요가 높아질 수도 있다. 또한 제조업의 디지털화는 제조인력에 대한 수요를 감소시키고 궁극적으로는 '무인 공장'으로까지 발전될 수 있기 때문에 일자리를 감소시키면서 그에

9) 스마트 팩토리는 완전한 자동생산체계를 만들어 생산, 물류, 서비스 등 전체 제조공정을 최적화하는 것으로 IoT 기반의 사이버물리시스템(CPS)을 플랫폼으로 하여 전체 생산공정을 스마트화한 것이다. 즉, 기계에 센서를 내장하여 제품 진단 소프트웨어와 분석 솔루션을 결합해 기계와 기계, 기계와 사람을 연결시켜 기존 설비나 운영체계를 최적화한 것이 스마트 팩토리이다. 스마트 팩토리는 네트워크를 통해 공장 내부와 외부의 사물, 서비스와 연계해 비즈니스를 창출하는 새로운 제조업 기업 생태계를 만든다.

따른 출퇴근 수요를 축소시킬 수 있다.

한편 제조업의 디지털화는 서울과 경기도 간의 교통이동 변화를 초래할 수 있다. ICT 제조업 중심의 경기도가 향후 제조업 혁신을 추진해나가면 초기 발전단계에서는 관련 서비스를 담당하는 서울과의 연계를 강화하기 위한 이동이 빈번해지면서 서울과 경기도 간의 교통이 증가될 수 있다. 그러나 경기도 제조업의 디지털화가 진전될수록 서울과 연계할 필요성이 감소되면서 서울로의 이동수요가 감소될 수 있다. 더욱이 모든 제조공정의 디지털화 자체는 실제 인력이동의 필요성을 감소시키기 때문에 업무나 출퇴근을 위한 교통수요를 감소시킬 것이다.

4) 수도권 인구이동과 교통정책의 변화

(1) 수도권 인구이동 추이

급격한 경제성장을 거치면서 수도권에는 인구가 급속하게 집중되었다. 대부분의 국가에서 경제성장은 하나의 도시를 중심으로 시작되기 때문에 한국의 개발연대 시기에 서울로의 인구 집중은 불가피한 경제적 현상이었다. 서울로 급속하게 인구가 집중되고 산업 발전으로 인한 도시적 폐해가 나타나고 주거난이 심화되면서 서울에 일자리를 가진 사람들은 주거지를 찾아 경기도로 이동하게 되었다. 정부도 서울의 주거난을 해소하기 위해 경기도에 베드타운 기능의 신도시들을 조성하게 되었다. 그러나 한국 경제가 성숙 단계에 들어가면서 서울의 인구는 이미 감소되기 시작했다. 또한 현재 경기도는 서울로부터 많은 인구가 주택과 일자리를 찾아 유입되고 있지만 경기도로의 순이동은 점차 줄고 있다. 특히 세종특별자치시가 새로운 행정수도로 안착되고 공공기관들이 이전하면서 지방으로의 인구이동은 점

표 2.7.2／수도권 인구이동 추이

(단위: 천 명)

구분	총전입			총전출			순이동		
	2005년	2010년	2015년	2005년	2010년	2015년	2005년	2010년	2015년
전국	8,795	8,227	7,755	8,795	8,227	7,755	0	0	0
서울	1,991	1,733	1,589	2,042	1,848	1,727	-51	-115	-137
인천	502	462	473	491	458	464	11	4	10
경기	2,197	2,169	1,993	2,028	2,026	1,898	169	142	95

자료: 통계청, 「2015년 국내인구 이동통계」(2016).

진적으로 증가되어갈 것으로 전망된다.

그러나 아직 서울에서 경기도, 인천시로의 이동이 주를 이루고 있으며, 수도권과 가까운 강원도와 충청남도는 수도권의 부차적인 유·출입 지역이다. 2015년 기준 서울 전출자의 60.2%는 경기도로 이동했으며 경기도의 전입 및 전출 1순위 지역은 서울이다. 또한 경기도 전입자의 55.6%는 서울에서 이동해 왔고 경기도 전출자의 43.4%는 서울로 이동했다. 인천도 전입자의 45.1%가 경기도, 28.3%가 서울에서 왔으며 전출자도 44.5%가 경기도로, 22.5%가 서울로 이동했다.

(2) 수도권 교통정책의 범위

사실 수도권은 다른 지역들에 비해 서울, 경기도, 인천이 밀접한 산업연관관계를 가지고 있다. 서울의 경제활동이 경기도와 인천시로 확산되는 과정에서 수도권이 형성되고 경제활동의 밀접한 연계로 생활권이 형성되었기 때문이다. 서울의 급격한 양적 팽창이 해소되는 과정이 경기도의 지역경제발전 및 인구증가 과정이었다. 따라서 수도권 내 인구가 급격하게 수도권 이외 지역으로 유출되는 것은 세종시나 공공기관 이전과 같은 인위적인 외부 충격의 경우를 제외하고는 거의 발생하지 않을 수 있다. 그러나 소득수준이 높아지면서 가치관과 삶의 양식이 변화되고 있고 지방의 인프라도 확충되면 수도권 인구는 점진적이고 자발적으로 지방으로 유출될 수 있을 것이다. 수도권 인구의 타 지역으로의 유출은 수도권 내 교통수요의 양적 감소를 의미하지만 수도권과 타 지역 간 이동수단은 확대될 것이다. 특히 수도권에 직장을 가진 채 수도권 외곽에 거주하는 인구의 교통수요를 보장하는 것은 주요한 정책과제가 될 것이다.

한편 서울 인구의 경기도나 인천으로의 이동은 서울과 경기도 및 인천 간 이동수단의 촉진을 필요로 한다. 경기도나 인천으로 이동하는 서울 인구가 여전히 일자리를 서울에 가지고 있다면 출퇴근 교통혼잡은 더욱 가중될 수 있다. 그러나 경기도와 인천도 지역경제 발전이 지속적으로 이뤄지면서 갈수록 직주근접이 강화되고 실제 인구의 유·출입도 감소되고 있기 때문에 수도권 광역교통 정책의 중요성은 점진적으로 감소될 수도 있다.

3. 4차 산업혁명 시대의 교통정책

1) '삶의 질'을 위한 교통인프라 구축

교통은 경제활동의 동맥으로 경부고속도로의 건설이 개발 연대를 상징하듯이 교통인프라의 양적 확충은 지역 발전을 상징했다. 개발 연대에는 교통을 비롯하여 모든 기반시설이 부족한 상황에서 교통시설의 양적 확대에 집중하는 것이 정책적으로 적절하다. 그러나 이제 한국도 OECD 회원국으로서 새로운 정책 패러다임을 필요로 하고 있다.

특히 수도권은 한국을 대표하는 지역으로 한국 교통정책의 질적 발전을 선도해야 한다. 앞에서 언급되었듯이 교통정책은 급격한 환경 변화에 직면하고 있다. 4차 산업혁명의 물결은 우리의 일상생활에서 경제활동에까지 영향을 줄 것이며 저출산, 고령화는 한국 사회에 심각한 도전이 되고 있다. 이런 상황에서 수도권은 새로운 관점에서 교통정책의 패러다임을 재정립해야 한다.

무엇보다도 이제 교통정책은 하드웨어 중심에서 소프트웨어 중심으로 변화되어야 할 것이다. 갈수록 인구는 줄고 노인인구는 증가하며 산업여건도 변화되고 있기 때문에 교통정책은 교통인프라 구축 중심에서 서비스 정책 중심으로 전환될 필요가 있다. 사회적 약자인 고령자가 증가하는 상황에서 일반 경제활동인구 중심의 교통수단은 사회 전체의 삶의 질을 저하시킬 수 있다. 또한 소득수준이 높아지고 여가를 즐기는 인구가 많아지고 기술혁신으로 제조업의 디지털화가 진전되고 도심형 산업단지가 구축되는데 교통정책이 장거리 출퇴근 이동의 보장에만 역량을 집중하는 것도 적절하지 않다.

또한 4차 산업혁명에 맞춰 교통인프라에 대한 관점도 변화되어야 할 것이다. 이제까지와 같은 일반적인 도로나 철도가 아니라 ICT가 결합되고 데이터를 확보할 수 있도록 교통인프라에 ICT를 적용해야 한다. 무인 자동차나 무인 기차 등 무인 교통운송수단의 발전을 고려한 교통인프라들도 확충되어야 할 것이다. 또한 기존 교통인프라들의 ICT화를 촉진하고 스마트 교통인프라, 디지털 교통인프라를 구축하여 교통편의를 제고할 필요도 높아지고 있다.

수도권 광역교통 정책의 변화도 필요하다. 교통인프라가 디지털화되면 수도권 광역정책을 둘러싼 지역 간 갈등이 감소될 수 있을 것이다. 서울, 경기도, 인천이 다 같이 '데이터' 기반 교통정책에 합의하고 수도권 내 공동 데이터 인프라의 구축과 활용을 추진하면 합리적인 수도권 광역교통 정책이 가능할 것이다. 행정 중심의 광역교통 정책을 데이터 중심의 광역교통 정책으로 변화시키고 이를 위한 3개 시·도 간 합의와 공동으로 사업을 추진하기 위한 예산 배정이 필요하다.

특히 수도권 광역교통 정책의 초점을 '집에서 직장까지(Door to Job)'라는 출근지원정책에서 다양한 교통수요에 맞춘 '삶의 질(Quality of Life)'을 위한 교통정책으로 전환해야 한다. 어느 국가에서나 교통의 우선순위는 경제활동을 활성화하고 촉진하기 위한 것이기 때문에 출근인구를 신속하게 집에서 직장까지 이동시키는 것은 매우 중요하다. 한국 수도권과 같이 서울로의 이동이 중요한 경우 수도권 출근교통의 원활화는 수도권의 경제활동을 위해 매우 중요한 정책과제다. 그러나 인구구조가 변화되어 이제 고령화 인구의 이동이 많아지고 소득수준이 높아져 주말의 레저나 관광인구도 늘고 있다. 또한 산업구조 변화와 지역경제 발전에 따라 수도권 광역교통 정책의 중요성은 상대적으로 감소될 수 있다. 대중교통인프라가 확충되면 수도권 내 목적 이동의 비중도 달라질 수 있다. 따라서 이제는 다양한 연령대와 상이한 수요에 맞춘 교통정책 패러다임이 필요하며, 특히 여가나 여행 등 삶의 질과 관련되는 교통정책의 확충과 강화가 필요하다.

2) 승용차 분담률 감소

한국은 철도에 비해 버스나 승용차 등 도로교통이 발전해왔다. 2015년 수도권 관련 수단별 분담률은 승용차가 전체 통행의 29.7%, 버스는 23.9%, 지하철·철도는 13.6% 등이다. 특히 시내버스, 광역좌석버스, 마을버스 등의 분담률은 20.7%, 지하철·전철의 분담률은 13.3%로 수도권 대중교통 분담률은 34.0%이다. 수도권 시·도 내 통행의 수단별 비율의 경우에는 승용차가 27.5%를 차지하고 있으며, 버스 23.9%, 지하철·철도 11.8% 등이고, 시·도 간 광역통행의 경우에는 승용차 41.2%, 버스 23.1%, 지하철·철도가 25.3%로 광역통행에서 승용차 의존도가 높다.[10]

도로는 철도보다 적은 비용으로, 그리고 상대적으로 짧은 시간에 구축할 수 있기 때문에 개발 연대의 교통인프라로는 적절하다. 특히 도로를 위한 버스나 승용차는 철도보다 도착지에 대한 접근성도 높아 이용자들에 대한 서비스를 높일 수 있다. 그러나 수도권의 도로교통은 교통혼잡도가 높고 버스의 경우 서비스의 질도 높지 않아 이용객들의 불만은 높은 편이다. 불충분한 대중교통과 질 낮은 대중교통서비스는 승용차의 분담률을 높이는 요인이 되고 있다.

향후 수도권에서는 광역급행철도가 건설되고 KTX 인프라가 확충되면서 철도 확장이 지속될 것으로 보인다. 반면 버스의 경우 철도망이나 지하철망이 건설되면 상대적으로 이용이 줄 수 있다. 특히 광역버스의 경우 수도권 내 연계 철도가 확대되고 4차 산업혁명으로 직주접근이 가능해지고 재택근무도 증가한다면 이용이 많이 감소될 수 있다. 반면 마을버스, 자전거, 도보 등에 대한 수요는 높아질 것이다. 특히 경기도의 경우에는 철도 인프라가 확충되어도 광범위한 행정구역을 모두 포함할 수 없기 때문에 경기도에서 철도는 서울이나 인천과의 연계를 강화하는 역할을 담당하게 될 것이다. 따라서 철도나 지하철역을 중심으로 경기도 내 지역 간 연계를 확대할 수 있는 교통수단의 확보가 중요하다.

---

10) 수도권교통본부·서울시·인천시·경기도, 「2016년 수도권여객 기·종점통행량(O/D) 현행화 공동사업」(2017), 312쪽.

이런 관점에서 버스정책의 경우 광역버스 중심에서 벗어나 철도역이나 지하철역에서 거주지까지 연결하는(From Station to Door) 마을버스나 단거리 운행버스를 확대하고 자전거 이용도를 높이는 정책이 필요한 것으로 보인다. 특히 광역버스뿐만 아니라 마을버스나 단거리 운행버스의 서비스의 양과 질을 높여 이용자의 만족도를 높이는 것이 승용차의 분담률을 낮추는 방안이 될 수 있다.

또한 건강을 위해 보행인구가 갈수록 증가하고 있고 고령자도 급증하고 있기 때문에 보행자 편의를 중심으로 보도를 스마트하게 만들고 치안을 강화하는 것이 필요하다. 특히 제조업 혁신에 따라 도심형 산업단지나 스마트 팩토리가 발전되면 출퇴근을 위한 보행인구도 증가할 수 있기 때문에 보행인구를 위한 보도통행의 편의성을 높이는 것은 중요한 정책과제이다. 특히 보도를 스마트화해서 보행인구의 통행을 데이터화하는 것은 합리적인 지역정책을 위해 중요하다.

한편 수도권에서 승용차 분담률이 높은 것은 교통인프라의 부족과 함께 한국적 문화를 반영하는 측면도 강하다. 선진국이 될수록 출퇴근은 대중교통으로 이뤄지고 승용차는 주로 여가나 레저용으로 많이 소유된다. 사실 높은 승용차 분담률은 수도권 교통혼잡의 주요한 요인이 되고 있다. 그러나 승용차 분담률을 낮추기 위해 교통혼잡세나 강제적인 운휴일을 시행하기보다는 대중교통의 양적 확충과 질적 서비스의 개선을 통해 대중교통에 대한 수요를 유도하여 출퇴근 시 승용차 분담률을 하락시키는 것이 적절한 정책방향이다.

3) 대중교통요금체제의 개혁

저출산, 고령화는 교통수요뿐만 아니라 교통인프라의 공급에도 영향을 미친다. 저출산, 고령화가 재정지출 구조의 변화를 초래하여 교통을 위한 지출을 확대하기가 쉽지 않기 때문이다. 저출산, 고령화가 심화될수록 정부는 저출산, 고령화 관련 사업을 추진하기 위해 재정지출구조를 조정해야 한다. 특히 지방자치단체의 경우 사회복지지출은 국고보조사업의 비중이 큰 의무 지출이기 때문에 조정할 수 있는 여지가 작아 지방재정의 건전성을 위해서는 결국 다른 분야의 지출을 축소해야 한다. 더욱이 고령화는 부동산 관련 지방세 수입을 감축시킬 수 있기 때문에 인구구조의 변화에 따라 세원은 줄어드는데 지출은 늘어나서 지방재정의 건전성은 급격하게 악화될 수 있다.

따라서 대중교통에 대한 재정 지원은 한계가 있기 때문에 무엇보다도 대중교통요금의 적절한 현실화가 필요하다. 공공요금이라는 명분으로 낮은 요금을 유지하는 것은 서비스의 질을 떨어뜨리고 대중교통에 대한 수요를 감소시켜 결국 대중교통적자의 악순환을 초래할 수 있다. 대중교통회사의 적자를 보충하기 위한 대중교통회사에 대한 재정 지원은 사실 사용자가 요금으로 지불해야 할 돈을 세금으로 지불하는 것이기 때문에 결국 사용자의 입장에서는 결과적으로 교통에 대해 요금뿐만 아니라 세금을 통한 지출을 하고 있는 것이다. 더욱이 이런 재정 지원을 통해 대중교통 운수사업자는 일정한 수익을 보장받는 반면 운수근로자의 근로여건은 개선되지 않고 서비스의 질도 높아지지 않고 있다. 따라서 대중교통요금의 억제보다는 물가상승을 반영하고 대중교통을 공급하는 비용을 충당할 수 있도록 요금을 현실화하는 것이 더 적절하다. 이를 위해서는 대중교통회사들의 회계도 투명하게 공개되어야 하며 요금 인상에 따라 운전기사들의 근로여건을 개선하고 교통서비스의 질을 높여야 한다.

한편 수도권 광역버스의 지속가능성 확보를 위한 요금체계의 개선이 필요하다. 현재 수도권 대중교통요금은 불합리한 요금체계를 가지고 있다. 광역버스의 경우 단독 통행은 균일 요금이지만 환승은 거리비례제를 적용받고 있다. 반면에 경기도 장거리 일 버스와 수도권 전철은 단독 통행 시 거리비례제를 적용받아 요금체계가 형평성에 부합하지 않는다. 또한 대중교통서비스의 질은 광역버스 > 좌석버스 > 전철·지하철 > 시내버스 > 마을버스 순으로 평가받지만, 교통수단별 요율(km당 요금)은 전철·지하철 > 시내버스 > 마을버스 > 좌석버스 > 광역버스의 순으로 서비스의 질에 반비례하고 있다. 따라서 대중교통요금체계의 형평성을 제고하기 위해 광역버스의 기본 거리를 단축하거나 광역버스 단독 통행에 대한 거리비례제 요금의 적용을 고려해볼 수 있다. 또한 서비스의 질과 비례한 교통수단별 요율을 책정하는 개선도 필요하다.

다른 한편 현행 수도권 대중교통 수입금의 배분원칙을 개선할 필요가 있다. 현재의 수입금 배분원칙은 제공되는 서비스의 양에 무관하기 때문에 수입금 배분에서 광역버스는 상대적으로 불리하다. 따라서 수입금 배분원칙을 혼합형(예: 기본 요금 50%, 거리비례 50%)으로 변경하는 것도 고려해볼 수 있다.

수도권 대중교통 통합요금제의 개선도 필요하다. 통합요금제는 수도권 주민들의 통행비용 절감효과를 가져왔지만 이에 따른 손실보전을 위한 경기도의 재정 부담이 지속적으로 증가되고 있어 통합요금제의 지속가능성에 대한 회의가 커지고 있다. 따라서 김채만(2016)은 수도권 대중교통 통합요금제가 지속가능한 정책이 되기 위한 장기적인 개선방안으로 손실보전

제도의 폐지를 제안한다. 대중교통요금 인상에 따른 전철기관 수입금 증가분을 손실금에서 차감하는 것이 경기도 예산을 가장 많이 절감하고 요금 인상에 따라 점진적으로 손실보전금을 감소시켜나가기 때문에 이해 당사자의 반감이 가장 적을 것으로 평가된다.

4. 정책적 시사점: 개발 연대에서 선진국형으로의 패러다임 전환

교통정책을 둘러싼 여건이 변화되고 있지만 환경 변화에 맞추어 정책을 변화시키는 것은 쉽지 않은 과제이다. 특히 교통은 다른 어떤 정책보다도 지역민들의 체감도가 높기 때문에 정책당국이 기조를 바꾸기란 어렵다. 또한 교통은 다른 분야에 비해 인프라 건설에 시간을 필요로 하며 비용도 매우 크다.

그러나 교통정책도 시대적 변화를 반영해야 하기 때문에 교통정책의 방향을 재정립하는 것은 시급하다. 4차 산업혁명의 발전은 ICT에 기반을 두고 교통서비스의 질을 혁명적으로 높이고 자율주행자동차의 탄생까지 예고하고 있다. 정보시스템과 자동차 간 연결성은 대중교통을 편리하게 만들고 이동시스템을 효율적으로 만들어 교통이 도시를 스마트하게 만드는 데 일조할 것이다. 또한 저출산, 고령화로 인한 인구구조의 변화는 교통수요의 구조를 변화시키고 교통의 공급 측면에서는 교통수단의 질적 변화를 필요로 하고 있다. 고령인구의 이동권 보장을 위한 저상버스 확대나 버스좌석 개선 등 대중교통수단이 고령인구의 수요에 맞춰 변화되어야 한다. 제조업의 디지털화는 서울과 경기도 간의 교통이동 변화를 초래할 수도 있다. 경기도와 인천의 지역경제가 발전되고 직주근접이 강화되면 수도권 광역교통 정책의 중요성은 점진적으로 감소될 수 있다.

이런 전망에 기초했을 때 먼저 교통정책의 패러다임이 개발 연대에서 선진국형으로 전환되어야 한다. 이는 하드웨어 중심에서 소프트웨어 중심으로의 변화를 의미하며, 교통인프라에 ICT가 결합되고 데이터를 확보할 수 있도록 인프라들을 ICT화해야 한다. 무인 자동차나 무인 기차 등 무인 교통 운송수단의 발전을 고려한 교통인프라들도 확충되어야 한다. 행정 중심의 수도권 광역교통 정책을 데이터 중심의 광역교통 정책으로 변화시키고 이를 위한 3개 시·도 간 합의와 공동의 사업 추진도 필요하다. 수도권 광역교통 정책의 목표를 '집에서 직장까지'라는 출근지원정책에서 다양한 교통수요에 맞춘 '삶의 질'을 위한 정책으로 전환시키는 것도 필요하다.

교통수단 분담률의 조정도 필요하다. 철도나 지하철역을 중심으로 경기도 내 지역 간 연계를 확대할 수 있도록 광역버스 중심에서 벗어나 철도역이나 지하철역에서 거주지까지 연결하는 마을버스나 단거리 운행버스를 확대하고 자전거 이용도를 높이는 정책이 필요하다. 보행자 편의를 중심으로 보도를 스마트하게 만들고 치안을 강화해야 하며 대중교통의 양적 확충과 질적 서비스 개선을 통해 출퇴근 승용차 분담률을 낮추는 것도 중요하다.

대중교통 지원정책의 개혁도 필요할 것으로 예측된다. 대중교통요금을 현실화해 운전기사들의 근로여건을 개선하고 교통서비스의 질을 높여야 한다. 수도권 광역버스의 지속가능성 확보를 위한 요금체계를 개선하고 서비스의 질과 비례한 교통수단별 요율을 책정하는 것도 필요하다. 또한 수도권 대중교통 수입금의 배분원칙을 개선하고 수도권 대중교통 통합요금제의 지속가능성을 확보하기 위해 손실보전제도도 개혁해야 한다.

제8장

기술 발달로 편리하고 안전해지는 교통

/조응래

1. 교통사고 현황과 특성

1) 수도권 교통사고 현황

2014년 미래창조과학부에서는 과학기술 발전과 미래사회 변화에 대한 의식 조사를 실시했는데 미래사회의 가장 우선시되는 가치로 안전한 생활환경을 꼽은 사람이 26.5%로 가장 많았다고 한다. 그다음으로 여가시간(20.4%), 건강(20.3%), 소득(14.9%), 가족(11.3%) 순으로 중요하게 생각하고 있는 것으로 파악되었다. 경기도의 재난 사망자는 2012년에 1253명인데 이 중 교통사고로 인한 사망자가 81.5%를 차지했다. 화재로 인한 사망이 4.9%, 수난사고가 4.2%, 등산사고가 2.5%를 차지했다. 교통사고 사망자와 부상자를 줄여서 안전하고 편리한 교통환경을 만드는 것이 무엇보다도 중요함을 알 수 있다.

전국 교통사고 사망자 수는 2011년 5229명에서 2015년에는 4621명으로 감소했으며 2014년에 처음으로 5000명 미만으로 줄어들었다. 수도권 교통사고 사망자 수도 서울시는 2011년 435명에서 2015년에는 376명으로 연평균 3.6% 감소했으며, 경기도는 2011년 990명에서 2015년에는 880명으로

표 2.8.1／교통사고 사망자 추이

(단위: 명)

구분		2011년	2012년	2013년	2014년	2015년	연평균 증가율(%)
전국		5,229	5,392	5,092	4,762	4,621	-3.04
수도권		1,588	1,664	1,481	1,459	1,392	-3.24
	서울	435	424	378	400	376	-3.58
	경기	990	1,039	946	910	880	-2.90
	인천	163	201	157	149	136	-4.43

자료: TASS 교통사고분석시스템 웹사이트(http://taas.koroad.or.kr).

2.9% 감소했다. 인천시는 2011년 163명에서 2015년에는 136명으로 4.4% 줄었다. 그러나 한국 자동차 1만 대당 교통사고 사망자 수는 2012년 기준 2.4명으로 OECD 평균인 1.0명보다 2.4배 많다.

보행 중 교통사고 사망자는 전체 교통사고 사망자의 39%를 차지하고 있는데 인구 10만 명당 보행 중 사망자 수는 4.1명으로 OECD 평균인 1.4명에 비해 3배나 많다. 횡단보도가 아파트 출입구와 떨어져 설치되어 있는 곳 등에서는 무단횡단이 빈번하게 일어나고 있는데 중앙 분리대와 보행자 방호 울타리를 설치하는 등 지속적인 교통시설 개선과 교통안전 교육·홍보를 통해 교통사고 사망자를 OECD 평균 수준으로 낮출 필요가 있다.

월별 교통사고 통계자료에 따르면 1년 중 10월에 교통사고가 많이 발생하고 있다. 2015년의 경우 10월 교통사고가 2만 1587건으로 월평균 1만 9336건보다 11.6% 많다. 봄, 가을 행락차량이 많은 계절에 교통사고가 많은 것으로 나타나고 있지만 졸음운전은 교통사고의 또 다른 원인이다. 한국도로공사는 운전자가 졸음운전에 대한 경각심을 갖도록 2015년에 고속도로 주변 2700여 곳에 졸음운전 경고문구를 설치하는 등 교통사고 줄이기 캠페인을 추진했다. '졸음운전! 마지막 운전일 수 있습니다', '졸음운전! 자살운전! 살인운전!', '졸음운전! 종착지는 이 세상이 아닙니다' 등 듣기에도 섬뜩한 문구로 운전자의 주의를 환기시켰다. 일부에서는 경고문구가 너무 자극적이어서 불쾌하다는 의견도 있지만 운전자들에게 경각심을 높이는 효과는 충분했다. 사고 줄이기 캠페인도 중요하지만 졸음운전을 예방하기 위한 졸음쉼터를 도로변에 많이 만들어서 안심하고 쉴 수 있는 공간을 제공하고 사고 예방을 위한 시스템을 갖추는 것이 무엇보다도 중요하다.

2) 교통약자 교통사고 현황

(1) 교통사고 사망자의 39%를 차지하는 보행자 교통사고

2015년 모 방송국에서는 보행자 안전을 우선으로 하는 교통문화를 만들자는 취지에서 '차보다 사람이 먼저다'라는 연속 보도를 실시했다. 보도에 따르면 2015년 교통사고 사망자 4621명 중 보행 사망자는 1795명으로 38.8%를 차지했다. 보행 사망자 중 횡단 도중 사망한 사람은 954명으로 53.1%를 차지했다. 전국 교통사고 중 보행 사망자는 2011년에 2044명에서 2015년에는 1795명으로 연평균 3.2% 감소했으며 수도권 교통사고 중 보행 사망자 수는 2011년 735명에서 2015년에는 635명으로 3.6% 감소했다. 서울시의 경우 2011년 249명에서 2015년에는 213명으로 연평균 3.8% 감소했으며, 경기도는 2011년 410명에서 2015년에는 356명으로 3.5% 감소했다. 인천시도 2011년 76명에서 2015년 66명으로 3.5% 감소했다.

그동안 한국의 교통정책이 차량소통 위주로 이뤄지다 보니 도로에 횡단보도 설치도 제한하고, 횡단보도의 신호 주기도 짧아서 노약자들이 제때 건너기 어려운 경우가 많다. 「도로교통법 시행규칙」에 따르면 횡단보도는 육교·지하도 및 다른 횡단보도로부터 200m 이내에는 설치하지 못하도록 되어 있다. 다만 어린이, 노인, 장애인 보호구역으로 지정된 구간인 경우 또는 보행자 안전이나 통행을 위해 특히 필요하다고 인정되는 경우에는 설치할 수 있다. 보행자 통행이 많아 횡단보도 설치가 필요한데도 설치되지 않아 무단횡단이 빈번히 이뤄지는 사례들이 있다. 이런 불합리한 곳은 경찰과 시·군에서 실태를 파악해 개선할 필요가 있다. 최근 경찰청에서는 불합리한 위치에 설치된 횡단보도, 불법을 부추기는 도로 사정으로 인해 무단횡단이 많은 곳에 대해 횡단보도를 설치하는 방안을 제시했다. 교통흐름보다는 보행자 안전을 우선으로 하는 정책 추진이 적극 도입될 필요가 있다.

「도로교통법」 제27조에 따르면 모든 차의 운전자는 보행자가 횡단보도를 통행하고 있을 때는 보행자의 횡단을 방해하거나 위험을 주지 않도록 횡단보도 앞에서 일시 정지하도록 되어 있다. 차보다 사람이 먼저라는 인식만 갖게 되면 차가 많이 다니지 않는 아파트 입구에서 신호등을 운영하여 차도 사람도 불필요하게 대기하는 일이 없어질 수 있다.

이와 마찬가지로 운전자의 불법을 조장하는 것이 교통량이 많지 않은 곳에 설치된 신호등이다. 차량이 많은 곳은 교통안전을 위해 교통량에 맞춰 신호등을 운영하고 있기 때문에 신호를 지켜야 하겠지만 차량이 많지 않은 곳에서는 불필요하게 신호를 기다려야 하는 경우가 있다. 이런 문제는 기존 교차로 중앙에 원형 교통섬을 만들어서 차량이 돌아가도록 회전교차로를 설치하는 것이 해결방안이다. 회전교차로는 신호가 바뀌도록 기다릴 필요가 없기 때문에 교차로 지체도 줄여주고 통행속도도 빠르게 해준다. 또한 맞은편 차량과 정면충돌할 우려도 없다. 운전자들이 회전교차로의 통행방법에 익숙하지 않은 문제가 있지만 홍보와 교육을 통해 개선하면 교통량이 많지 않은 지역에서는 회전교차로 운영방식이 효율적이다. 앞으로 회전교차로나 신호등이 운영되지 않는 횡단보도를 적극 운영하여 보행자들이 편리하게 통행할 수 있는 여건을 만드는 것이 중요하다. 차량보다는 보행자가 우선인 교통문화가 확산되어서 사람과 차가 안전하게 공존하는 사회가 될 필요가 있다.

(2) 증가하는 노인 교통사고

2015년 교통사고 사망자 4621명 중 노인 사망자는 1814명으로 39.3%를 차지했다. 수도권 교통사고 중 노인 사망자는 서울시의 경우 2011년 123명에서 2015년에는 139명으로 연평균 3.1% 증가했다. 경기도는 2011년 239명에서 2015년에는 271명으로 3.2% 증가했다. 인천시는 2011년 47명이었는데 2015년에도 47명으로 동일했다. 교통사고 사망자와 보행 사망자는 2011~2015년 동안 수도권에서 3.2%, 3.6% 감소한 반면 노인 사망자는 2.8%가 증가하여 노인 교통안전 대책이 시급하다.

2015년 노인 교통사고 사망자의 유형별 구성비를 살펴보면 차대사람 사고에 의한 사망자가 897명으로 전체 노인 사망자 1814명의 49.4%를 차지했다. 이 중 횡단 중 사망자는 507명으로 27.9%를 차지했다. 차대차 사망자는 694명으로 38.3%를 차지했으며, 차량 단독에 의한 사망자는 223명으로 12.3%를 차지했다.

서울시의 노인 교통사고 사망자의 유형별 구성비를 살펴보면 차대사람 사고에 의한 사망자가 101명으로 전체 노인 사망자 139명의 72.7%를 차지했다. 이 중 횡단 중 사망자는 60명으로 43.2%를 차지했다. 차대차 사망자는 31명으로 22.3%를 차지했으며, 차량 단독에 의한 사망자는 7명으로 5.0%를 차지했다. 경기도는 차대사람 사고에 의한 사망자가 145명으로 전체 노인 사망자 271명의 53.5%를 차지했으며, 이 중 횡단 중 사망자는 84명으로 31.0%를 차지했다. 차대차 사망자는 103명으로 38.0%를 차지했으며, 차량 단독에 의한 사망자는 23명으로 8.5%를 차지했다. 인천시는 차대사

표 2.8.2／노인 교통사고의 사고유형별 사망자(2015년 기준)

(단위: 명)

구분		합계	차대사람						차대차	차량 단독
			소계	횡단 중	차도 통행 중	길 가장자리구역 통행 중	보도 통행 중	기타		
전국		1,814	897	507	95	73	26	196	694	223
수도권		457	279	163	30	17	5	64	145	33
	서울	139	101	60	11	7	2	21	31	7
	경기	271	145	84	13	9	2	37	103	23
	인천	47	33	19	6	1	1	6	11	3

자료: TASS 교통사고분석시스템 웹사이트.

람 사고에 의한 사망자가 33명으로 전체 노인 사망자는 47명의 70.2%를 차지했으며, 이 중 횡단 중 사망자는 19명으로 40.4%를 차지했다. 차대차 사망자는 11명으로 23.4%를 차지했으며, 차량 단독에 의한 사망자는 3명으로 6.4%를 차지했다. 도시지역인 서울시, 인천시와 도시지역과 농촌지역이 혼합되어 있는 경기도의 노인교통사고 특성에서 차이가 있음을 고려하여 교통정책이 추진되는 것이 바람직하다.

(3) 횡단 중 사고가 많은 어린이 교통사고

2015년 교통사고 사망자 4621명 중 어린이 사망자는 65명으로 1.4%를 차지했다. 수도권 교통사고 중 어린이 사망자는 서울시의 경우 2015년에 6명으로 2011년 4명에 비해 연평균 10.7% 증가했다. 경기도는 2015년에 13명으로 2011년 19명에 비해 9.1% 감소했다. 인천시는 2011년에는 0명이었는데 2015년에는 1명으로 늘었다. 어린이 교통사고 사망자는 전체 교통사고 사망자에서 차지하는 비율이 작아서 추세를 파악하기에는 어려움이 있다.

2015년 어린이 교통사고 사망자의 유형별 구성비를 살펴보면 차대사람 사고에 의한 사망자가 42명으로 전체 어린이 사망자 65명의 64.6%를 차지했다. 이 중 횡단 중 사망자는 19명으로 29.2%를 차지했다. 차대차 사망자는 18명으로 27.7%를 차지했으며, 차량 단독에 의한 사망자는 5명으로 7.7%를 차지했다.

서울시의 어린이 교통사고 사망자의 유형별 구성비를 살펴보면 차대사람 사고에 의한 사망자가 5명으로 전체 어린이 사망자 6명의 83.3%를 차지했으며 차대차 사망자는 1명으로 16.7%를 차지했다. 경기도는 차대사람 사고에 의한 사망자가 10명으로 전체 어린이 사망자 13명의 76.9%를 차지했으며, 차대차 사망자는 3명으로 23.1%를 차지했다. 인천시는 차대사람 사고에 의한 사망자가 1명으로 유일했다.

도로교통공단이 가정의 달 5월을 맞아 지난 10년간 교통사고 빅데이터를 분석한 결과에 따르면 어린이 교통사고는 가족단위 야외활동이 많은 5월, 특히 5월 5일에 가장 많이 발생했다. 어린이 사망자 사고는 오후 4~6시 사이에 22%로 가장 많았으며 그중에서도 보행 중 사고를 당해 사망한 어린이가 66%를 차지했다. 자동차 운행특성에 익숙하지 않은 초등학교 저학년이 고학년에 비해 사망자가 많아 유치원생 및 초등학교 저학년 보행안전교육에 유의할 필요가 있다.

이 같은 결과는 경기연구원이 발표한 2013년 경기도 아파트 단지 내 어린이 교통사고 내용과도 유사하다. 1년 중 5월에서 7월 사이에 사고가 가장 많이 발생했으며, 시간대는 오후 2~6시 사이가 많았다. 단지 내 어린이 교통사고의 대부분은 횡단 시 발생했는데, 사고 원인으로는 운전자의 전방주시 태만이 69%를 차지했다.[1] 아파트 단지뿐만 아니라 어린이 보호구역, 동네 골목길에서는 언제든지 아이들이 뛰어나올 수 있다는 전제하에 조심운

1) 빈미영, 「경기도 어린이 등·하교길 교통안전 증진방안」(경기연구원, 2015).

전을 생활화할 필요가 있다.

어린이 교통사고가 발생하는 원인은 다양한데 기본적으로 어린이는 신체적·정서적으로 발달 단계이기 때문에 자동차로부터 스스로를 지키기 위해 어떻게 행동해야 하는지 제대로 인식하지 못하고 있기 때문이다. 법규별 위반 건수를 보면 어린이 교통사고는 운전자의 안전운전 불이행으로 인한 사고가 가장 많다. 또한 안전을 위해 설치한 시설들이 제대로 유지관리가 되지 않기 때문에 제 기능을 하지 못하는 경우도 있으며, 어린이가 승용차 또는 자전거를 탑승하는 경우 안전장비를 착용하지 않아 사고에 노출되는 경우도 있다. 이와 같은 문제점을 개선하기 위해서는 어린이 눈높이에 맞춘 교통안전 교육과 홍보가 필요하다.

2. 교통 관련 기술의 발전

세계 각국은 교통을 안전하고 편리하게 이용할 수 있도록 하고, 친환경적인 에너지 이용을 확대하여 지속가능한 발전이 이뤄질 수 있도록 많은 기술 개발이 이뤄지고 있다. 그중에서도 자율주행차량의 개발, 친환경자동차 개발 등으로 대표되는 기술의 발전은 교통안전을 개선시키고 교통 이용을 편리하게 하여 향후 고령화 사회에서 도시의 교통환경을 크게 바꿀 것으로 생각된다.

1) 자율주행차량 개발

2016년 1월 미국 라스베이거스에서 열린 소비자 전자제품 전시회(CES)

에서는 다양한 종류의 자동차 관련 전자제품들과 자율주행자동차가 출품되어 많은 관심을 받았다. 자동차는 더 이상 화석연료와 엔진으로 움직이는 기계가 아니라 정보통신기술과 융합된 전자제품이라는 것을 알려준 전시회였다. 자율주행자동차가 현실화되면 자동차 안에서 이동하면서 볼일을 볼 수 있게 된다. 그런 경우 그동안 자동차를 운전하면서 개인 업무를 볼 수 없었던 환경에서 벗어날 수 있기 때문에 자동차를 소유하고자 하는 욕구가 증가할 수도 있다. 혼잡한 대중교통을 이용하기보다는 차가 막히더라도 차 안 자신만의 공간에서 업무를 볼 수 있다는 것은 지금과 또 다른 교통환경이 제공되는 것이다. 자율주행차량이 활성화되면 혜택을 볼 수 있는 또 다른 대상은 노인들이다. 나이가 들어서 운전이 어려운 노인들은 자율주행자동차가 상용화되면 이동의 자유를 얻게 된다.

2016년에 개최된 다보스포럼의 주제는 '4차 산업혁명의 이해(Mastering the Fourth Industrial Revolution)'였다. 1차 산업혁명은 증기기관을 이용한 기계 산업화가 이뤄진 시기로 교통체계가 마차에서 증기기관차로 변화되었

표 2.8.3 / 산업혁명의 주요 내용과 교통체계 변화

구분	주요 내용	교통체계 변화
1차 산업혁명 (1780년대)	•기계 산업화 •증기·수력, 시스템, 부품 조립	•마차에서 증기기관차로 변화
2차 산업혁명 (1870년대)	•대량생산체계 •전기, 노동의 분업화, 작업공정 관리	•철도 및 선박을 이용한 대량 수송 •내연기관 자동차 생산 및 보급 확산 •도로체계 구축
3차 산업혁명 (1970년대)	•자동화 생산체계 •전자, 정보통신, 자동공정, 인간공학	•교통수단·교통시설에서 교통운영 중심 •자동차의 전장화: 텔레매틱스, 스마트카 •도로의 지능화: 지능형교통체계(ITS)
4차 산업혁명 (2020년대)	•사이버물리시스템 •인공지능, 사물인터넷, 3D 프린팅, 바이오테크, 무인 이동체 등	•자율주행차, 스마트 도로 •공유 기반 교통수단 및 교통시설 •차량 소유에서 공유, Online to Offline •클라우드 기반 교통수요관리, 도로운영 제어, 모빌리티 통합 서비스

자료: 문영준, 「자율주행차와 도로의 융합: 4차 교통산업혁명 견인」(한국교통연구원, 2016).

다. 2차 산업혁명은 전기의 발달로 대량생산체계가 이뤄진 시기로 철도 및 선박을 이용한 대량 수송이 가능해지고 내연기관 자동차의 보급 확산으로 도로체계가 구축된 시기이다.

3차 산업혁명을 통해 자동화 생산체계가 갖춰졌으며, 교통수단 및 교통시설 공급 중심에서 교통운영 중심으로 전환되고 자동차의 전장화와 도로의 지능화가 진행되었다. 4차 산업혁명은 인공지능, 사물인터넷 등이 융합되는 사이버 물리체계로서 교통체계에서는 자율주행자동차와 스마트도로가 핵심 기능을 수행할 것으로 예상된다. 이와 함께 공유 기반의 교통수단과 교통시설이 확산되어 차량이 소유 형태에서 공유 형태로 변화될 것으로 예상된다.

2) 친환경자동차 개발

2016년 11월 4일 신기후체제 파리협정 공식 발효로 국가별 온실가스 감축 의무이행 시행에 따라 앞으로 자동차 분야에 대한 국제 환경규제는 더욱 강화될 것으로 예측된다. 이에 따라 자동차 시장에서는 친환경자동차에 대한 관심이 매우 많다. 친환경자동차는 하이브리드차, 전기차, 수소연료전지차 등 기존 내연기관차보다 대기오염물질이나 CO_2 배출이 적고 연비가 우수한 자동차를 의미한다.[2] 하이브리드차(HEV: Hybrid Electric Vehicle)는 내연기관(엔진)과 전기모터, 두 종류의 동력을 조합·구동하여 기존 내연기관보다 고연비, 고효율을 실현한 자동차를 의미한다. 전기차(EV: Electric Vehicle)는 고전압 배터리로부터 전기에너지를 전기모터로 공급하여 차량에 구

2) 환경부 보도자료, "올해 전기차 8,000대 예산지원", 2016.1.28.

표 2.8.4／친환경자동차 확대계획(~2020년)

구분		현재	2020년 기존 목표	2020년 확대계획
친환경차	합계	총 17.4만 대 (신차 판매 중 2.6%)	총 108만 대 (신차 판매 중 20%)	총 150만 대 (신차 판매 중 30%)
	전기차	0.6만 대	20만 대	25만 대
	수소차	0.01만 대	0.9만 대	1만 대
	하이브리드차	16.8만 대	87만 대	124만 대

자료: 정부합동 보도자료, "미세먼지 관리 특별대책 확정·발표", 2016.6.3.

동력을 발생시킴으로써 화석연료를 전혀 사용하지 않는 무공해자동차를 의미한다.

수도권의 경우 미세먼지의 악화로 생활 불편이 야기되고 있는데 미세먼지 배출원으로 경유차가 29%를 차지하고 있으며, 건설기계가 22%, 냉난방이 12%, 발전소가 11%를 차지하고 있는 것으로 파악되었다.[3] 이런 미세먼지 저감을 위해 정부는 2016년 6월에 친환경자동차 보급 확대, 경유차 배기가스 관리 강화, 경유버스 단계적 대체 등을 주요 내용으로 하는 미세먼지 관리 특별대책을 발표했다.

친환경자동차는 내연기관 자동차보다 온실가스를 덜 배출하는 것으로 알려져 있다. 자동차별 온실가스 배출량을 살펴보면 전기차는 1km 가는데 94g, 하이브리드차는 141g, 경유차는 189g, 가솔린차는 192g의 온실가스를 배출하는 것으로 파악되고 있다.[4]

정부는 2020년까지 친환경자동차를 150만 대 보급하여 친환경자동차 시장 점유율을 30%까지 높이고, 온실가스를 580만 톤 감축할 뿐만 아니라 친

3) 강철구, 「친환경자동차 확대, 허와 실」, ≪이슈&진단≫ 255호(2016), 경기연구원.

4) 송한호, 「자동차 온실가스 배출량 전과정평가(LCA) 조사결과」(2015).

환경차를 80만 대 수출하여 15조 원 규모의 내수시장을 활성화한다는 계획이다. 향후 경쟁력 있는 친환경차를 개발하고 저비용, 고효율의 인프라를 구축하여 친환경차 활용을 위한 사회기반 조성에 중점을 둘 필요가 있다.

3) 공유경제의 활성화

공유경제(Sharing Economy)란 한번 생산된 제품을 여럿이 공유해 쓰는 협력적 소비의 경제로 대량 생산과 대량 소비의 자본주의 경제와 대비되어 사용된다.[5] 협력적 소비가 최근에 증가하게 된 배경에는 2008년 글로벌 금융위기 이후에 경제 침체로 인해 개인의 수입이 줄고 일자리가 감소함에 따라 경제적 소비를 하고자 하는 사람들이 늘었기 때문이다. 이와 함께 인터넷과 스마트폰 등 정보통신 인프라의 발달로 실시간으로 필요한 정보를 얻을 수 있는 환경도 공유경제 서비스가 확산되는 데 일조했다.

공유경제 서비스는 P2P(Peer to Peer)와 B2C(Business to Consumer) 두 가지 형태로 구분된다. P2P는 개인과 개인 간의 거래를 의미하는데, 집, 옷, 공간, 승용차를 빌려주는 서비스 등 개인이 소유한 물건을 다른 사람이 이용할 수 있게 연결해주는 중계 서비스이다. B2C는 기업이 소유한 제품을 개인에게 빌려주는 비즈니스 모델로서 카셰어링 서비스를 포함한 렌털 서비스이다.[6] 세계 공유경제시장은 2013년 기준 51억 달러 수준으로 북미가 60%, 유럽이 35%를 차지하고 있는데 매년 80% 이상 폭발적으로 성장하고

---

5) 김점산 외, 「공유경제의 미래와 성공조건」, ≪이슈&진단≫ 134호(2014), 경기개발연구원.

6) 박준식, 「공유교통서비스의 효과적 활용을 위한 법제도 개선방향」, ≪교통≫ 211호(2015), 한국교통연구원.

있다.

교통부문에서 가장 대표적인 공유경제 서비스는 자동차 1대를 여러 명이 필요할 때 나눠 쓰는 카셰어링이다. 미국에서는 집카 등 대도시 거주자들을 대상으로 이용자가 원하는 시간과 장소에서 승용차를 빌려주는 서비스를 제공하고 있다. 우리가 살고 있는 대부분의 동네는 길에 세워져 있는 많은 차들로 사람들이 걸어 다니기가 불편한 상황이다. 다가구, 다세대 주택의 경우 주차공간에 비해 거주자 보유 차량이 많아 불법주차 차량이 골목길을 점령하고 있다.

노인들의 경우 한 달에 몇 번 이용하지도 않는 차를 매일같이 주차장에 세워놓고 매년 자동차세와 보험료를 내고 있다. 필요한 때만 편리하게 차량을 이용할 수 있다면 굳이 승용차를 소유하면서 차량 관리와 정비에 신경 쓰지 않아도 된다. 특히 고령화로 운전이 불편한 노인들은 자율주행 공유차량을 이용하면 안전하게 목적지까지 이동이 가능하다. 카셰어링이라는 새로운 서비스가 잘 운영된다면 승용차 보유를 기반으로 수립되었던 기존의 주차장 계획은 바뀌어야 할 것이다. 아파트 주차장을 과도하게 확보하지 않아도 되며, 복잡한 단독주택 지역에서도 주차공간으로 이용되는 골목길을 거주민을 위한 공간으로 되찾을 수 있게 된다.

업무를 위해 타 도시로 갈 경우에도 철도를 이용하여 역 앞에 있는 카셰어링 차고지에서 차를 빌려 이용한 후, 철도를 타고 돌아오는 형태의 통행이 빈번해질 것이다. 이를 위해서는 카셰어링 차고지가 철도, 버스 환승정류장 등 대중교통시설 및 주요 통행유발시설과 연계 설치되는 것이 바람직하다. 카셰어링이 성공하기 위해서는 공공시설을 내 것처럼 이용하는 시민정신도 필요하다. 필요한 지점에서 자전거를 빌려서 이용하는 공공임대자전거 사업도 취지는 좋았지만 이용자들이 공공자전거를 함부로 다루어 빨리 파손되는 현상이 발생했다. 자전거에 비해 고가인 카셰어링은 차량 이용 시 상태 확인이 필요하므로 현장에 관리자를 두고 운영하면 새로운 일자리도 창출 가능하다. 향후에 친환경 전기차를 운영하면 도시 내 대기오염도 줄일 수 있으므로 공유교통정책을 적극 추진할 필요가 있다.

3. 기술 발달과 교통체계의 변화

1) 자율주행자동차 도입을 통한 교통안전 도모

자동차 교통사고는 대부분 전방주시 태만, 졸음운전으로 인해 발생한다. 전국 교통사고 발생 건수를 살펴보면 주간에 54.7%, 야간에 45.3%가 발생하지만 사망자 수는 주간이 48.6%, 야간이 51.4%로 야간이 더 많다. 부상자 수는 교통사고 발생 건수와 비슷하게 주간이 54.5%, 야간이 45.5%인데 주간 교통사고로 인한 부상자가 야간에 비해 9.0% 더 많다.

최근 고속도로 상에서 고속버스, 관광버스의 급차선 변경으로 인한 차량 전복 및 광역버스의 졸음운전으로 인한 추돌사고가 잇따르고 있다. 고속도로와 같이 빠른 속도로 달리는 도로에서는 충분한 여유 간격을 갖고 차로 변경이 이뤄져야 하는데 급차선 변경을 하다 보니 차량이 중심을 잃고 사고가 일어나는 것이다. 특히 터널의 경우 밝은 햇빛 아래서 운전하다가 터널로 들어가게 되면 사물이 잘 보이지 않는 블랙홀 현상이 발생하고, 어두운 터널에서 운전하다가 밝은 곳으로 나오면 눈이 부시는 화이트홀 현상이 발생하여 운전에 방해를 받는다. 「도로교통법」 제22조에서는 터널 안과 다리 위에서 앞지르기를 금지하고 있으며, 이에 따라 차선을 흰색 실선으로 처리하고 있다. 터널 안에서 차로 변경을 금지하고 있음에도 불구하고 많은 차량들이 이를 지키지 않아 교통안전이 위협받고 있다.

국토교통부 자료[7]에 따르면 2011년부터 2015년까지 지난 5년 동안 발생한 전체 교통사고는 111만 6308건이었으며 이 중 2만 5096명이 사망하여 일반 교통사고 치사율[8]은 2.2%였다. 반면 터널에서는 2957건의 교통사고가 발생했으며 150명이 사망하여 치사율은 5.1%로 파악되었다. 이는 일반 교통사고 치사율에 비해 2.3배 높은 수치이다. 터널 안에는 갓길도 제대로 갖춰져 있지 않고, 앞에 어떤 일이 일어났는지 알기도 쉽지 않아 교통사고가 발생하면 대형 사고로 이어진다. 이런 특성을 고려하여 재난안전설비 등 필수 장비를 제대로 갖춰서 교통사고에 대비하는 것이 바람직하다. 교통사고를 줄이기 위해서는 교통안전 교육 및 홍보도 중요하지만 첨단 정보통신기술을 활용한 교통안전 기술 개발도 중요하다.

국토교통부는 고장차량 등 돌발 상황을 탐지해 교통사고를 예방할 수 있는 차량 간 정보교환기술 검증작업을 2014년 7월부터 추진해오고 있다. '차량용 고속무선통신(WAVE: Wireless Access in Vehicular Environment)'을 활용한 이 기술은 차량이 고속으로 주행하면서 도로에 설치된 기지국으로부터 주변 사고, 낙하물 등 위험 상황과 교통정보를 송·수신하는 통신기술이다. 반경 500m의 차량 위치, 속도, 상태 등의 정보를 0.1초 단위로 파악할 수 있어 급정거, 차량 정차 등 미처 확인하지 못해 발생하는 사고를 예방할 수 있다.[9]

이 기술을 이용하면 다른 차량이나 도로에 설치된 통신시설을 통해 고장 차량의 위치를 정확히 알게 되어 연쇄 추돌사고를 예방할 수 있다. 미국, 유

7) 안호영 의원 보도자료, "터널 교통사고 치사율 일반 교통사고 치사율에 2.3배", 2016.9.6.
8) 치사율은 교통사고 100건당 사망자 수.
9) 국토교통부 보도자료, "역주행·결빙구간 알려주는 '똑똑한 고속도로'", 2014.7.8.

럽 등에서는 2~3년 내 상용화를 목표로 시범사업을 추진하고 있는데 안개, 폭설 등 악천후에서도 도로 상황을 확인할 수 있고 CCTV로 확인이 어려운 결빙, 포트홀 등을 파악할 수 있어 사고 예방에 효과적이다.

2020년이면 자동차 스스로 운행이 가능한 자율주행차량이 상용화될 전망이다. 졸음운전으로 앞차와의 거리가 가까워지거나 측면에서 차량이 접근하면 경고음과 함께 브레이크가 작동하여 사고를 예방하는 기술이 구현되기 때문에 교통사고가 획기적으로 줄어들 것으로 예상된다. 정보통신기술이 결합된 자율주행차량은 교통사고의 발생을 근본적으로 줄일 수 있는 대안이므로 상용화를 위한 중앙정부 및 지방정부의 지원이 필요하다.

국토교통부는 자율주행자동차 시범 운행을 위한 기준과 제도를 마련하고 자율주행차 인증을 위한 테스트베드를 조성하고 있다. 경기도는 2015년 판교창조경제밸리에 자율주행차 테스트베드를 조성한다는 발표를 했다. 판교창조경제밸리는 판교테크노밸리에 이어 정보·통신 등 첨단산업과 지

그림 2.8.1／스마트하이웨이 시범도로 개념도

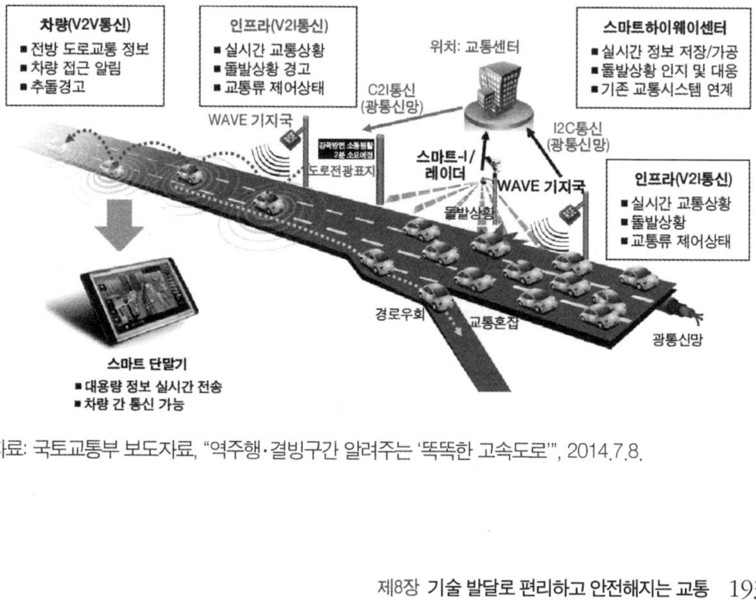

자료: 국토교통부 보도자료, "역주행·결빙구간 알려주는 '똑똑한 고속도로'", 2014.7.8.

표 2.8.5／판교창조경제밸리 자율주행 테스트베드 기대효과

구분	내용
자율주행 데이터 및 정보 공유	•자율주행 및 교통정보 수집을 통한 빅데이터화 •데이터 센터를 통한 연구 및 비즈니스 지원
오픈 차량 플랫폼 제공	•차량 플랫폼 없는 기관들을 위한 오픈 플랫폼 •여러 기관들의 기술 공유를 위한 공통 플랫폼 •IT 및 비자동차 분야의 연구 및 비즈니스 활성화
워크숍 지원	•자율주행차 연구 및 주차 공간 •고가 시스템 보관 및 보완 유지 •회의 및 전시 등 비즈니스 지원
국내외 자율주행차 기술 선도	•세계 최초 일반차와 공존하는 자율주행차 테스트베드 조성 및 공유 •고속도로, 도시부 도로를 연계 주행할 수 있는 기회 창출
IT와 인공지능을 접목한 집약적 산업 육성	•입주기업들의 최신 기술에 대한 연구-평가-상용화 체인 구축 •경기도 최첨단 산업단지 육성
행복하고 배려 있는 이동서비스 지원	•미래 고령화 사회를 대비한 새로운 이동서비스 제공 •안전운전 불이행에 따른 교통사고 70% 절감 및 안전한 사회환경 조성

자료: 빈미영, 「판교창조경제밸리 자율주행차 운행 지원방안 연구」(경기연구원, 2016).

식·문화산업이 융·복합된 혁신 클러스터 지역이다. 43만m^2 규모의 판교창조경제밸리에 자율주행차 테스트베드 환경을 조성하여 이동수단 서비스로 자율주행차를 도입하고 자율주행차에서 수집되는 빅데이터를 오픈 플랫폼에 제공함으로써 입주기업이나 개발업체에서 자율주행차와 관련된 빅데이터를 활용할 수 있는 인프라와 환경의 조성이 가능하다.[10)]

2) 태양·물·바람으로 달리는 친환경차량의 도입

신기후체제 파리협정 공식 발효로 자동차 분야에 대한 국제 환경규제는 앞으로 더욱 강화될 전망이다. 이에 따라 하이브리드차, 전기차, 수소연료전지차 등 친환경자동차의 개발 및 보급은 향후 자동차 산업 분야에서 매우

10) 빈미영, 「판교창조경제밸리 자율주행차 운행 지원방안 연구」(경기연구원, 2016).

중요한 이슈가 될 전망이다. 그러나 한국의 친환경자동차는 경제성, 편의성, 기술력 측면에서 볼 때 선진국에 비해 많이 뒤처져 있다. 주행거리 등 차량 성능의 문제, 선진국에 비해 30% 이상 비싼 차량 가격, 절반 수준의 연비 등 극복해야 할 과제가 많다. 정부의 정책에서도 아파트 급속충전소 설치 규제 등으로 부족한 충전시설, 충전 후 짧은 주행거리, 낮은 구매 보조금과 세제 혜택, 고속도로 통행료 할인 혜택 미흡 등은 소비자들이 친환경자동차 구매를 망설이게 하는 요인이 되고 있다.

제주도는 전기차 보급의 활성화되어 있는데 풍력을 이용하여 전기를 생산하고 이를 전기차 동력으로 활용하여 '바람으로 달리는 자동차'를 구현하고자 한다. 제주도의 모든 전기차가 풍력으로 충전되는 것은 아니지만 기술 개발에 따라 태양광·풍력·수소에너지를 활용한 자동차 이용이 확대될 수 있음을 알 수 있다.

친환경자동차와 관련하여 개선해야 할 또 다른 과제는 폐배터리 관리이다. 친환경차 이용이 활성화된 이후 연한이 다 된 전기차를 폐차하게 되면 폐배터리로 인한 환경오염이 우려된다. 이와 함께 석탄, 니켈, 구리 등 친환경자동차에 필요한 원료채취 과정에서의 심각한 환경오염 유발, 클린디젤 자동차의 질소산화물 다량 배출, 정숙성으로 인한 로드킬과 인명사고 빈발, 전기를 얻기 위해 발전소를 늘려야 하는 문제[11]도 친환경자동차 보급을 확대시키기 위해 개선해야 할 과제이다. 세계 자동차 시장은 친환경자동차로 급속히 재편될 것으로 예상된다. 정부는 세계 친환경자동차 시장을 선점하기 위해 맞춤형 지원정책을 더욱 강화할 필요가 있다.

---

11) 강철구, 「친환경자동차 확대, 허와 실」, ≪이슈&진단≫ 255호(2016), 경기연구원.

3) 공유경제와 도시·교통계획의 패러다임

공유경제가 바람직한 경제시스템으로 인식되고 있는 이유는, 대여자는 이용하지 않는 자원으로 수익을 얻고 이용자는 비용을 절감할 수 있으며 사회 전체적으로는 자원을 절약하고 환경문제를 저감시킬 수 있기 때문이다. 카셰어링은 현재 60여 개 국가, 1000개 도시에서 운영 중이며, 2008년 금융위기 이후 연 40% 이상 급성장을 이뤘다고 한다. 이런 추세를 연장하면 2020년까지 회원 수 3300만 명, 차량 수 44만 대까지 증가할 것으로 예측된다. 카셰어링의 이런 급성장은 이용자가 손쉽게 다수의 무인대여 장소에서 웹이나 스마트폰 앱을 통해서 이용, 반납, 결제가 가능하기 때문이다.

최근 조사에 따르면 주 이용자는 차량을 미소유한 20, 30대의 남자 직장인이며 이용횟수는 월 3회 미만이 90%에 달한다고 한다. 통행 목적은 여가, 여행, 쇼핑이 많으며, 이용 이유는 대중교통보다 편리하다는 것이었다. 카셰어링 이용 후 보유 차량의 처분 또는 차량 구매의 연기 비율은 51.0% 수준으로 카셰어링 1대당 승용차 대체효과는 16.8대로 추정된다.[12)]

자동차의 24시간을 관찰해보면 실제로 운행되는 시간은 10%도 안 되고 나머지 90%는 대부분 주차장에 주차되어 있다. 차량의 소유 개념이 강했던 과거에는 자동차 주차를 위해 아파트와 직장 등에 주차장 확보가 필요했지만 이용 개념으로 바뀌게 되면 많은 주차장은 불필요해질 수도 있다. 기존에 주차장으로 쓰던 공간을 주민의 생활공간으로 되찾을 수 있게 된다.

카셰어링은 고밀도 지역의 자가용 증가를 억제하고, 불법주차로 인해 생활의 불편을 겪는 주민들의 통행편의를 증진시킬 수 있다. 현재 각 공공기

---

12) 김점산, 「카셰어링의 사회경제적 효과」, ≪이슈&진단≫ 183호(2015), 경기연구원.

관의 차량을 주말에 카셰어링하는 서비스가 이뤄져서 많은 주민들의 호응을 얻고 있다. 저소득층이 저렴하게 이용할 수 있도록 바우처 제도를 시행하고, 대중교통과 연계 할인, 공영주차장 등을 제공하는 정책이 추진될 필요가 있다. 장기적으로는 사업자별로 나뉘어 있는 카셰어링 서비스의 위치, 예약 정보를 통합하고, 사업자와 이용자 간 분쟁을 중재하는 제도가 필요하다.[13] 친환경 전기차를 공유차량으로 운영하면 도시 내 대기오염도 줄일 수 있으므로 차량공유정책을 적극 추진할 필요가 있다.

4) 교통약자를 위한 교통체계 개선

(1) 저상버스 확대

교통정책의 핵심은 사회 구성원 모두가 원하는 목적지에 편리하고 안전하게 이동할 수 있도록 교통시설과 교통수단을 제공하는 것이다. 그러나 누구나 교통시설과 교통수단을 손쉽게 이용할 수 있는 것은 아니다. 정부에서는 장애인, 노인, 어린이, 임산부, 영유아를 동반한 사람과 같이 이동성이 제약되는 사람들은 '교통약자'로 정의하고 이들의 이동성 확보를 위한 정책을 추진하고 있다. 이동성이 제한되면 출퇴근, 쇼핑, 친교, 문화, 레저 등 인간의 기본적인 생활이 제약을 받게 되며 궁극적으로 행복추구권이 제약됨을 의미한다. 따라서 교통약자의 이동성 확보는 매우 중요한 인권정책이며 복지정책이다.[14]

2016년 1월 현재 경기도에 등록된 시내버스는 2094개 노선, 1만 555대이

---

13) 같은 글.

14) 지우석, 「교통약자정책, 교통복지의 시작」, ≪이슈&진단≫ 173호(2015), 경기개발연구원.

다. 이 중 광역급행형 버스와 직행좌석형 버스는 176개 노선, 2421대로 전체 시내버스 대수의 23%를 차지하고 있다. 그동안 광역버스에는 저상버스가 투입되지 않아 휠체어를 이용해야 하는 장애인의 경우 광역버스를 이용한 통행이 불가능했다. 경기도는 광역버스의 입석승차 문제를 해결하기 위해 대당 수송인원을 30명가량 늘릴 수 있는 2층 버스를 2015년 10월 22일부터 김포시와 남양주시에서 도입·운행하고 있다. 경기도에서 도입한 2층 버스에는 휠체어석이 1석 설치되어 장애인들의 광역통행이 가능해지게 되었다. 그러나 장애인 단체에서는 휠체어 좌석 수의 부족, 투입 노선 수의 부족 등을 알리기 위해 서울시청 앞 버스 정류장에서 시위를 벌이기도 했다.

장애인을 포함한 교통약자가 이용하기 편리한 저상 시내버스 도입률도 낮고 장애인 특별교통수단 도입률도 낮아서 장애인이 대중교통을 이용하기에 매우 불편한 상황이다. 교통약자의 효과적이고 실질적인 이동편의 개선을 위해서는 우선적으로 장애인들이 개인 승용차를 이용하기 수월한 여건을 만들고, 수요맞춤형 서비스인 행복택시(경기도에서는 따복택시)의 확대, 저상버스의 확대를 위한 예산 지원 등이 필요하다. 여성과 어린이를 위한 이동성의 개념에는 안전과 치안에 보다 무게를 두고 정책을 추진할 필요가 있다.[15)]

(2) 환승이 편리한 노면전차 도입

최근에 대전, 수원, 성남 등 많은 도시에서 노면전차(트램) 도입을 검토하고 있다. 그동안에는 노면전차의 전기선이 도시 미관을 해치고, 노면전차가 운행되면 도로 용량이 부족해져서 교통정체가 더욱 심각해질 것이라는

---

15) 같은 글.

우려 때문에 반대의 목소리가 컸었다. 그러나 건설비가 일반 전철에 비해 1/8, 경전철에 비해 1/3 수준으로 저렴하고 운영비도 적게 든다는 점에서 노면전차는 저성장시대에 적합한 교통시설이다. 또한 보도에서 바로 탑승이 가능하기 때문에 노약자나 휠체어 이용자 등 교통약자의 이용이 편리하다. 버스와도 지상에서 바로 환승할 수 있기 때문에 고령사회에 적합한 교통체계이다.

유럽에서는 프랑스, 독일, 네덜란드, 포르투갈, 터키 등의 주요 도시에서 노면전차가 운행되고 있으며, 미국도 샌프란시스코, 덴버 등의 도시에서 노면전차가 운행되고 있다. 노면전차는 미국 샌프란시스코, 포르투갈 리스본에서와 같이 지역을 대표하는 관광 상품으로 인식되기도 한다. 프랑스 파리에서는 잔디 위에 궤도를 설치해 친환경성을 강조한 사례도 있다.

국토교통부와 국토교통과학기술진흥원은 '무가선 저상트램 실용화' 연구를 진행하고 있는데, 2016년 말에 시제품 차량의 시스템 안정화 작업이 완료되고 실제 운행을 위한 준비 단계로 접어들었다. 무가선 저상 트램은 최고속도가 시속 70km이며, 배터리로 운영되어 친환경 대중교통수단으로 기대되고 있다. 기존 배터리 1회 충전 시 운행할 수 있는 거리가 30km 정도

그림 2.8.2／해외의 트램 사례

미국 샌프란시스코

포르투갈 리스본

프랑스 파리

자료: 경기연구원 내부자료(2016).

로 장거리 운행에는 제한을 받겠지만, 간선버스를 대체하는 도시철도시스템으로는 적절할 것이라 예상된다.[16] 국토교통부는 2016년까지 시험 운행을 완료하고 2016년 이후에는 실제 운행을 위한 준비 단계로 접어든다는 계획이다.

2004년 이후 운행이 중지된 교외선 주변 지역에서는 교외선 복선전철 건설을 요구하고 있지만 수요가 없어서 언제 개통될지 알 수 없는 상황이다. 이에 따라 경기연구원에서는 전기선이 설치되어 있지 않은 기존 교외선 단선 선로에 무가선 트램을 도입하는 방안을 제안했다.[17] 열차에 탑재한 2차 전지를 동력으로 한 무가선 트램을 운행하면, 시설개선 비용과 운영 비용을 최소화할 수 있기 때문에 빠른 시일 내에 재개통이 가능하다. 특히 교외선은 기존에 선로가 설치되어 있어 무가선 트램을 운행하기에 적합하므로 적극적인 도입 검토가 필요하다.

그동안 노면전차는 「도로교통법」(도로에 운행 가능한 차마의 종류에 노면전차 포함), 「도시철도법」(노면전차 전용로 설치에 관한 규정 신설), 「철도안전법」(노면전차 운전자 면허에 관한 규정 신설) 등 관련 법령의 정비가 미비해 도입이 늦어졌다. 제20대 국회에서는 「도시철도법」 개정(2016.12.2) 및 「철도안전법」 개정(2017.1.17)이 이뤄져 노면전차 운행을 위한 여건은 마련되어가고 있다. 향후에는 노면전차를 도시철도의 일종으로 포함시키고, 운전과 건설에 대한 법적 근거 마련을 위한 「도시교통법」 개정이 이뤄질 필요가 있다. 수도권 광역급행철도와 같은 고속교통시설도 필요하겠지만 저성장, 고령화 시대를 맞이하여 노면전차의 도입은 더 시급한 과제가 되고 있다.

---

16) 조응래, 「교외선 활용방안 연구」(경기연구원, 2015).

17) 같은 글.

(3) 신개인이동 교통수단과 보행안전 확보

집 주변의 하천변 산책로는 대중교통이나 승용차를 이용하지 않고 걸어서 접근이 가능할 뿐만 아니라 신호등과 관계없이 연속성을 갖고 보행할 수 있어 많은 사람들이 선호하고 있다. 경기연구원에서 성남시 탄천 산책로 이용자를 대상으로 설문조사한 결과에 따르면 하천변 산책로 이용 목적으로 건강 관리와 운동이 67%, 휴식과 힐링이 17%였으며, 하루 동안 산책로 이용 시간은 1시간 이상~2시간 미만이 68%로 가장 많았다. 집 주변 산책로가 삶의 만족도를 높이는 데 중요하다고 생각하는지에 대해서는 85% 이상이 중요하다고 답변했다.[18] 이런 결과를 종합해볼 때 산책로를 잘 정비하면 이를 이용하는 주민들의 삶의 질이 향상되고 걷는 시간도 늘어나서 건강이 증진될 것으로 예상된다.

한편, 하천변 산책로에서는 보행자와 자전거 이용자 간 상충이 자주 발생하고 있다. 「도로교통법」에 의하면 자전거는 차로 분류되어 있기 때문에 좁은 산책로에서는 보행자의 통행을 방해하지 않도록 보행자 걸음 속도로 운행하거나 일시 정지하도록 규정되어 있다. 그런데도 좁은 하천변 산책로를 자전거가 통행하면서 보행자를 위험하게 하는 경우가 많다. 자전거는 차라는 인식을 갖도록 자전거 이용자에 대한 교육과 홍보가 필요하다. 또한 현행법으로는 하천변에 자전거와 보행자 도로를 설치할 경우 최소 3.0m, 부득이한 경우에도 2.7m 이상의 폭원과 분리시설이 필요하다. 산책로 폭이 1.5m 이하가 될 경우에는 자전거 통행을 금지시키는 방안도 검토되어야 한다.

---

18) 조응래, 「건강한 도시 만들기: 하천변 산책로 정비로부터」, ≪이슈&진단≫ 185호(2015), 경기연구원.

야간에 자전거와 보행자 간 충돌사고를 예방하기 위해 자전거 전조등과 미등, 벨 부착을 의무화하는 방안도 모색해야 한다. 다리 밑 등 많은 사람들이 휴식하는 공간은 조명을 밝게 유지하고 하천변 산책로를 금연구역으로 지정해서 쾌적한 보행환경을 마련할 필요가 있다. 하천변 산책로가 지역주민들의 건강을 유지시키고 삶의 질을 향상시켜주는 기반시설이 되도록 지속적으로 관리해나가는 것이 중요하다.

자전거 외에도 최근에는 전기모터와 배터리 기술이 크게 발전하면서 전동휠, 전동킥보드, 전기자전거 등 다양한 형태의 1인용 개인이동 교통수단(Smart Personal Mobility)이 이용되고 있다. 신개인이동 교통수단은 현재는 레저·놀이용으로 이용되고 있지만 갖고 다니기 편하며, 이용하는 데 저렴할 뿐만 아니라 탑승하는 재미도 있어서 출퇴근·통학용 교통수단으로 이용되리라 예상된다.

전동휠, 전동킥보드 등 신개인이동 교통수단은 「도로교통법」상 '원동기장치 자전거'로 분류되어 보도나 자전거 도로에서는 통행할 수 없고 자동차 도로에서만 통행할 수 있다. 자동차 도로에서 통행하기 위해서는 만 16세 이상으로 면허를 소지해야 하고 안전장치 및 보호장비를 구비해야 한다. 그러나 현실은 연령과 장소 구분 없이 이용되고 있어 산책로에서 보행자 안전을 위협하고 있다. 특히 기존의 오토바이나 자전거와 달리 소음도 적어 뒤에서 접근하는 사실조차 보행자가 인지하기 어렵다는 문제가 있다. 최근 자전거 도로에서 전기자전거 통행을 허용하는 방향으로 관련법 개정이 추진되고 있는데 신개인이동 교통수단의 안전한 통행을 위해서 관련 법제도의 개선이 필요하다.

신개인이동 교통수단은 현재 레저 및 놀이 수단으로 인식되고 있지만 대중교통 이용 시 자전거에 비해 소지가 편리해 하나의 개인 교통수단으로 자리 잡을 가능성도 크다. 향후 배터리 축전기술이 발전하게 되면 장거리 통행도 가능해지게 된다. 신개인이동 교통수단이 안전하고 편리한 교통수단의 역할을 할 수 있도록 제도와 시설의 정비가 필요하다.[19]

5) 생활형 교통기술의 도입

(1) 광역버스 좌석예약시스템 도입

서울시와 경기도, 인천시를 오고 가는 광역버스를 타기 위해 많은 사람들이 아침저녁으로 버스 정류장에서 길게 줄을 서고 있다. 자신이 탈 버스를 미리 예약할 수 있다면 대중교통 이용 시 스트레스를 덜 받게 될 것이다. 좌석예약시스템은 유럽의 경우 국가 간을 이동하는 버스에서 시행하고 있으며, 대부분의 나라에서는 장거리 고속버스 또는 시외버스 운행에 좌석예약제를 시행하고 있다. 외국 대도시의 경우 공항버스에서도 좌석예약시스템을 운영하고 있다. 배차 간격이 짧은 대도시권의 버스에서 좌석예약시스템을 운영하는 사례는 많지 않으나 경기도에서는 좌석예약시스템의 시범사업 추진을 검토했다.

시간대별 이용수요와 차량 배차의 불일치로 앞뒤 차량에 입석승객이 몰리면서 일부 차량에는 빈 좌석이 발생하게 된다. 좌석예약시스템을 구축하게 되면 이용자 서비스를 개선할 수 있고 좌석률 제고를 도모할 수 있다. 미래창조과학부에서 정보통신기술(ICT) 기반으로 시민에게 편의를 제공할 수 있는 서비스 수행이라는 주제가 공고되었는데, 경기과학기술진흥원이 교

---

19) 지우석, 「새로운 개인이동 교통수단 시대는 이미 시작, 제도적 대응은 미흡」, ≪이슈&진단≫ 231호(2015), 경기연구원.

그림 2.8.3／좌석예약서비스 구성도

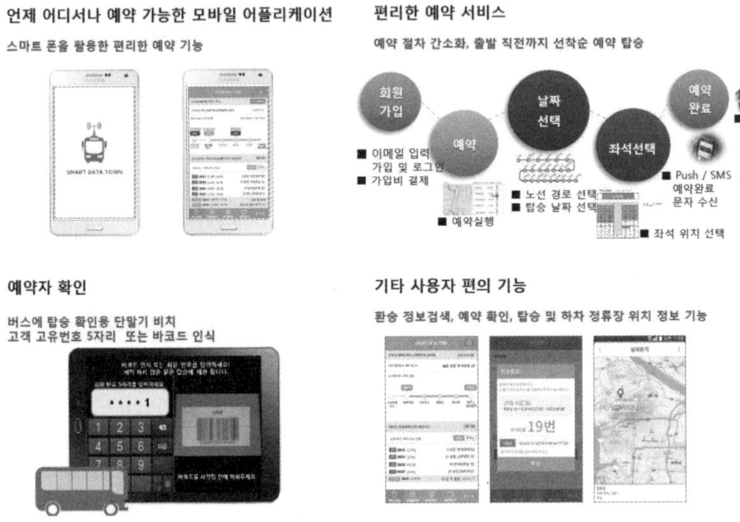

자료: 경기과학기술진흥원 내부자료(2016).

통, 안전, 일자리 정책을 중심으로 하는 스마트 데이터 타운 실증사업을 제안하면서 추진이 이뤄졌다.

이를 위해 출근버스 최적화 시뮬레이션 및 스마트 데이터 기반의 좌석예약시스템 운영을 위한 전용 앱이 개발되었는데 주요 메뉴구성은 그림 2.8.3과 같다. 2016년 2월에 김포지역을 운행하는 8106번 광역버스노선에서 시범사업을 실시했는데 이용객들로부터 많은 호응을 받았다. 교통시스템에 정보통신기술이 결합되어 이용자 편의를 도모한 사례라고 할 수 있다.

(2) 재난 시 교통처리계획 수립

최근에 많은 사람들이 실시간 교통정보에 의지하여 운전을 하는데 한국도로공사 홈페이지나 스마트폰 앱에서 교통상황을 확인해보면 고속도로

소통 상태는 확인되지만 주변 국도상황은 알 수가 없다. 민간에서 제공하는 내비게이션과 스마트폰 앱 교통정보는 빠른 길을 알려주기는 하지만 정체되지 않는 길을 직접 눈으로 확인하는 데 한계가 있다. 이럴 때 유용한 것이 국토교통부 국가교통정보센터의 통합교통정보인데 고속도로와 국도의 교통상황을 그림뿐만 아니라 폐쇄회로 화면으로도 제공해 노선 선택에 많은 도움이 된다. 중앙정부는 그동안 이런 기능을 갖춘 교통정보를 제공하기 위해서 많은 예산을 들여 시스템을 구축해왔는데 정작 이용자들은 이런 시스템이 있는지 알지 못한다. 따라서 국토교통부는 각종 매체를 이용하여 통합교통정보 활용을 적극 홍보할 필요가 있다.

외국에서는 태풍이나 지진, 기타 자연재해에 대비해 긴급피난도로계획을 갖고 있으며 피난도로 안내표지판을 설치해 대피경로를 알려주고 있다. 기후변화로 인해 폭우, 폭설이 증가할 것으로 전문가들은 예측하고 있는데 자연재해 및 각종 사고 등 긴급 상황에 대비한 지역별 비상대처계획(Emergency Action Plan) 수립방안을 검토해야 한다.

4. 정책적 시사점

앞으로의 교통정책은 저출산, 고령화와 같은 시대 변화와 저탄소 녹색성장이라는 새로운 패러다임, ICT와 융합된 차량 및 시설의 공유까지 고려된 정책 추진이 필요하다. 과거 공급자 중심의 교통정책에서 수요자 중심으로 전환하여 사람들의 구체적인 의식구조 변화에 따라 사회가 어떻게 달라질지 예측한 후 정책방향이 설정되어야 할 것이다.

최근 기업들은 고객맞춤형 콘텐츠와 서비스를 제공하기 위해 고객 개개인의 마음을 읽어내려고 끊임없이 노력하고 있으며 이로부터 부가가치를 창출하고 있다. 인터넷 종합 쇼핑몰인 아마존의 경우 고객의 쇼핑 이력, 검색 제품, 마우스가 제품에 머문 시간 등의 정보를 바탕으로 한 추천 서비스를 통해 판매의 35%를 달성하고 있다. 이와 같이 데이터 기술을 기반으로 한 서비스(DTC: Direct-to-Consumer)는 점점 더 많은 부가가치를 창출하고 있으며 세상은 정보기술(IT: Information Technology) 시대에서 데이터 기술(DT: Data Technology) 시대로 진화하고 있다.[20]

그런 측면에서 빅데이터를 토대로 통행자의 패턴을 알아내는 것은 교통정책을 추진하는 데 매우 중요하다. 수도권 통행실태 조사자료를 토대로 분석한 결과에 따르면 활동범위가 좁은 10대는 버스를, 활동반경이 넓은 20대는 전철을 주로 이용하는 것으로 파악되었다. 가정을 이루고 각종 활동이 많은 30~50대는 승용차 이용률이 55~65%로 높다가 60대가 되면서 다시 절반 이상이 대중교통을 이용하는 것으로 나타났다. 65세 이상은 전철 무임승차혜택 등으로 63%가 대중교통을 이용하는 것으로 파악되었다.[21]

연령별로 선호하는 교통수단이 다른 만큼 인구구조 변화와 통행 목적 등을 면밀히 검토해 이용자 맞춤형 교통정책을 마련하는 것이 중요하다. 향후 노인인구가 증가해 초고령 사회가 되면 대중교통의 중요성은 더욱 커질 것이다. 따라서 이동편의성을 확보하기 위한 철도망을 구축하되 노면전차와 같이 이용하기 편리한 시스템을 적극 도입할 필요가 있다.

노인들의 경우 한 달에 몇 번 이용하지도 않는 차를 매일같이 주차장에

---

20) 성영조, 「소비자 직접 서비스(DTC: Direct-to-Consumer) 시대의 도래와 시사점」, ≪이슈&진단≫ 203호(2015), 경기연구원.

21) 류시균 외, 「수도권 주민의 계층별 통행패턴 비교」, ≪이슈&진단≫ 84호(2013), 경기개발연구원.

세워놓고 매년 자동차세와 보험료를 내고 있다. 고령화로 인해 운전이 불편한 노인들은 자율주행차량을 이용하면 안전하게 목적지까지 이동이 가능하다. 필요한 때만 편리하게 차량을 이용할 수 있다면 굳이 승용차를 소유하면서 차량 관리와 정비에 신경 쓰지 않아도 된다. 카셰어링이라는 새로운 서비스가 잘 운영된다면 승용차 보유를 기반으로 수립되었던 기존의 주차장 계획은 바뀌어야 할 것이다. 아파트 주차장을 과도하게 확보하지 않아도 되며, 복잡한 단독주택지역에서도 주차공간으로 이용되는 골목길을 거주민을 위한 공간으로 되찾을 수 있게 된다.

업무를 위해 타 도시로 갈 경우에도 철도를 이용하여 역 앞에 있는 카셰어링 차고지에서 차를 빌려 이용한 후, 철도를 타고 돌아오는 형태의 통행이 빈번해질 것이다. 이를 위해서는 카셰어링 차고지가 철도, 버스 환승정류장 등 대중교통시설 및 주요 통행유발시설과 연계 설치되는 것이 바람직하다.

현재 경기도는 판교창조경제밸리 외에도 광교 경기도청 신청사 건립, 하남선·별내선 광역철도 건설 등 대규모 사업을 추진 중이다. 많은 전문가들이 대규모 건설사업 추진 시 신·재생에너지 활용, 에너지 소비 절약 등 새로운 기술의 적용을 제안한다. 환경, 건설, 교통, 정보통신 등 분야별로 신기술이 많이 개발되어 있지만 어떤 기술이 적용 가능한지 알기 쉽지 않다. 부처별로 신기술을 인증해주고 도입을 권장하고 있지만 강제성이 없어서 개발된 신기술의 상용화와 시장 진출에 많은 어려움이 있다. 때로는 기술자들이 새로운 기술을 파악하지 못하고 과거 방식대로 설계·시공하는 경우도 있으므로 기술자와 전문가들에게 새로운 지식 습득의 기회를 제공하는 것도 중요하다. 각 분야에서 새로운 기술을 적용하고자 하는 내용을 체계적으로 제안 받고 도입을 검토하는 시스템 구축도 바람직하다. 분야별로 신기술 도입을 저해하는 요인을 파악해 개선해야 한다. 자율주행자동차, 공유경제도 결국 데이터 기술을 토대로 시스템의 효율을 얻고자 하는 것이다. 이용자들의 요구를 정확히 파악하여 교통시스템이 보다 편리하고 안전하게 운영될 수 있도록 기술 발달을 유도하고 정책을 추진할 필요가 있다.

제9장

건강을 증진시키는 교통정책

/이은환

1. 건강의 결정 요인에서 교통정책의 위치

'건강'이란 매우 모호한 개념으로서 건강을 바라보는 시각에 따라 다양한 정의와 의미를 가질 수 있다. 1946년 세계건강컨퍼런스에서 채택된 세계보건기구(WHO: World Health Organization)의 헌장(Constitution of the World Health Organization)에 의하면 "건강이란 단지 질병이나 허약함이 없는 것이 아닌 신체적·정신적, 그리고 사회적으로 완전히 안녕한 상태"[1]라고 정의하고 있다. 즉, 건강이란 질병의 유무뿐만이 아닌 삶의 질을 포괄한 전인적인 차원에서의 완전히 안녕한 상태라는 것이다. 그런데 이런 WHO의 정의 역시 '완전히 안녕한 상태(Complete State)'라는 추상적이고, 현실에서 달성 불가능한 개념을 포함하고 있기 때문에 여전히 건강의 개념을 정의하기에는 한계가 있다. 이로 인해 건강에 대한 가장 보편적이고 이해하기 쉬운 개념은 생의학적(Biomedical) 관점이라고 할 수 있다. 생의학적 관점에 의하면 질병이란 생물학적 표준(Norm)의 정상 기능(Normal Function)에서 벗어난

1) Health is a state of complete physical, mental and social well-being and not merely the absence of disease or infirmity.

상태라고 정의하고 있다. 따라서 건강이란 질병으로 인해 정상 기능에서 벗어나지 않은 상태로서, 즉, 건강은 질병이 없는 상태로 정의할 수 있다.[2)]

건강에 영향을 미치는 요인 또한 건강의 정의와 같이 관점에 따라 다양하다. 건강의 결정 요인은 크게 '생물학적 요인(Biological Factors)', '사회적 요인(Social Determinants)', 그리고 '다요인설(Wider Determinants)'로 구분할 수 있다. 먼저 '생물학적 요인'의 관점에서 질병이란 신체 기능의 훼손으로 인한 전형적인 능률(Typical Efficiency) 이하인 상태이거나 기능 능력이 제한된 상태를 말한다. 대표적으로는 인체에 침입해 증식한 미생물 때문에 숙주의 면역력이 저하되어 발생하는 감염성 질환의 메커니즘을 설명하는 데 적합하다.

다음으로 '사회적 요인'의 관점은 건강을 사회적 맥락(Social Context)에서 해석하는 것을 말한다. 즉, 건강 또는 질병이란 최종 결과물은 생물학적이지만 이를 결정하는 요인은 사회구조적인 측면에 있다고 본다. 이에 대해 WHO는 건강과 질병의 결정 요인 중 사회구조적 측면에서 빈곤층의 낮은 건강수준에 대해 권력, 소득, 물자, 서비스의 불평등한 분포로 설명하고 있다. 예를 들어, 개인이 처한 사회적 환경은 개인의 불건강한 행동과 습관을 형성시키거나 심리적인 악영향을 줌으로써 건강에 영향을 미친다는 것이다. 즉, 질병이란 최종 결과물은 생물학적인 결과이지만 근본적인 결정 요인은 사회적 환경이라고 해석하는 것이다. 이런 관점은 국가 또는 집단 간의 건강격차를 설명하는 데 적합하다.[3)]

---

2) C. Boorse, *A Rebuttal on Health*(New York: Humana Press inc, 1997).

3) WHO, *Closing the gap in a generation: health equity through action on the social determinants of health, Final Report of the Commission on Social Determinants of Health*(Geneva: WHO, 2008).

하지만 현실에서는 전술한 단일 요인만으로는 건강과 질병의 발생을 충분히 설명하기 어려운 경우가 많다는 한계점이 있기 때문에 20세기 후반부터는 다양한 요인이 복합적으로 작용한다는 '다요인설'이 주된 이론이 되고 있다. 즉, '다요인적 관점'에서는 개인을 둘러싼 생물학적·사회적·경제적·환경적 요인들이 상호 관련성을 가지고 복합적으로 건강에 영향을 미치는 것으로 해석한다. 즉, 개인적 요인이나 행태는 물리적 환경을 비롯한 사회경제적·문화적 환경 속에서 복합적인 영향을 받으며 결정된다는 것이다.[4)]

'다요인적 관점'에서는 건강에 영향을 미치는 요인을 여러 개의 계층으로 설명한다. 즉, 개인이 가지고 있는 생물학적 특성(성, 연령)과 유전적 요인을 중심으로 개인의 주변에는 다양한 영향 요인의 계층이 존재하는 것이다. 첫 번째 층은 개인이 가지고 있는 생활양식으로서 건강을 증진시키거나 손상시킬 수 있는 개인의 건강행태가 이에 해당된다. 두 번째 층은 개인이 속해 있는 사회 및 지역사회 네트워크로서 사랑과 우정 등 개인을 둘러싼 관계가 이에 해당된다. 세 번째 층은 생활 및 근로 조건 등 사회구조적 요인들로서 주택, 근로조건, 서비스에 대한 접근성 및 필수 시설의 마련 등을 포함한다. 네 번째 층은 일반적인 사회경제적·문화적, 그리고 환경적인 조건으로 구성되는데 교통환경의 경우가 이에 해당된다.

결론적으로 말해서 '다요인적 관점'에서의 건강이란 다양한 방식과 경로를 통해 개인의 건강에 영향을 미치는 여러 계층적 요소들의 결과물인 것이다. 이런 관점은 특히 최근 전 세계적인 건 문제인 만성질환을 설명하는 데 적합하다. 예를 들어 비만의 경우 그 원인은 성, 연령, 유전적 소인 등 개인

4) G. Dahlgren and M. Whitehead, *Policies and Strategies to Promote Social Equity in Health*(Stockholm: Institute for Futures Studies, 1991).

그림 2.9.1／다요인적 관점의 건강과 질병의 결정 요인

자료: G. Dahlgren and M. Whitehead, *Policies and Strategies to Promote Social Equity in Health* (Stockholm: Institute for Futures Studies, 1991).

이 가지고 있는 생물학적 요인은 물론, 식이습관 및 신체활동 등 건강행태로 인한 것이기도 하다. 자동차 중심의 교통환경으로 인한 신체활동 부족 또는 차도와 인도가 분리되지 않은 도로환경으로 인한 사고 위험의 증가 등 개인을 둘러싼 물리적 환경에 의해 영향을 받기도 한다. 또한 승용차·자전거·도보 중심의 지역사회 생활양식 등 사회문화적인 영향도 받게 되는 것이다.

따라서 건강을 향상시키기 위해서는 특정 요인에 대한 분절적인 중재(Intervention)가 아닌 개인적 요인뿐만이 아닌 물리적·사회적 환경 등 다양한 요인들의 상호작용을 고려해야 한다. 따라서 이 글에서는 교통환경에 의한 건강영향을 중심으로 살펴보고자 한다.

2. 건강과 교통의 관련성

과거 한국의 교통정책은 사람을 배려한 인본주의적 또는 건강친화적인 관점보다는 경제 개발 및 성장, 그리고 쉽고 빠른 수송능력의 효율성 향상만을 고려해 자동차 위주의 교통체계 및 인프라 구축을 중심으로 추진되었다. 이런 교통인프라의 급격한 발달은 발 빠른 현대화를 가능하게 했고, 경제발전뿐만 아니라 이로 인해 인간의 삶의 질 향상에도 긍정적인 영향을 미쳤다. 반면 교통사고로 인한 사망 또는 부상의 증가를 야기하는 등 보행자나 운전자의 건강을 위협하는 부정적인 영향도 증가하고 있다. 즉, 교통의 발달로 인한 문제는 교통사고 위험뿐만이 아니라 환경오염 및 건강영향 등 공중보건학적 측면에서도 많은 문제점이 대두되고 있다.

예를 들어 자동차에서 배출되는 대기오염물질은 환경오염 및 온실가스의 주원인으로 꼽히고 있고, 특히 아황산가스 및 아질산가스의 경우 주요 건강위해물질로서 이는 천식 등 만성 호흡기 질환을 악화시키는 주원인이기도 한다. 또한 교통에 의한 소음 및 진동 역시 건강을 위협하는 원인 중 하나로 보고되고 있는데, 주로 큰길 주변에 거주하는 사람들의 경우 이로 인한 영향을 많이 받는 것으로 보고되었다.[5] 특히 교통으로 인한 소음의 경우 스트레스 등 정신건강에 악영향을 미칠 수 있고, 또한 국소빈혈성 심장병을 일으키거나 어린아이들에게는 인지 및 수면 장애를 일으키기도 한다.[6]

---

5) 앤드류 댄넌버그 외, 『시민을 위한 건강한 도시 만들기』, 김태환 외 옮김(국토연구원, 2014).

6) OECD/ITF, "Cycling, Health and Safety"(Paris: OECD/International Transport Forum, 2013).

최근 교통으로 인해 야기되는 환경오염 및 건강영향 등 부정적인 인식들이 생겨나면서 시민들의 교통환경에 대한 관심 및 의식 수준이 향상되고 있다. 이와 함께 정부의 무분별한 교통인프라 확충 정책에 대한 시민단체의 저항 등 다양한 여건의 변화는 교통운영체계 개선(TSM: Transportation System Management)이나 교통수요관리(TDM: Traffic Demand Management) 등의 새로운 교통정책이 시행되는 계기가 되었다.[7] 대표적으로 서울시는 1995년부터 승용차 10부제 시행, 버스전용차로제의 확대 설치, 공공주차장의 유료화, 남산 혼잡통행료 징수 등 승용차의 이용을 억제하고 대중교통의 이용을 장려하기 위한 다양한 정책들을 시행하고 있다.

교통환경이 건강에 미치는 영향은 긍정적인 측면과 부정적인 측면으로 나누어볼 수 있다. 우선 긍정적인 측면으로는 고속철도 등 교통이 발달됨에 따라 양질의 의료서비스에 대한 접근성이 개선되었다는 것이다. 이로 인해 수도권 등 특정 지역에 집중되어 있는 의료자원에 대한 지역 간 불균형의 해소 및 건강수준의 차이를 개선함으로써 한국의 건강수준 향상에 기여했다고 볼 수 있다.

그러나 이런 교통의 발달로 인해 발생하는 부정적인 건강영향도 많다. 그 예로 교통사고로 인한 인명손실을 비롯한 과체중 및 비만인구 증가 등의 공중보건학적 위해와 소음, 대기오염 등의 환경위해를 들 수 있다. 특히 사고 손상(Injury)으로 인한 국가적 수명손실(질병부담)은 한국의 질병부담 측면에서 주요한 공중보건학적 건강위해 중 하나이다. 또한 자동차의 온실가스 배출로 인해 발생하는 환경오염은 기후변화를 비롯한 폭염과 홍수, 그리고 감염병의 창궐을 유발할 수도 있다. 특히 이런 건강영향은 대기오염

---

7) 이규방 외, 『교통정책의 변화와 과제』(국토개발연구원, 1998).

수준이 높고 신체활동의 기회가 적은 도시의 취약계층에서 더 크게 작용하는 것으로 보고되었다.8)

전술한 바와 같이 교통의 발달로 인해 경제가 발전하고, 편리한 교통으로 인해 인간의 삶의 질이 향상되는 등 긍정적인 영향도 크지만 그에 못지않게 인간에게 미치는 부정적인 영향도 다양하다. 특히 불안전한 교통체계가 공중보건에 미치는 영향은 매우 크다고 할 수 있다. 따라서 향후 한국의 교통정책 수립 시 편리하고 효율적인 교통인프라 구축 및 수송 효율성 향상 등 교통에 국한된 관점에서 벗어나 교통으로 인한 건강위해 등 각종 부정적인 건강영향을 해소할 수 있는 건강친화적인 교통정책의 수립이 필요하다.

이를 위해서는 국내외 교통으로 인한 건강영향 관련 선행연구들을 살펴봄으로써 근거 중심의 건강친화적 교통정책에 대한 시사점을 도출하는 것이 매우 중요할 것이다. 따라서 이 글에서는 교통으로 인한 긍정적 및 부정적 건강영향에 대해 살펴보고자 한다.

1) 건강에 대한 교통의 긍정적 영향

한국은 2004년 4월 KTX의 개통으로 일본, 프랑스, 독일, 스페인에 이어 세계 5대 고속철도 보유국이 되었다. 고속철도의 개통으로 전국이 반나절 생활권으로 연결되면서 사회경제적으로 커다란 변화가 생겼다. 이동시간의 단축에 따른 업무 효율성을 비롯하여 본격적인 철도관광 시대가 도래했을 뿐만 아니라 지방분권화 시대를 맞아 국토의 균형발전은 물론 지방 경제

---

8) Regional Office for Europe of WHO, *Preventing road traffic injury: a public health perspective for Europe*(Copenhagen: Regional Office for Europe of WHO, 2004).

활성화에도 기여할 수 있었다.[9)]

보건의료 분야 또한 이런 고속철도의 개통에 따른 영향을 받았다. 즉, 고속철도로 인해 빠른 이동이 가능해지면서 양질의 보건의료서비스에 대한 접근성이 개선되었고, 이로 인해 지역 간 의료자원 불균형으로 인한 건강 격차 해소 및 진료 만족도가 향상되었다.[10)] 선행연구에 따르면 환자들의 의료이용 및 의료기관 선택에 주요한 영향을 미치는 요인 중 하나가 '의료기관 이용 시 소요되는 교통시간'[11)]임을 볼 때 교통의 발달은 보건의료 분야에서도 매우 중요한 요인 중 하나이다. 특히 이런 현상은 난이도 및 중증도가 높은 질환일 경우 높은 수준의 서비스에 대한 지리적 접근성에서 두드러지게 나타난다.[12)]

한국의 고속철도 개통으로 인한 건강영향을 평가한 연구에서 고속철도의 개통 전후 지방에 거주하는 환자들의 '의료이용 변화'에 대해 조사한 결과 51.9%가 고속철도 또는 기타 교통수단을 이용해 서울지역 의료기관을 이용한 경험이 있는 것으로 나타났고, 특히 그중 70.4%가 고속철도를 이용한 것으로 조사되어 고속철도의 개통이 지방 거주자의 서울지역 의료기관 이용을 크게 증가시킨 것으로 나타났다. 또한 지방 거주자의 서울지역 의료기관 방문에 소요되는 시간은 고속철도 개통 이후 평균 84분이 감소된 것으로 분석되었다.

---

9) 허남태·안영규, 「서비스 질과 고객만족도가 고속철도 재이용의도에 미치는 영향」, ≪대구경북연구≫ 제13권 1호(2014), 159~175쪽.

10) 김진현 외, 「KTX의 건강영향평가」(한국보건사회연구원, 2008).

11) 이원재, 「양·한방의료 서비스 선택에 관한 연구」, ≪한국보건행정학회지≫ 제8권 1호(1998), 183~202쪽.

12) 윤경일·도세록, 「주요 상병별 환자의 의료기관 선택 성향 분석」, ≪한국병원경영학회지≫ 제12권 4호(2007), 1~21쪽.

고속철도의 개통은 대표적인 고난도 및 중증 질환인 암 환자의 의료이용량에도 영향을 미치는 것으로 나타났다. 암 환자를 대상으로 의료이용량을 조사한 결과 고속철도 영향권 내에 있는 지역의 의료기관의 경우 2002년 대비 2005년에 14%가 증가했고, 2007년에는 50%가 증가한 것으로 나타났다. 반면 고속철도 영향권 외에 있는 지역의 경우 암 환자의 의료이용량은 2002년 대비 2005년 24%, 그리고 2007년에는 65%로 증가하여 고속철도 영향권 내에 있는 지역에 비해 증가폭이 더 큰 것으로 나타났다. 특히 서울 지역 의료기관의 이용률은 2002년 대비 2005년에 41%로 증가했고, 2007년에는 73%가 증가한 것으로 분석되어 고속철도의 개통으로 인해 암 환자의 서울지역 의료기관 이용량이 현저히 증가한 것으로 나타났다.

고속철도의 개통으로 양질의 의료서비스에 대한 접근성 향상은 환자들의 건강수준 및 치료 만족도에도 영향을 미쳤는데, 건강 관련 삶의 질 수준을 나타내는 지표인 EQ-5D와 치료 만족도를 조사한 결과 지방 환자의 경우 지역 의료기관 대신 서울지역 의료기관에서 진료를 받음으로써 보다 높은 수준의 삶의 질과 만족도를 보이는 것으로 나타났다. 결론적으로 교통의 발달로 인한 긍정적인 건강영향은 양질의 의료서비스에 대한 접근성 향상과 환자들의 양질의 의료자원 및 서비스에 대한 욕구를 충족시킴으로써 삶의 질 향상 및 진료 만족도의 향상에 기여한 것으로 볼 수 있다.

다만 이런 교통의 발달로 인한 보건의료 분야의 변화에 대해서 비판적인 목소리도 존재한다. 예를 들어, 교통의 발달로 인한 지방 이탈 환자들의 수도권 쏠림현상으로 지방 병원들의 상황은 더욱 열악해진다거나, 경제적인 이유로 고속철도 이용 등 교통시간 감소를 위한 지불 의사(Willingness to Pay)가 현저히 떨어지는 지방 거주 환자의 경우 건강 불평등이 심화될 수 있다는 문제점도 제기되고 있다.

2) 건강에 대한 교통의 부정적 영향

교통수단의 발달이 가져온 도시의 외연적 확장은 점점 더 승용차에 의존적인 도시구조를 고착화했는데, 이런 교통환경의 변화가 초래한 부작용 중 하나가 건강장애라고 볼 수 있다. 대표적으로는 교통사고로 인한 인명손실, 교통공해로 인한 천식 등 호흡기 질환, 소음 등을 통한 건강위해, 승용차 중심 생활로 인한 신체활동의 감소와 이로 인한 과체중 및 비만인구 증가를 들 수 있다.

여기에서는 먼저 교통사고로 인한 사회경제적 손실비용과 국가적 수명손실 규모에 대해 살펴보았다. 그리고 WHO Regional Office for Europe (2000)에서 제시하고 있는 주요 교통수단의 증가로 야기되는 건강의 부정적 영향에 대해 고찰했다. WHO는 교통수단으로 인해 발생하는 건강영향을 크게 사고, 소음, 대기오염, 정신건강 부문으로 제시하고 있다. 즉, 사고의 경우 교통수단의 증가로 인한 사고 발생률 및 사망률의 증가를 제시하고 있고, 교통소음의 경우 청각장애, 수면장애, 심장질환, 주의력 감소 및 활동장애 등을 제시하고 있다. 교통으로 인한 대기오염의 경우 천식 등 호흡기 질환과 폐 기능 약화, 심혈관 질환을 제시하고 있고, 정신건강 부문에서는 외상 후 스트레스, 불안 증대 등을 제시하고 있다.[13)]

(1) 교통사고로 인한 경제적 손실

한국교통연구원이 한국에서 발생한 도로, 철도, 해운, 항공 등 모든 분야

---

13) WHO Regional Office for Europe, *Transport, environment and health, 2000*(Copenhagen: Regional Office for Europe of WHO, 2000).

의 교통사고를 집계해 이로 인한 사회경제적 피해비용을 추정한 결과 2013년 기준 40조 원을 상회하는 것으로 나타났다. 한국교통연구원이 분석한 자료에 따르면 교통사고 건수는 총 112만여 건에 달했고, 이로 인한 사망자는 5000명을 상회했으며, 부상자는 약 178만 명에 이르는 것으로 나타났다. 이런 교통사고로 인한 사회경제적 피해비용은 약 42조 3000억 원으로 추정되었는데, 교통수단별로 구분해 사고 1건당 피해비용은 항공사고가 약 213억 원으로 가장 많았다. 다음으로 철도사고가 약 2억 3000만 원, 해양사고가 약 1억 3000만 원, 도로사고가 3000만 원 순으로 분석되었다. 또한 이를 사상자 기준으로 해서 1인당 피해금액을 분석한 결과 도로사고의 경우 사망자는 6억 7234만 원, 부상자는 1723만 원, 철도사고의 경우 사망자는 6억 7406만 원, 부상자는 6895만 원으로 추정되었다. 이런 교통사고로 인한 사회경제적 피해비용을 합하면 2013년 한국 GDP의 약 2.96%에 달하는 수준으로 나타났다. GDP 대비 도로사고 비용을 외국과 비교해보면 한국이 2.93%로 일본 1.35%, 영국 0.97%, 미국 1.85% 등에 비해 높은 수준이다.[14)]

또한 도로교통공단에서는 한국의 도로에서 발생하는 교통사고를 대상으로 인적 및 물적 피해를 비롯한 사회경제적 비용을 추정했는데, 그 결과 2014년도 기준 도로사고로 인한 한국의 사회경제적 손실은 전년 대비 9.5% 증가한 총 26조 5725억 원으로 분석되었다. 이는 한국 연간 GDP의 1.8%, 국가 전체 예산의 9.7%에 이르는 규모이다. 항목별로 자세히 살펴보면 도로에서 발생한 교통사고로 인해 사망한 사람은 2014년 기준 4762명,

---

14) 심재익, 「2013년 우리나라의 총 교통사고비용 약 42조 3천억 원」, ≪교통≫ 219호(2016), 한국교통연구원.

중상자는 19만 4955명, 경상자는 69만 5402명이었고, 이로 인한 손실비용은 사망 2조 336억여 원, 부상자 13조 6000억여 원으로서 총 사상자 비용은 15조 6300억여 원으로 분석되었다. 그리고 사고로 인한 물피비용은 총 9조 6000억여 원으로 분석되었고, 경찰의 사고조사와 보험행정 등에 소요되는 사회기관 비용은 총 1조 3000억여 원으로 추계되었다.[15)]

특히 교통사고 유형 중 차량과 사람 간 교통사고의 경우 발생 건수는 전체 발생 건수의 21.3%인 데 반해, 이로 인한 사망자 수는 전체 교통사고 사망자의 40.2%를 차지할 정도로 치사율이 매우 높은 것으로 나타났다. 세부적인 사고 유형 및 원인에 대해 살펴보면, 차량과 사람 간 사고의 경우 보행자의 교통법규 위반으로 인한 교통사고 건수는 감소하는 추세인 반면 운전자의 실수나 교통법규 위반에 의한 사고는 증가하고 있는 추세로 나타났다.[16)]

교통사고로 인한 사회경제적 손실비용을 줄이기 위해서는 교통안전시설에 대한 투자도 중요하지만 교통사고 유형 중 차량과 사람 간 교통사고의 치사율이 높은 것을 고려할 때 보행안전을 증진시키기 위한 방안이 무엇보다 필요해 보인다. 특히 교통사고로 인한 손상은 대부분 예방 가능한 영역이기 때문에 공중보건 향상을 위해서도 교통사고 손상의 문제에 관심을 가질 필요성이 있다.

---

15) 도로교통공단 보도자료, "2014년 도로교통사고로 인한 사회적 비용 26조 5천억 원 발생", 2016.2.19.

16) 조응래 외, 「경기도 교통정책 3.0: 생활형 교통정책으로의 전환」(경기개발연구원, 2014).

(2) 교통사고로 인한 질병부담

앞서 살펴본 교통사고로 인한 사회경제적 피해비용을 추계하는 연구 외에도 교통사고로 인한 국가적인 총 수명손실을 측정하는 연구도 있는데, 이를 질병부담(Burden of Disease) 연구라고 한다. 이런 질병부담 연구는 장애보정생존연수(DALY: Disability Adjusted Life Years)라는 지표를 통해 교통사고 등 특정 원인으로 인한 국가적인 총 수명손실을 측정하는 연구이다. 이런 질병부담 측정은 사망으로 인한 수명손실은 물론 후유장애로 인한 수명손실까지 포함하여 하나의 지표로 산출이 가능하다는 장점이 있다. 예를 들어, 교통사고가 발생했을 경우 피해자가 사망하는 경우도 있고 사망하지는 않았지만 사지 마비 등 영구적인 후유장애가 생기는 경우도 있다. 또한

그림 2.9.2／질병부담 장애보정생존연수 개념도

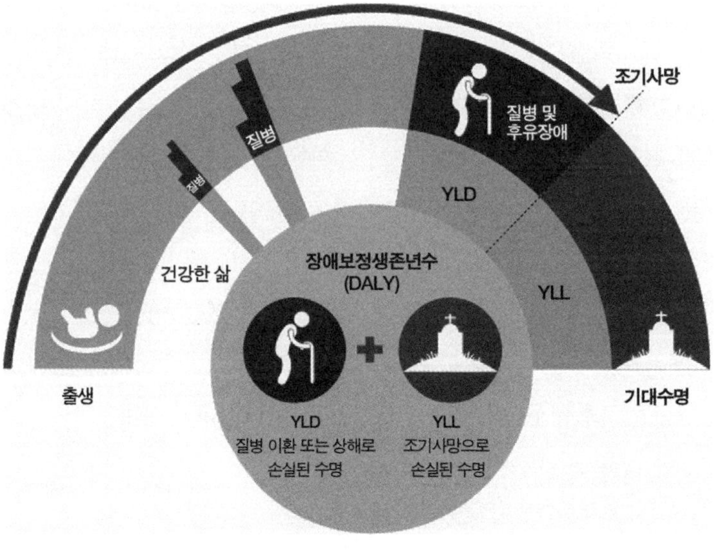

자료: Public Health England 웹사이트(https://publichealthmatters.blog.gov.uk/).

경미한 타박상이나 골절 등 일시적인 장애만을 수반하는 경우도 있다. 다시 말해 사고의 유형에 따라 치명률이 높을 수도 있고, 치명률은 낮으나 후유장애의 유병기간이 긴 경우도 있으며, 치명률도 낮고 유병기간도 짧은 경우도 있다. 질병부담 연구는 이런 유형에 따른 다양한 특성의 차이를 포괄하여 DALY라는 단일 지표로 표현할 수 있는 장점이 있다. 이런 DALY는 질병의 이환 또는 상해로 인해 발생하는 건강연수의 상실(YLD: Years Lived with Disability)과 조기사망으로 인한 생존연수의 상실(YLL: Years of Life Lost)로 구성된다.

WHO에서는 상기 DALY를 활용해 주기적으로 세계의 질병부담 연구결과를 발표하고 있다. 2004년에 발표에 따르면 전 세계적으로 교통사고로 인한 질병부담은 증가하는 추세로 나타났다. 특히 교통사고로 인한 손상 또는 사망은 고소득 국가의 경우 감소하고 있는 추세지만, 중·저소득 국가에서는 점차 증가하고 있는 것으로 분석되었다. 상기 WHO의 보고서에 의하면 전 세계적으로 가장 많은 수명손실을 야기하는 주요 10대 원인으로는 1990년 기준 1위가 하기도 감염으로 나타났고, 그다음으로는 설사성 질환, 주산기 질환 순이었으며, 교통사고는 9위를 차지하여 1990년대에도 교통사고로 인한 전 세계 수명손실이 높은 수준이었음을 알 수 있다. 특히 상기 연구에서 향후 미래의 질병부담을 추계한 결과 1990년에 9위였던 교통사고가 2020년에는 3위에 달할 것으로 분석되어 교통사고로 인한 전 세계적인 수명손실은 꾸준히 증가할 것으로 예측되었다. 그와 함께 2020년의 전 세계적인 질병부담 1위는 허혈성 심질환이 차지했고, 그다음 2위는 우울증으로 예측되었다.[17]

---

17) M. Peden, *World Report on Road Traffic Injury Prevention: Summary*(Geneva: WHO,

한국에서도 질병으로 인한 국가적 수명손실을 측정한 '한국인의 질병부담' 연구가 수행되었는데, 2012년 기준 교통사고로 인해 한 해 동안 손실되는 국가적 총 수명손실은 58만 5539년으로서 한국의 주요 질병부담 원인 중 6위를 차지했다. 이런 수치는 현재 한국 신생아의 기대여명을 약 85세로 가정했을 때 2012년 한 해에만 약 7000명에 이르는 신생아가 사망한 것과 같은 수치이다. 또한 이로 인해 발생되는 의료비 등 직접비와 생산성 손실로 인한 간접비를 추정한 결과 3조 7700억 원에 달하는 것으로 분석되었다. 상기 연구에서 분석된 한국의 주요 수명손실 원인을 살펴보면, 1위는 당뇨병, 2위는 요통·경부통, 3위는 뇌졸중 4위는 허혈성 심질환 등으로 나타났다.[18]

경기도의 경우 교통사고로 인한 질병부담을 측정한 연구는 없었지만 교통사고로 인한 사망자 통계를 통해 간접적으로 교통사고의 질병부담을 유추해볼 수 있다. 예를 들어 경기도의 자동차 수는 1990년 44만 7334대에서 2013년 452만 5176대로 10.1배가 증가했고, 2012년 기준 경기도의 재난재해 사망자 1253명 중 교통사고 사망자가 1039명으로 82.9%를 차지하는 것으로 나타났다. 특히 보행자 교통사고는 2012년 기준 전체 교통사고의 21.1%를 차지하는 9451건이 발생했는데, 도로횡단 중에 3799건의 사고가 발생해 199명이 사망했고 도보통행 중에 501건의 사고가 발생해 16명이 사망한 것으로 나타났다. 즉, 이는 교통량 및 자동차의 증가에 따른 교통사고 사망의 증가와 함께 교통사고로 인한 질병부담 역시 증가한다고 볼 수 있을 것이다.[19]

2004).

18) 한국보건산업진흥원, 「한국인의 질병부담 측정 및 미래예측에 관한 연구」(2015).

(3) 교통소음으로 인한 건강영향

소음에 대한 과도한 순간 피폭이나 장기간에 걸친 노출은 일차적으로 청각 손실을 유발할 뿐만 아니라 고혈압, 심장병, 소음성 불쾌감, 수면의 질 하락 등 신체적 및 정신적 건강에도 영향을 미치는 것으로 보고되고 있다.[20] 특히 환경소음 중 교통소음에 의한 문제는 전 세계적으로 상당히 심각한 수준이다. 미국의 경우 인구의 40% 정도가 55dB이 넘는 교통소음에 노출되어 있으며 유럽과 일본의 경우에는 심지어 이보다 더 높은 비율의 인구가 55dB 이상의 소음에 노출되어 있는 것으로 나타났다.[21]

이런 교통소음으로 인한 건강영향은 주로 심리적 영향, 청취 방해, 수면 방해, 생활활동 방해, 신체적인 영향 등이 있다. 특히 소음의 정도에 따른 성가심(Annoy-ance) 등 심리적인 악영향이나 정서적인 방해는 수면 방해 또는 신체적인 악영향 등에 비해 반응률이 높은 것으로 나타났다. 또한 소음에 의해 발생하는 주요 심리적·정신적 악영향의 경우는 주로 간접적인 영향으로서, 정서적인 방해로 인해 나타나는 불안, 초조, 우울, 경악, 그리고 집중 저하 등이 있다. 특히 소음으로 인한 수면 방해는 직접적으로 수면의 질 저하로 연결되고, 이로 인한 삶의 질 저하를 비롯한 부정적 건강영향에 직접적인 요인 중 하나라는 점에서 매우 중요하다. 이런 소음으로 인한 수면 방해는 수면 심도의 관점에서 소음이 없는 0dB의 수면 심도를 2.5라고 한다면 백색잡음이 40dB일 때 수면 심도는 2.2에 해당된다. 즉, 수면 시

---

19) 조응래 외, 「경기도 교통정책 3.0: 생활형 교통정책으로의 전환」(경기개발연구원, 2014).

20) 선효성, 「교통소음의 건강영향에 대한 환경적 고찰」(세종: 한국환경정책평가연구원, 2007).

21) 손정곤·김정수, 「생활소음종합대책: 교통소음」, ≪소음진동≫ 제16권 3호(2006), 27~41쪽.

40dB 이하로 소음 레벨이 유지되어야만 평안한 수면을 방해하지 않는 것으로 나타났다.

소음으로 인한 건강영향에서 신체적 영향은 혈관 수축, 혈압 상승, 침 감소, 위 활동 억제, 신장 호르몬 및 성호르몬 분비의 변화 등으로 다양하다. 이런 반응이 소음량 증가로 높아지게 되면 내장의 활동을 조절하는 자율신경이 교감신경의 긴장으로 편중되면서 각종 내분비선 활동이 활발해졌다가 점점 쇠약해진다. 또한 소음에 의한 피해 분쟁은 주로 정신적 및 신체적인 피해 등이며 주로 정신적인 긴장이 가해져서 신체 증상도 악화되어 소음이 정신 불안의 증상이나 질병의 원인이 되기도 한다.

(4) 교통공해로 인한 건강영향

한국에서 발생하는 미세먼지 중 70%가량이 자동차 배출에서 기인하는 것으로 알려져 있다. 최근 경유차량의 증가는 대기 중 미세먼지와 초미세먼지의 주된 원인으로 꼽히고 있다. 교통으로 인한 미세먼지가 다른 요인으로 인한 미세먼지보다 독성이 더 심각한가에 대한 역학적 측정은 쉽지 않은 일이지만 일부 연구가 이를 증명하고 있다.

유럽의 공기오염과 건강영향에 대한 연구를 살펴보면, 교통 관련 대기오염의 주범으로 잘 알려진 이산화질소(Nitrogen Dioxide)의 대기 중 농도가 증가 시 이런 미세먼지에 대한 단기간 노출 또한 높아지고, 이로 인해 사망위험이 높아지는 것으로 보고되었다. 특히 이런 교통량 증가로 인한 미세먼지는 석탄을 연소할 경우와 비교했을 때 $PM_{2.5}$ 기준 10㎍.m^3당 사망 위험이 3배나 증가하는 것으로 나타났다. 또한 자동차의 배기가스로 인한 주요 대기오염물질은 오존, 아황산가스, 질소산화물, 일산화탄소 등을 증가시켜 천식 등 호흡기 질환은 물론 눈 관련 질환의 증상을 유발하는 것으로 나타

났다.[22]

외국의 다양한 선행연구에 따르면 주요 도로변에 거주하는 사람들에게서 사망 위험이 높게 나타났는데, 이는 도로변의 대기오염으로 인한 초미세먼지가 상대적으로 높은 농도를 지녔기 때문으로 해석하고 있다. 1986~1994년에 진행된 네덜란드의 연구에서는 5000명을 대상으로 사망률 및 위험 요인에 대해 연구한 결과 연령이 55~69세인 집단에서 주요 도로의 50m 내에서 10년 이상 거주한 경우 심폐질환으로 인한 사망 위험이 2배 이상 높은 것으로 나타났다.[23] 또한 8년간의 추적 조사를 수행한 또 다른 코호트 연구에서도 주요 도로변에 거주하는 사람들의 심혈관계 질환 사망률이 현저히 높다고 보고했다.[24]

독일 국립환경보건연구센터는 도로변에 거주하는 어린이 3577명을 대상으로 이들이 거주하는 곳과 주요 도로변과의 거리에 따른 호흡기계 질환의 증상 발병률을 연구한 결과 유의한 관련성을 확인했다. 특히 생후 1세의 어린이에서 이산화질소의 농도가 5.7ug/m^3 증가함에 따라 기관지염 발병률이 1.30배(1.03~1.66) 증가했고, 생후 2세 어린이에서는 $PM_{2.5}$의 농도가 1.04ug/m^3 증가함에 따라 콧물, 코막힘 증상이 1.19배 증가하는 것으로 나

---

22) F. Laden et al., "Association of fine particulate matter from different sources with daily mortality in six U.S. cities," *Environ Health Perspect*, Vol.108, No.10(2000), pp.941~947.

23) G. Hoek et al., "Association between mortality and indicators of traffic-related air pollution in the Netherlands: a cohort study," *Lancet*, Vol.360, No.9341(2002), pp.1203~1209.

24) B. Brunekreef et al., "Effects of Long-term exposure to Traffic-related Air pollution on Respiratory and Cardiovascular Mortality in the Netherlands: the NLCS-AIR study," *Health Effects Institute*(2009), pp.5~71.

타났다.[25] 다만 주요 도로의 대기오염과 건강영향의 관련성은 확인했으나 증가한 건강 위험이 어느 수준까지 교통과 직접적인 관련성을 가지는지, 그리고 얼마나 노출되었는지에 대해서는 명확히 밝혀지지 않았다.

(5) 교통 발달로 인한 건강영향

신체적인 활동을 기피하는 승용차 중심의 생활양식은 과체중 또는 비만 인구를 서서히 증가시켰는데, 신체활동량과 신체의 활발한 움직임을 돕는 교통수단은 지역환경의 특성, 특히 도시에 마련된 환경과 연관이 있는 것으로 알려져 있다.[26] WHO에서는 비만을 21세기 신종 전염병으로 선포했고, 주로 북미지역의 건강문제로 여겨졌던 비만은 더 이상 특정 선진국만의 문제가 아닌 세계적인 문제로 대두되었다. 전 세계 65% 이상의 국가에서 비만은 저체중보다 훨씬 심각한 건강문제를 초래하고 있다. 전 세계적으로 한 해 동안 비만으로 발생하는 직접적인 사회경제적 부담은 2조 달러로서 전 세계 GDP의 2.8%에 이르는 것으로 나타났다. 이런 비만으로 인한 사회경제적 비용은 기후변화로 인해 발생하는 사회경제적 부담인 1조 달러의 2배에 이르는 수치이다.

OECD 국가의 평균 성인인구 비만율은 16~18%이고, 미국이 32~36%인데 비하면 한국은 약 4%로 걱정할 수준은 아니지만, 10~19세 청소년층에

---

25) V. Morgenstern et al., "Respiratory health and individual estimated exposure to traffic-related air pollutants in a cohort of young children," *Occup Environ Med*, Vol.64, No,1(2007), pp.8~16.

26) N. Humpel et al., "Environmental factors associated with adults' participation in physical activity: a review," *American Journal of Preventative Medicine*, Vol.22, No.3(2002), pp.188~199.

서는 과체중 비율이 24%로 높은 편에 속한다.[27] 과체중이나 비만의 위험 요인으로는 주로 영양과다를 들 수 있겠지만, 교통 발달로 인한 운동 부족 또한 주요 요인 중 하나로서 신체적 활동을 저해하는 교통환경에도 그 책임의 일부가 있다. 한 연구에서 주요 국가별 비만율과 대중교통 및 비동력 수단 이용자 비율의 연관성에 대해 분석한 결과 음의 상관관계를 확인했는데, 즉 걷기 또는 자전거 타기 등 비동력 수단의 이용률이 높은 국가일수록 비만율은 낮아지는 것으로 분석되었다.[28]

비만은 개인의 식습관 및 신체활동 등 생활양식과 연관성이 있다고 알려져 왔지만 최근에는 이런 생활양식과 관련된 지역 내 물리적 환경과의 연관성에 대한 연구가 점차 증가하고 있다. 특히 대중교통의 편의성, 자전거 도로 설치 여부, 신체활동 관련 시설 접근성 등 지역의 교통환경적 특성에 따른 지역주민의 비만 위험과 비만관리 행동에 대한 관련성도 보고되고 있다.[29]

그 밖에 인구밀도와 거주지역 밀집도, 토지 이용의 다양성, 대중교통 편의성, 자전거 도로 설치 여부, 관련 시설 접근성 등의 지역적 특성도 지역주민의 비만과 비만관리 행동에 영향을 미치는 요인으로 보고되고 있다. 걷기와 관련된 지역사회의 도보 이동 용이성과 지역사회의 평균 자동차 주행거리 등을 지표로 측정하여 비만과의 관련성을 보여준 연구결과에 따르면 단일한 목적의 토지 이용과 저밀도 개발, 비연속적 보행환경 등이 자동차

---

27) Franco Sassi, *Obesity and the Economics of Prevention: Fit not Fat*(paris: OECD, 2010).

28) John Pucher and Lewis Dijkstra, "Promoting Safe Walking and Cycling to Improve Public Health," *Am Journal of Public Health*, Vol.93, No.9(2003), pp.1509~1516.

29) J. Feng et al., "The built environment and obesity: A systematic review of the epidemiologic evidence," *Health & Place*, Vol.16, No.2(2010), pp.175~190.

에 대한 의존을 심화시켜 개인의 비만과 비만관리 행동에 영향을 미치는 것으로 확인되었다.

3. 건강친화적 교통정책 사례

1) 건강도시 교통정책

전 세계적으로 도시의 급격한 과밀화 및 도시화에 따른 공중보건학적 문제들이 심각해지자 해외 주요 국가들에서는 도시정책과 도시계획에서 건강이 중요한 의제로 대두되었고, 교통분야 역시 그중 하나이다. 특히 전 세계적으로 고혈압, 당뇨, 비만 등 비전염성 질환(NCD: Non-Communicable Disease)의 문제가 증가함으로 인해 과거 질병관리 중심의 보건의료정책은 건강을 증진시키는 방향으로 패러다임의 변화가 일어났다. 이와 함께 도시 차원에서 건강을 고려한 새로운 통합적 정책이 필요하게 되었는데 그중 하나가 건강도시사업이다.

건강도시사업은 WHO에서 정의한 '건강'의 개념과 1978년 알마아타선언(Alma Ata Declaration)인 "모든 인류에게 건강을(Health for All)", 그리고 건강에 대한 도시정책의 책임을 강조한 1986년 오타와헌장(Ottawa Charter)을 배경으로 등장했다. WHO는 건강도시(Healthy City)를 "물리적·사회적 환경을 지속적으로 개선하고, 사람들이 삶의 모든 기능을 수행하고 최대한의 잠재력을 개발하는 데 있어 서로 협력할 수 있도록 지역사회 자원을 확장해 나가는 도시"[30]로 정의하고, 새로운 건강정책 패러다임을 지향하는 건강도시의 개념을 제시했다.[31] 이런 건강도시의 개념은 정책에서 사람들의 건강을 의사결정의 중심에 두고 결과(Outcome)가 아닌 과정(Process)을 강조함으로써 건강 결정요인 중 사회적·환경적 요인의 관리를 통한 건강수준 향상을 추구하고 있다.

그림 2.9.3에서 보는 바와 같이 WHO에서는 건강도시사업에서 건강증진

그림 2.9.3／WHO 도시건강계획 프레임

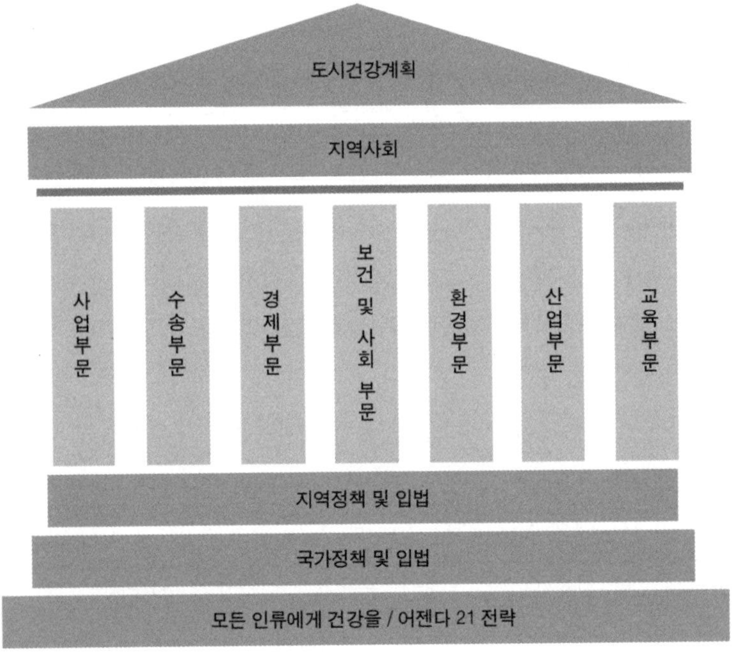

자료: WHO, *City Health Development Planning*(2001).

---

30) "A Healthy City is one that is continually creating and improving those physical and social environments and expanding those community resources which enable people to mutually support each other in performing all the functions of life and in developing to their maximum potential"

31) WHO, *Health Promotion Glossary*(Geneva: WHO, 1998).

을 위해 고려해야 할 중요한 물리적 환경으로 교통을 제시하고 있다. 이로 인해 많은 선진국에서는 건강도시를 실현하기 위해 자전거 이용 장려, 교통소음 감소정책, 교통수단으로 인한 공기오염 대응정책, 교통사고 방지시설 확충 등 다양한 건강친화적 교통정책을 시행하고 있다. 즉, 선진국의 경우 자동차에 의존하던 기존의 교통체계를 변화시키고, 환경에 위해가 없는 교통수단의 이용을 늘리는 등 건강뿐만이 아니라 교통위험을 줄임과 동시에 환경오염까지도 개선시키는 건강·환경 친화적 교통정책을 시행하고 있다. 이에 대해 WHO의 가이드라인에서는 교통정책 수립 시 건강을 고려한 포괄적인 계획이 세워져야 함을 강조하고 있고, 이를 지원하는 정책과 법제화가 필요하다고 제시하고 있다.[32)]

한국에서도 여러 지역들에서 건강도시사업과 함께 건강친화적 교통정책이 추진되고 있다. 대표적인 사업으로는 자전거 도로망 구축, 안전한 도로 만들기, 안전한 보행을 위한 환경 개선, 녹색교통망 확충, 걷기 지도 작성 등이 있다. 즉, 한국에서도 많은 지방자치단체들이 건강도시를 표방하며 다양한 건강친화적 교통정책을 수행하고 있지만 아직은 미흡한 실정이다. 한국 건강도시들의 협의체인 '대한민국건강도시협의회'에서 한국의 건강도시들이 시행 중인 사업들에 대해 '건강생활 실천형', '건강한 생활터형', '위생·환경 개선형', '건강교통형', '건강형평성 개선형', '건강산업 혁신형'으로 분류하여 각 항목에 해당하는 사업을 조사한 결과 '건강교통형'의 경우 총 494개 사업 중 겨우 48개의 사업만이 수행되고 있어 건강도시에서도 교통정책이 상대적으로 소외시되고 있음을 알 수 있다.[33)]

---

32) Regional Office for Europe of WHO, *A healthy city is an active city: a physical activity planning guide*(Copenhagen: Regional Office for Europe of WHO, 2008).

따라서 한국의 건강도시사업에서 건강친화적 교통정책사업의 발굴을 강화하고 건강증진과 관련된 다양한 아이템을 고려한 포괄적인 교통정책을 수립해야 한다.

2) 안전 중심 교통정책

앞에서 살펴본 바와 같이 한국은 물론 전 세계적으로 교통사고로 인한 질병부담, 즉, 국가적 수명손실은 매우 높은 수준이었다. 특히 이에 대한 효과적인 중재가 없을 경우 교통사고로 인한 질병부담은 더욱 급격히 증가할 것으로 예상된다. 따라서 이런 교통사고로 인한 질병부담을 줄이기 위해서는 안전한 교통정책의 수립이 필요한데, 주요 선진국의 교통안전정책에 대해 살펴보면 다음과 같다.[34]

UN의 도로안전을 위한 10년 정책(2011~2020년)의 주요 안건을 살펴보면, 도로 안전관리, 안전한 도로와 이동성, 안전한 차량, 안전한 도로 이용자, 사상자 처리 등에 관한 내용으로 구성되어 있다. 이를 통해 교통사고 사상자 감소를 위한 헬멧과 안전벨트 착용을 강화했고, 음주운전과 과속 방지, 운전자 교육 등을 개선하고 있다. 또한 보다 안전한 교통수단을 만들기 위해 자동차 제조업자에게는 안전한 차를 제작해야 할 책임과 의무를 강조하고, 에어백 등 필수 안전장치 장착을 의무화하고 있다. 또한 전 세계적으로 NGO 및 공공기관에서 안전한 도로 만들기 캠페인을 통해 전 세계 100만 명이 넘는 참여자들과 함께 도로안전에 대한 정책 의제를 수립하고 있다.

---

33) 대한민국건강도시협의회, 『대한민국 건강도시 백서』(2013).

34) 국토해양부, 「제7차 국가교통안전기본계획(2012~2016)」(2011).

이를 통해 도로안전 관련 UN 지원 국제회의를 제안하고 '도로안전 촉진을 위한 10년 정책' 캠페인을 주도하고 있다.

EU에서는 2020년까지 교통사고로 인한 사망자 수를 절반으로 줄이겠다는 목표 아래 목표를 달성하기 위한 세부 정책과제로서 음주운전 근절, 속도관리, 청년 운전자와 고령자 대책, 이륜차 및 자전거 사고 감소 등의 정책을 추진하고 있다. 또한 약물운전에 대한 단속을 강화하고, 연령대별 및 이용자 유형별로 전략적인 교육·홍보 프로그램을 개발해 교통행동의 개선을 위한 정책을 다각화했다.

그 외 OECD의 경우 'Task Team on Infrastructure for Poverty' 개발 지원금을 마련하여 거주지로부터 반경 2km 이내 안전한 도로의 제공을 비롯한 지속가능한 녹색교통정책 전략을 추진 중이다. 호주는 2020년까지 교통사고로 인한 사망자 및 부상자 수의 30% 감소를 목표로 안전한 도로, 안전한 속도, 안전한 차량 및 안전한 사람을 주요 사업으로 선정하여 추진하고 있다. 또한 네덜란드는 2020년까지 사망자 및 부상자 수를 25%까지 줄이기 위해 사고감소계획을 수립했는데, 보행자, 자전거 및 이륜차 운전자, 1인 사고, 어린이 및 고령자, 초보운전자, 음주 및 약물복용 운전자 관리와 제한속도 하향 등에 중점을 두고 정책을 추진하고 있다.

3) 대기오염 개선 교통정책

최근에는 자동차로 인한 대기오염 문제가 주요 건강이슈로 제기되면서 교통수요관리를 통해 승용차 이용을 감소시킴으로 대중교통 이용을 촉진하고, 걷기와 자전거 이용 등 녹색교통 이용을 장려하는 정책들이 많이 실시되고 있다. 하지만 대중교통 이용을 장려하려면 우선적으로 보행환경을 개선하는 것이 필요한데, 이는 대중교통을 이용하는 사람들이 기본적으로 보행에 의존하고 있기 때문이다. 따라서 보행자가 걷기 편하고, 안전하며, 오염이 적은 거리환경을 조성하는 것이 전제되어야만 대중교통 장려정책이 성공할 수 있다. 즉, 사람들로 하여금 걷고 싶은 마음이 들도록 매력적인 요소, 깨끗하고 심미적인 환경을 갖춰가는 것이 무엇보다 중요하다.

이를 위해서는 교통수요관리가 필요한데, 교통수요관리란 통행행태의 변화를 유도해 1인 승용차의 이용을 억제하고, 직장 출근패턴의 수정, 대중교통을 비롯한 다인승 차량의 이용 촉진 등을 통해 교통체계에 대한 부담을 줄이고 교통혼잡을 완화시키는 방법을 말한다. 특히 선진국의 경우 교통수요관리의 목적을 경제적 효율성에만 국한시키는 것이 아니라 대기오염의 감소는 물론 나아가 도시공동체 및 지속가능한 도시 형성에 미치는 사회적 영향까지 고려해 광범위한 차원에서 접근하고 있다.

많은 선진국에서는 차량이 집중하는 도심지역의 대기 질 악화를 예방하거나 개선해 거주민이나 방문자의 건강을 보호하고, 안전성 향상을 위한 다양한 규제가 시행되고 있다. 예를 들어 환경오염물질의 배출이 심한 차량에 대해 도심의 통행을 규제하는 공해차량 운행제한지역(LEZ: Low Emission Zone) 제도는 유럽을 중심으로 13개 국가의 220개 도시(런던, 베를린, 스톡홀름 등)에서 시행되고 있다. 또한 몇몇 선진국에서는 탄소 저배출 구역을 설정하여 대기오염물질의 배출이 많은 대형 차량이나 노령 차량에 대해 통행을 불허하거나 필요한 경우 통행 허가증을 구매하게 함으로써 대기오염 개선을 위한 교통정책을 시행하고 있다.[35]

영국 런던의 경우 혼잡한 도심으로 통행하는 차량에 대해 경제적인 부담

35) 조남건, 「힐링을 배려한 건강친화적 교통정책」, ≪환경논총≫ 제53권(2014).

을 부과함으로써 교통체증이 극심한 주요 도로의 자동차 통행을 억제하는 정책을 시행하고 있다. 즉, 영국은 2003년부터 '혼잡통행료'라는 요금을 부과함으로써 자동차의 교통량 감소를 유도하고 있는데, 그 결과 차량통행량의 감소는 물론 대기오염의 주원인인 유해 배출가스의 양도 현저히 감소한 것으로 나타났다. 스톡홀름의 경우에도 이와 같은 제도를 시범으로 실시했다가 시한이 되어 규제를 풀었는데, 그 효과가 좋아 재시행하고 있다.[36]

이런 교통수요관리 전략은 교통서비스 공급 중심과 규제조절 중심으로 분류할 수 있는데, 교통서비스 공급 중심의 교통수요관리 정책의 경우 통행량 전환효과는 크지만 공급 위주의 정책 시행에 따른 교통시설 투자비용이 높다는 단점이 있다. 반면 규제조절 중심의 교통수요관리 정책의 경우 통행량 전환효과는 적지만 정책 시행에 따른 추가적인 교통시설 투자비용이 낮아 시행이 용이한데, 다만 시행에 따른 지역주민들의 반감이 큰 것으로 나타났다.[37]

4. 정책적 시사점: 건강친화적 교통정책의 방향

지금까지 국내외 다양한 연구에서 밝혀진 교통과 건강의 관련성에 대해 살펴봤고 또한 건강친화적 교통정책 사례들을 고찰했다. 이 절에서는 공중보건학적 관점에서 선행연구 및 해외 사례의 시사점을 통해 한국의 건강친

---

36) 앤드류 댄넌버그 외, 『시민을 위한 건강한 도시 만들기』, 김태환 외 옮김(국토연구원, 2014).

37) 정도영 외, 「교통부문 온실가스 배출량 저감을 위한 교통수요관리 방안 전략 연구」, ≪대한교통학회지≫ 제29권 제1호(2011).

화적 교통정책의 방향을 제시하고자 한다.

먼저 한국의 교통체계를 자동차 중심에서 보행자 중심으로 전환해 보행의 질을 향상시키는 교통정책이 필요하다. 그동안 효율성과 편리함만을 추구했던 교통정책으로 인해 자동차 중심의 교통문화가 정착되었고, 이로써 보행은 그저 자동차를 이용하기 위한 보조적인 이동수단으로 인식되었다. 하지만 기본적인 이동수단으로서 보행의 역할은 물론, 이동수단으로서만이 아닌 보행으로 인한 건강의 편익은 매우 크다. 따라서 보행자를 위한 시설은 보행자의 관점에서 안전하고, 편리하며, 쾌적하게 이동할 수 있도록 설계되어야 한다. 즉, 교통정책에서 이런 보행의 질을 향상시키기 위한 고려가 반드시 필요하다.

예를 들어 전국적으로 차 없는 거리를 확대하고 걷기 좋은 거리를 조성함으로써 양질의 보행환경을 확산하는 정책을 시행한다면 사람들은 보행에 대해 더욱 긍정적인 인식을 가질 수 있을 것이다. 이를 통해 사람들의 생각 속에서 보행이란 가장 느린 이동수단이 아닌 건강을 증진시키는 레크리에이션의 한 종류이자 다른 사람들과 소통할 수 있는 기회의 장으로 바뀔 수도 있다. 이런 개념은 1960년대 네덜란드 델프트에서 시작된 본에르프 정책과 유사한데 본에르프 정책은 도로공간을 사람과 차량이 공유하는 개념으로서 이를 위해 도로 폐쇄를 비롯해, 일방통행 지정, 속도제한시설 설치 등의 사업을 시행했다.

이런 정책은 차량과 보행자가 공존하는 환경을 구축하기 위해 강력한 법적 규제보다는 물리적 환경을 구축함으로써 차량의 속도를 저감시키거나 진입을 우회하도록 하여 꼭 출입이 필요한 차량들만 통행이 가능하도록 만든 것이다. 결과적으로 본에르프는 차량에게는 장애물 코스이지만 지역주민들에게는 생활공간의 확대라는 결과를 가져올 수 있었다. 이후 본에르프

정책은 다른 나라에까지 확산되어 네덜란드와 독일의 경우 3500개 이상의 본에르프가 추진되었고, 일본에서는 300개 이상, 이스라엘에서는 600개 이상이 추진될 수 있었다.[38]

다음으로 도로변 대기 질에 대한 강력한 모니터링과 이를 개선할 수 있는 방안이 필요하다. 이는 앞서 살펴본 보행의 질과도 직접적으로 연결되어 있다. 예를 들어 보행으로 인해 차량이 배출하는 각종 대기오염물질에 대한 노출위험이 높아진다면, 이는 보행의 질 저하는 물론이거니와 보행이라는 신체활동을 통한 건강증진은 고사하고 오히려 보행으로 인해 수명이 단축되는 결과를 초래할 수 있다. 특히 최근 대중교통의 편의성을 높여 이용을 활성화하기 위한 다양한 정책들이 추진되고 있는데, 효율성 측면에서는 긍정적이기도 하지만 이용자가 더 많은 대기오염물질에 노출될 위험 또한 존재한다.

그동안 한국의 대중교통정책은 효율성과 편의성만을 강조하여 빠른 수송과 편리함에만 관심을 가졌다고 해도 과언이 아니다. 대표적인 사례가 2004년 서울에서 도입된 '중앙 버스전용 차로'이다. '중앙 버스전용 차로'란 말 그대로 도로 중앙에 위치한 버스전용 차로인데, 도로 중앙의 2개 차로를 버스 전용으로 사용함으로써 버스의 이동 속도는 현저히 빨라졌고, 이로 인해 버스의 신속성과 정시성이 획기적으로 향상되었다는 평가가 많았다.

하지만 보건학적인 관점에서 '중앙 버스전용 차로'는 중요한 문제점이 있는데, 이는 버스 정류장을 도로 한가운데에 만들었다는 것이다. 이 때문에 버스를 이용하는 승객들은 자동차에서 배출되는 유해물질에 노출될 위험이 더욱 높아졌다. 그 근거로 최근의 한 연구에서 '중앙 버스전용 차로'의

---

38) 오성훈 외, 「보행자 우선도로의 설치 및 관리 기준에 관한 연구」(국토해양부, 2012).

버스 정류장에서 대기오염물질을 측정한 결과 이산화질소의 농도가 0.025~0.043ppm으로 측정되었다. 이는 일반 도시의 대기 질에 비해 오염물질의 농도가 최소 2.5배에서 최고 5.3배에 해당되는 수치이다.

즉, 버스 정류장이 도로의 중앙에 위치함으로써 이를 이용하는 승객들은 도로의 한가운데에 서서 양방향에서 달리는 자동차들이 내뿜는 유해 배출가스에 매우 가깝게 노출되고 있다는 것이다.[39] 따라서 자동차 배출가스로 인한 대기오염과 이로 인한 건강위해 또한 점차 증가하고 있는 만큼 이런 대기 질 문제는 교통정책에서 반드시 고려해야 할 사안이다. 향후 건강친화적 교통정책에서 보행 및 대중교통을 장려하기에 앞서 반드시 대기오염에 대한 면밀한 모니터링과 개선방안의 마련이 전제되어야 할 것이다.

끝으로 교통정책의 수립에서 안전성의 향상은 물론 건강을 배려하면서, 결과적으로는 삶의 질을 향상시킬 수 있는 포괄적인 건강친화 교통정책의 수립이 필요하다. 즉, 건강을 향상시키고 보다 활동적인 삶을 살아갈 수 있는 건강친화적 교통정책을 수립하려면 도시계획 단계에서부터 교통, 환경, 조경, 보건 등 다양한 분야의 상호 협력과 융합적 접근이 필요하다.

특히 보건의료 정책과 교통정책, 그리고 공간정책의 협력적 추진이 필요한데, 공중보건의 정책목표인 국민의 건강증진을 위해서는 교통체계는 물론 교통의 물리적 환경 개선도 밀접한 관계가 있기 때문이다. 예를 들어 보행통행을 유도함으로써 신체활동을 촉진시키고, 궁극적으로는 건강증진이란 목표를 달성하기 위해서 도시의 교통체계와 함께 물리적인 보행로의 연계성과 접근성의 개선 등 도로 및 도시계획적 수단이 필요한 것이다.

---

39) 이용기 외, 「중앙차선 버스 정류장과 주변지역의 대기오염 특성 비교」, ≪한국대기환경학회지≫ 제30권 4호(2014), 378~386쪽.

이런 다양한 분야의 포괄적인 노력이 필요한 가장 큰 이유는 사람과 차량이 필요에 의해 서로 공존할 수밖에 없기 때문인데, 이를 연결해주는 것이 바로 교통체계를 비롯한 도로 및 도시계획 정책이기 때문이다. 따라서 향후에는 교통정책 수립 시 운송효율성뿐만이 아닌 교통정책으로 인해 국민의 건강증진까지 달성할 수 있는 '건강친화적 교통정책'의 개념이 포함되어야 한다.

공중보건학적 관점에서 '건강친화적 교통정책'에 고려되어야 할 세부사항을 제시하면 다음과 같다. 첫째, 교통정책을 통한 '공중보건 향상'이라는 개념이 포함되어야 한다. 둘째, 보행통행을 장려하기 위해서는 '보행의 질 향상'이 전제되어야 한다. 셋째, '교통소음 감소'를 통한 건강위해 예방의

그림 2.9.4／건강친화적 교통정책 수립 방향

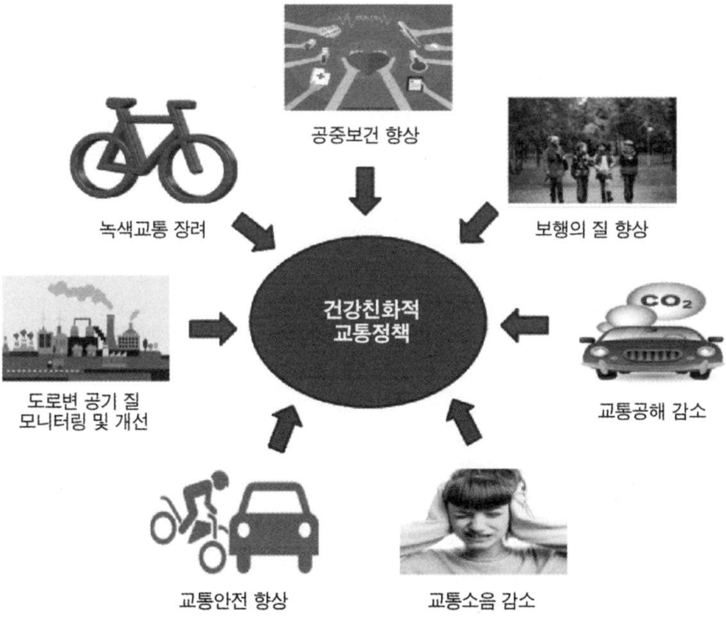

개념이 포함되어야 한다. 넷째, 교통정책으로 인한 국민 건강증진이라는 목표를 달성하기 위해서는 반드시 '교통공해 감소'가 전제되어야만 한다. 다섯째, 단순히 사고로 인한 인적·물적 피해의 예방 수준을 넘어서 한국 전체의 질병부담 감소라는 차원의 '교통안전 향상' 개념이 필요하다. 여섯째, 환경오염으로 인한 건강위해의 감소를 넘어 깨끗한 환경으로 인한 국민 건강증진이라는 '녹색교통 장려'가 필요하다.

제10장
여성이 안전한 교통환경 조성

/이범규

1. 여성의 특성이 반영된 정책 추진

여성은 인구의 약 절반을 차지하고 있다. 여성 모두에게 적용되지는 않지만, 여성은 일반적으로 남성에 비해 신장이 작고, 걸음이 느리며, 힘이 약한 것이 신체적 특성이다. 따라서 횡단보도를 건널 때 걸음도 느리고, 혼잡한 버스 안에서 중심 잡기가 어려울 수도 있다. 또한 교통수단을 이용하면서 성희롱, 성추행 등에 노출될 우려도 있다. 아기를 안거나, 유모차를 이용하는 등 영유아를 동반할 경우에는, 특히 통행에 불편과 어려움을 겪을 수 있다. 그리고 많은 여성들이 굽이 높은 구두를 신기 때문에 잘 정비되지 않은 보도를 걸을 때 불편을 겪을 수 있다. 도로에서 운전을 하는 경우 남성에 비해 운전 기술이 부족하기 때문에 자동차 운전에 어려움을 겪거나 사고발생 위험이 높아질 수도 있다.

실제 지하철 내에서는 아직도 추행, 몰래카메라 등 많은 성범죄가 발생하고 있다. 지하철에서 발생하는 성범죄는 2012년 약 700건에서 2015년 1519건으로 증가했다(추행 등 788건, 몰래카메라 731건). 발각되지 않은 범죄를 포함하면 훨씬 더 많은 범죄가 발생하고 있을 것으로 판단되며, 성추행을 경험한 여성의 71.4%는 지하철이나 버스와 같은 대중교통수단에서 겪

표 2.10.1／국내 지하철 주요 성범죄 발생 추이

(단위: 건)

구분	2012년	2013년	2014년	2015년
강간, 강제추행	471	613	612	788
촬영	229	422	554	731
계	700	1035	1166	1519

자료: 경찰청 내부자료.

은 것으로 조사된 바 있다.[1)]

또한 시내버스 정류장, 지하주차장, 도로(골목길 등)와 같은 교통시설에서도 성추행 등 각종 범죄가 발생하고 있어 여성의 안전을 위협하고 있다. 꼭 여성의 안전을 위협하지 않더라도 교통시설이 체계적으로 정비되지 않아 여성이 불편한 사례는 여러 곳에서 볼 수 있다.

따라서 여성도 교통약자로 인식하고 보다 안전한 환경에서 통행할 수 있도록 교통체계를 정비해나갈 필요성이 있다. 최근 많은 지자체에서 여성친화도시를 조성하기 위해 앞장서고 있으나 아직은 위험하고, 불편한 곳이 많은 실정이며, 각종 계획 수립 및 사업 추진 시 성별영향분석·평가를 받고 있으나, 여성을 위한 교통개선사업은 적극적으로 추진되지 못하고 있는 실정이다.

여성이 안전하고, 편리한 교통체계를 구축하기 위해서는 각종 교통정책을 추진함에 있어 여성의 특성이 충분히 반영될 수 있도록 고려되어야 한다. 특히 여성은 대중교통과 보행을 많이 이용하기 때문에 교통시스템계획 시 가장 우선적으로 고려되어야 하며, 택시 이용, 자동차 운전에 대해서도 여성의 통행특성이 반영될 수 있도록 정책을 추진할 필요가 있다.

1) 여성가족부, 「성폭력실태조사」(2013), 127쪽.

2. 여성을 위한 교통정책 추진 동향

1) 외국 사례

(1) 빈의 성 평등 표지판

오스트리아 빈에서는 2006년부터 성 평등 개선 프로젝트를 추진하여 모든 도로의 교통신호와 도로 표지판을 성 평등하게 개선하는 작업을 시작했다. "여성도 사회의 모든 분야에서 동등하게 참여하고 의사결정권을 가질 수 있다는 인식을 심어주는 것을 목적으로 도시계획, 노동 및 보건, 교육 관련 분야 등에서도 체계적인 성 주류화를 추진하고 있다."[2)]

(2) 뮌헨의 성 평등 교통기반시설[3)]

독일 뮌헨은 여성친화적 지역 개발의 선두 주자로서 독일 연방도시계획법에 의거한 지역정책의 성 주류화 법적 근거를 제시하는 등 성 평등한 교통기반시설을 조성하기 위해서 보행자와 자전거 이용자를 대상으로 안전한 길을 만들고, 시범 프로젝트 지구에서 근거리 이동 구역을 구상하며, 이용자에게 공정한 주차장과 지하주차장을 마련했다.

근거리교통계획의 질적인 기준을 마련하기 위해 버스 정류장에 휠체어 이용자, 유모차 등이 이용할 수 있는 넓은 출입구와 대기 장소를 확보하고 주변 장애물을 제거하는 등 쾌적하고 질적인 공간을 제공하고자 노력했다.

---

2) 모창환 외, 「여성의 통행특성과 교통안전 확보방안 연구」(한국교통연구원, 2011), 139쪽.
3) 김양희, 「여성이 행복한 도시 만들기」(행정중심복합도시건설청, 2008), 52쪽 재인용. 이범규, 「여성 통행실태 분석 및 여성친화형 교통정책 연구」(대전발전연구원, 2014), 57쪽 재인용.

(3) 런던의 성 평등 교통계획

영국 런던에서는 모두에게 평등한 삶의 기회를 제공하고자 성 평등 계획을 실시했다. 고용 및 비즈니스, 교육, 기술, 폭력 및 안전, 교통, 주택 및 도시계획 등의 분야를 다뤘으며 주로 폭력 및 안전, 교통, 주택 및 도시계획을 중점적으로 실시했다.

우선 대중교통에 대한 접근성 향상을 위해 버스 정류장을 확대 설치하는 등 접근성을 강화하고, 지하철과 버스 정류장의 출입구를 확장하는 사업을 실시했다. 또한 안전성 확보를 위해 보행 및 자전거 친화도로를 조성하는 등의 노력을 기울였다.

(4) 몬트리올의 여성친화적 대중교통서비스

캐나다 몬트리올에서는 1996년 12월부터 여성친화적 대중교통서비스를 제공해오고 있으며, 여성 승객을 위해서 정류장에 상관없이 목적지에 가까운 지점에서 정차하는 서비스를 제공하고 있다. 또한 야간에 밖에서도 잘 보일 수 있도록 정류장을 통유리로 설치했으며, 긴급 상황에 대비해 전화기를 정류장에 설치했다.

(5) 멕시코의 여성전용택시

멕시코 푸에블라에서는 2009년부터 여성 기사와 여성 승객만 이용할 수 있는 핑크택시(여성전용택시)를 운영하고 있다. 차량에는 기본적으로 GPS 장치가 장착되어 있어 차량 정보(기사 정보), 운행 정보 등을 확인할 수 있도록 구성되어 있다.[4)]

---

4) 빈미영, 「경기도 대중교통이용 여성통행자 성범죄피해 현황과 개선방안」(경기개발연

(6) 두바이의 여성전용버스

두바이에서는 여성 승객의 증가에 따라 편의를 제공하기 위해 2009년부터 여성전용버스를 도입하여 오전·오후 첨두시(06:30~09:00, 16:00~20:00)에 운영하고 있다. 시인성을 높이기 위해 버스에 여성전용이라는 스티커를 부착하고, 구간 표시를 L55로 별도 지정하여 운영 중이다.[5)]

(7) 일본의 지하철 여성전용차량

일본 국토교통성은 여성의 안전과 편의를 위해 도시철도 여성전용차량 운영에 참여 의사가 있는 철도회사를 모집했다. 게이한전기철도와 한큐전철이 참여를 결정했으며, 추가 혼잡률 발생, 혼잡 발생에 따른 정차시간 연장, 남성의 승차대책, 안전성 확보 방안 등을 마련하고 2006년부터 여성전용차량을 운행하고 있다.

(8) 빈의 여성친화도로

2002년 후반부터 제6구역 내 도로 재정비 시점에 맞춰 여성친화형 도로 건설을 추진했다. 횡단보도 40개를 추가적으로 설치하고, 신호등(26개)의 신호 주기를 노인과 아동에 맞춰 설정했다. 또한 도로 폭 확장, 무장애 보도 설치 등 보행자 친화적인 도로로 설계했다.[6)]

구원, 2011), 23쪽 재정리.

5) 같은 글.

6) 손문금 외, 「마곡지구 성평등 도시개발 모델 구축」(서울시여성가족재단, 2012), 42쪽 재정리.

2) 국내 사례

(1) 서울 여성 안심 귀갓길

1인 여성가구가 밀집해 있는 지역에 거울 설치, 현관문에 거울 스티커를 부착하는 등 범죄예방 환경설계(CPTED)를 적용한 시설물을 설치해 여성 안심 귀갓길을 이용하는 여성들에게 심리적인 안정감을 주고 불안감을 해소해주는 역할을 하고 있다. 또한 캐나다 몬트리올처럼 여성 안심 귀갓길에서는 정류장에 상관없이 목적지에 가까운 지점에서 하차할 수 있도록 버스 안내방송을 하고 있다.

(2) 마포구 환경설계를 통한 성범죄 예방[7)]

마포구는 염리동 소금길 소금지키미집 여섯 가구에 카메라를 설치하여 상시 모니터링을 하고, 평일 오후 8시부터 자정까지 취약 지구를 순찰하는 등 주민센터인 소금나루를 마련했다. 이런 환경설계를 통해 범죄예방의 효과 인식은 78.6%, 만족도는 83.3%로 나타났으며, 강간 사건의 발생률은 0%, 절도는 12% 감소의 효과를 나타냈다.

(3) 청주 핑크택시

여성친화도시로 지정된 청주시는 2012년부터 여성의 안전한 통행을 위해 핑크택시를 운영하고 있다. 모범운전자만 운행할 수 있도록 하고 있으며, 당초 107대가 운영되었으나 기능이 유사한 콜택시의 운행으로 현재는

---

7) 윤정숙 외, 「성범죄 원인 및 발생 환경분석을 통한 성범죄자 효율적 관리방안 연구」(법무부, 2015), 114쪽 재정리.

89대가 운행되고 있다.

(4) 인천 부평구 여성친화거리

인천 부평구는 낙후되었던 부평 문화의 거리 뒷골목을 여성친화거리로 조성했다. 벽에 벽화를 그리고 어두운 곳에 가로등 및 조명 설치, 여성 화장실 확대 설치(남성 화장실 수의 1.4배), 수유실 및 기저귀 교환대를 설치하는 등 여성의 안전과 주민에게 쾌적한 생활공간을 제공했다.

(5) 대구 시내버스 정류장 태양광 조명 설치

대구시는 야간에 시민을 범죄로부터 보호하고, 시내버스 이용 편의를 제공하기 위해 외곽의 어두운 버스 정류장에 조명 시스템을 설치했다. 시내버스 정류장 지붕에 태양광 패널을 설치하고, 내부에 LED 조명을 설치해 주간시간에 충전된 전기로 야간에 조명을 밝히고 있다.

(6) 서울 여성 안심귀가 스카우트 서비스

서울시는 밤늦게 홀로 귀가하는 여성을 집 앞까지 바래다주는 여성 안심귀가 스카우트 서비스를 제공하고 있다. 여성 동행귀가와 취약지역 순찰 등을 통해 촘촘한 사회안전망을 구축하는 동시에 여성에게 적합한 신규 일자리도 만들어내는 정책이다.

버스나 지하철역 도착 20분 전에 120 다산콜센터나 각 구청 상황실로 신청하면 2인 1조로 구성된 스카우트가 도보나 차량을 통해 집 앞까지 동행한다. 서비스 신청은 밤 10시부터 새벽 1시 사이에 가능하다.

3. 여성이 안전한 교통환경 조성 방향

1) 여성이 안전한 대중교통

(1) 도시철도 여성전용차량 운행

도시철도는 여성의 대표적인 교통수단으로 승용차, 버스 다음으로 많이 이용된다. 그러나 도시철도는 출퇴근 시간대 혼잡도가 높아 여성이 각종 성범죄에 노출되는 환경을 초래하고 있다. 경기도 도시철도 성범죄는 2008년부터 매년 급속하게 증가하고 있으며, 특히 출근시간에 집중적으로 발생하고 있는 것으로 나타났다. 경기도 직장 여성들을 대상으로 대중교통수단 내에서 발생하는 성범죄 피해 경험을 설문조사한 결과 응답자의 24.7%가 경험이 있는 것으로 나타났다.[8)]

이런 도시철도 성범죄를 예방하고, 여성의 교통편의를 위해 일본은 2000년 도쿄, 오사카 등 대도시를 중심으로 도시철도에 여성전용차량을 도입했다. 여성의 불안감을 해소하는 등 긍정적인 효과를 보이자 출근시간에만 운행하던 여성전용차량을 2006년부터 전일제로 운행하고 있다. 그 밖에 이란, 인도, 태국, 브라질 등에서도 도시철도 여성전용차량이 운행되고 있다.

국내에서는 부산교통공사에서 임산부, 영유아 및 어린이 동반 여성 등을 대상으로 이용 편의를 제공하기 위해서 2016년 6월 22일부터 9월 21일까지 3개월 동안 출퇴근 첨두시(07:00~09:00, 18:00~20:00)에 시범 운행을 실시했다. 1호선 5호차에 여성배려칸을 설치했으며, 도시철도 이용객들을 대상으

---

8) 빈미영, 「경기도 대중교통이용 여성통행자 성범죄피해 현황과 개선방안」(경기개발연구원, 2011), 23쪽.

로 한 조사에서 긍정적인 여론이 높게 나타남에 따라 9월 22일부터 정식 운행에 들어갔다. 도시철도 이용 고객 2000명을 대상으로 시행한 설문조사 결과에 따르면 반대 의견을 보인 응답자는 41.45%(829명)로 조사되었으며, 여성의 경우는 찬성 의견이 70.6%로 높게 나타났다. 도시철도 여성전용차량의 경우 여성의 불안감 해소 등 긍정적인 반응도 있지만, 남성 역차별 문제도 제기되는 만큼 시민들의 여론을 충분히 조사한 후 도입을 결정하는 것이 바람직하다.

그림 2.10.1／부산지하철 여성배려칸 전경

자료: 부산교통공사 내부자료.

(2) 도시철도 CCTV 설치

도시철도 성범죄를 예방하기 위해서는 도시철도 차량 내 CCTV 설치가 필요하다. 도시철도에서 발생하는 범죄를 예방하고 사고를 정확하게 파악

글박스 2.10.1／도시철도법

제41조(폐쇄회로 텔레비전의 설치·운영)

① 도시철도운영자는 범죄 예방 및 교통사고 상황 파악을 위하여 도시철도차량에 대통령령으로 정하는 기준에 따라 폐쇄회로 텔레비전을 설치하여야 한다.
② 도시철도운영자는 승객이 폐쇄회로 텔레비전 설치를 쉽게 인식할 수 있도록 대통령령으로 정하는 바에 따라 안내판 설치 등 필요한 조치를 하여야 한다.
③ 도시철도운영자는 설치 목적과 다른 목적으로 폐쇄회로 텔레비전을 임의로 조작하거나 다른 곳을 비춰서는 아니 되며, 녹음 기능은 사용할 수 없다.
④ 도시철도운영자는 다음 각 호의 어느 하나에 해당하는 경우 외에는 폐쇄회로 텔레비전으로 촬영한 영상기록을 이용하거나 다른 자에게 제공하여서는 아니 된다.
1. 범죄 예방 및 교통사고 상황 파악을 위하여 필요한 경우
2. 범죄의 수사와 공소의 제기 및 유지에 필요한 경우
3. 법원의 재판업무수행을 위하여 필요한 경우

그림 2.10.2／도시철도 CCTV 설치 사례

자료: 대전발전연구원 내부자료(2016).

하기 위해 도시철도 차량에 CCTV 설치를 의무화했으나(「도시철도법」 제41조), 기존에 운행되고 있는 차량은 법의 적용을 받지 않아 CCTV가 설치된 도시철도 차량이 많지 않은 실정이다. 도시철도 CCTV의 경우 사생활 침해라는 논란도 있을 수 있으나, 범죄예방 효과가 있는 것으로 보고되고 있는 만큼 전체 도시철도 차량에 CCTV를 설치할 필요가 있다.

(3) 도시철도 혼잡완화 대책 마련

도시철도 내에서 발생하는 성범죄와 도난 등은 차내 혼잡도가 높은 경우 시야를 가리고 신체가 접촉되면서 발생하는 경우가 많다. 따라서 도시철도 내에서 발생하는 각종 사고를 줄이기 위해서는 혼잡도를 낮추는 정책이 필요하다. 2015년 현재 서울시 도시철도의 평균 혼잡도는 152%로 매우 높은 실정이므로[9] 도시철도 운행을 늘리거나, 2층 철도의 도입 등을 강구해 혼잡도를 낮추는 근본적인 대책 마련이 필요하다.

9) 서울통계(http://stat.seoul.go.kr/jsp3/index.jsp).

(4) 대중교통 교통약자용 좌석 확충

대중교통은 남성보다 여성이 많이 이용하고 있으며, 여성 중에서는 임산부, 영유아 동반자 등 교통약자가 많기 때문에 이들을 위한 배려가 필요하다. 현재 도시철도 및 시내버스에는 지침에 따라 교통약자용 좌석이 설치되어 있다. 시내버스는 전체 좌석의 1/3 이상을 교통약자용으로 지정하도록 되어 있고, 도시철도는 객차당 앞뒤 출입구에 있는 3인용 좌석 4개를 지

그림 2.10.3／시내버스 교통약자용 좌석 설치기준

① 교통약자용 좌석은 승강구 부근의 앉기 편리한 위치에 지정하되, 전체 좌석의 1/3 이상을 교통약자용으로 지정해야 한다.
② 교통약자용 좌석에는 안내판을 부착하거나 노란색과 같이 시인성이 높은 색상의 커버를 이용해야 한다.
③ 정차신호를 알리는 장치를 작동시킬 수 있는 스위치는 교통약자가 좌석에 앉은 상태에서 사용할 수 있는 위치에 설치해야 한다.

자료: 건설교통부, 「교통약자 이동편의시설 설치·관리 매뉴얼」(2007).

그림 2.10.4／도시철도 교통약자용 좌석 설치기준

① 교통약자용 좌석은 승강구 부근의 앉기 편리한 위치에 1개 차량당 12개 이상 설치해야 한다.
- 일반적으로 도시철도 차량 및 광역철도 차량은 1개 객차의 앞뒤 출입구에 있는 3인용 좌석 4개를 교통약자용 좌석으로 지정한다. 단, 운전석이 있는 차량에는 6석 이상 설치하고, 휠체어 사용자의 전용 공간이 있는 차량에는 그 공간만큼 좌석 수가 설치된 것으로 본다.
② 교통약자용 좌석 옆에는 교통약자를 위한 좌석임을 나타내는 안내판을 부착해야 한다.

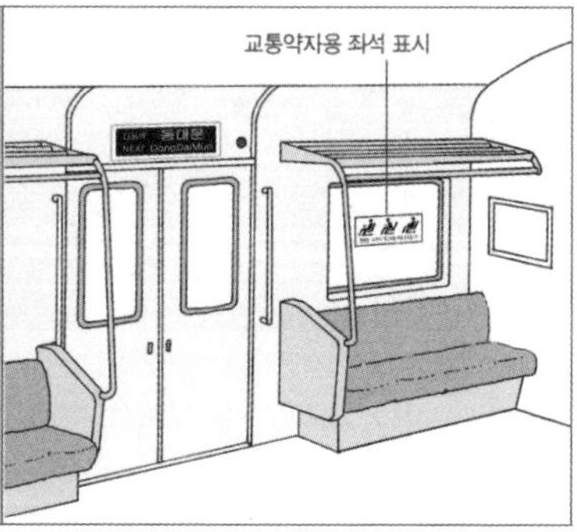

자료: 건설교통부, 「교통약자 이동편의시설 설치·관리 매뉴얼」(2007).

정하도록 되어 있다. 그러나 65세 이상 고령자의 이용이 많아 임산부나 영유아 동반자의 경우 좌석을 확보하기가 어려운 실정이다.

따라서 시내버스 및 도시철도의 교통약자용 좌석을 좀 더 확충하고, 임산부 등의 전용석을 만들어 편의를 도모할 필요성이 있다. 또한 이때는 일반 좌석과 교통약자용 좌석의 구분이 명확히 될 수 있도록 색상을 선정해야 한다.

(5) 대중교통 낮은 손잡이 설치

그림 2.10.5／도시철도의 낮은 손잡이 설치 사례

대전 도시철도 1호선

서울 도시철도 9호선

자료: (상)대전도시철도공사 내부자료, (하)서울시 내부자료.

일부 시내버스 및 도시철도의 손잡이가 높게 설치되어 있어 키가 작은 여성들이 불편함을 느끼는 경우가 있다. 손잡이를 잡지 못하는 경우 급출발·급정거 시 이용객들의 안전상 문제가 있다. 서울시의 버스 만족도 조사결과 시내버스 서비스 개선사항 1순위로 급제동, 급출발, 급차로 변경을 지적하고 있는 것으로 나타났다.[10] 따라서 대중교통수단의 손잡이 중 일부를 현재보다 낮게 설치하여 이용객의 편의

---

10) 서울시, 「2015년 버스서비스 만족도 조사결과 보고서」(2016), 23쪽.

를 향상시킬 필요성이 있다. 특히 시내버스의 경우에는 대부분 낮은 손잡이가 설치되어 있지 않아 이를 개선할 수 있도록 지자체에서 관심을 가져야 할 필요가 있다.

(6) 시내버스 정류장 환경 개선

도시 외곽에 설치된 시내버스 정류장과 이용객이 별로 없는 시내버스 정류장은 야간에 어두운 경우가 많다. 정류장이 어두운 경우 여성뿐만 아니라 일반 승객들의 불안감을 높이며, 여성의 성추행 위험을 높인다. 실제로 심야시간의 한적한 버스 정류장에서 승객이 납치되는 사건을 언론 보도를 통해 가끔 접할 수 있다. 또한 정류장이 어두운 경우 운전자가 승객을 보지 못하고 지나치는 경우도 있다. 따라서 시내버스를 이용하는 여성 승객의 편의 도모 및 안전성 향상을 위해 시내버스 정류장 조명을 설치하여 밝게 유지할 필요성이 있다.

2) 여성이 안전한 택시

(1) 여성전용택시 도입

경기도의 택시 이용특성을 분석하면 야간 이용은 45.2%로 타 교통수단에 비해 야간 이용비율이 높은 실정이다. 택시를 이용하는 목적은 귀가 37.0%, 기타 22.1%, 업무 11.8%, 출근 11.7%, 여가 11.4% 순으로 나타나고 있다.[11]

택시는 좁은 공간 내에 운전사와 승객만이 있기 때문에 성범죄 등 안전

11) 수도권교통본부·서울시·인천시·경기도, 「2016년 수도권여객 기·종점통행량(O/D) 현행화 공동사업」(2016.12).

그림 2.10.6／런던과 뉴욕의 여성전용택시

런던 뉴욕

자료: http://blog.birchbox.co.uk; http://www.shetaxi.in

에 취약한 특성이 있다. 따라서 세계 여러 도시에서는 여성들의 불안감 해소를 위해 여성전용택시를 운영하고 있다. 런던은 사전 회원 가입자에 한해 예약이 이뤄지면 기사 정보, 픽업 시간, 장소 등을 문자로 전송해주는 여성전용택시를 운행하고 있다. 뉴욕은 'shetaxi'라는 여성전용택시를 운행하고 있는데 여성 기사가 운전하고 오직 여자 승객만 탈 수 있다.

여성전용택시를 도입하는 경우에는 택시 운전기사의 신원이 확실히 검증되어야 한다. 여성전용택시를 도입하고 운전기사 등의 관리가 안 되는 경우 시민들의 외면을 받고, 실효성에 논란이 있을 수 있으므로 신뢰를 구축하는 것이 중요하다.

(2) 택시 운전기사 자격 및 관리 강화

국내 택시 운전기사의 자격취득 요건은 2종 보통 이상의 운전면허를 소지하고, 운전 경력이 1년 이상이며, 적성검사를 통과하는 것이다. 자격 기준 또한 금고 이상의 실형을 선고받고 그 집행이 끝나거나 면제된 날부터 2년이 지나지 아니한 사람, 성폭력 범죄 처벌 및 아동·청소년 성보호 법률을 위반해 금고 이상의 실형을 선고받고 그 집행이 끝나거나 면제된 날부터

글박스 2.10.2／「여객자동차운수사업법」 시행규칙

제49조(사업용 자동차 운전자의 자격요건 등)

1. 사업용 자동차를 운전하기에 적합한 운전면허(2종보통)를 보유하고 있을 것
2. 20세 이상으로서 운전경력이 1년 이상일 것
3. 국토교통부장관이 정하는 운전 적성에 대한 정밀검사 기준 또는 「화물자동차 운수사업법 시행규칙」 제18조의2에 따른 운전 적성에 대한 정밀검사기준에 적합할 것
4. 다음 어느 하나에 해당하는 요건을 갖추고 운전자격을 취득할 것
   - 제50조제1항에 따른 운전자격시험에 합격, 제50조제2항에 따른 교통안전체험교육 수료

20년이 지나지 아니한 사람으로 제한된다.

국내의 택시 운전자격 취득은 외국에 비해 쉬운 편이다. 따라서 범죄 경력자가 쉽게 택시 운전을 할 수 있으므로 택시의 안전성을 근본적으로 향상시키기 위해서는 자격취득 기준을 강화할 필요가 있다. 또한 택시회사는 운전기사의 음주운전, 약물복용, 건상 상태, 심리 상태 등을 매일 점검할 수 있도록 노력해야 한다. 일부 무자격 운전자를 고용하는 도급택시 운행 사례가 있으므로 도급택시 운행이 근절될 수 있도록 단속이 강화되어야 한다.

(3) 택시 창유리 틴팅 규제

국내 차량의 창유리는 가시광선 투과율을 규제하고 있으나, 택시의 경우 이를 지키지 않고 과도한 틴팅을 하는 차량들이 많다. 틴팅을 과도하게 하면 차량 내부가 보이지 않아 범죄를 방지하기 어려우므로 이를 방지하기 위한 단속과 규제가 필요하다(「도로교통법」 제28조 자동차 창유리 가시광선 투과율 기준 앞면 창유리 70% 미만, 운전석 좌우 옆면 창유리 40% 미만).

3) 여성이 안전한 보행

(1) 입체횡단시설 복원 및 개선

보도육교, 지하보도 등과 같은 입체횡단시설은 통행하는 데는 많은 시간과 힘이 들기 때문에 여성을 포함한 교통약자가 이용에 매우 불편을 겪고 있는 실정이다. 이런 이유로 입체횡단시설 주변에서는 무단횡단이 발생하며, 교통사고로 이어지는 경우도 종종 있다. 특히 영유아를 안고 있거나, 유모차를 이용하는 경우는 더더욱 이용이 어려운 실정이다. 따라서 가급적 입체횡단시설은 철거하고 횡단보도를 복원하거나 입체횡단시설 주변에 횡단보도를 설치하는 것이 바람직하다.

교통이 혼잡하거나 다른 이유로 횡단보도 설치가 어려운 경우에는 차선책으로 엘리베이터를 설치하거나, 유모차 이용자를 위한 계단 경사로를 설치하는 것이 바람직하다. 계단 경사로는 경사가 완만한 경우에 한해서 설치해야 한다.

(2) 보행자길 조명 개선

보행자길 역시 야간에 어두운 곳이 많아 성범죄 등 안전상 취약한 실정이다. 2012년 경기도민에게 야간 보행에 대한 두려움을 설문조사한 결과 두렵다고 응답한 비율이 57.9%에 달하는 것으로 나타났다.[12] 따라서 야간 시간에 성범죄뿐만 아니라 교통사고 등 각종 위험을 감소시키기 위해서는 보행로 조명을 개선하여 밝게 유지할 필요성이 있다.

---

12) 박재규 외, 「2012 경기도 성인지 통계」(경기도가족여성연구원, 2013), 120쪽.

(3) 여성 안심귀가 서비스 활성화

① 여성 안심귀가 스카우트 서비스

도시 전체에 안전한 환경을 조성하는 것은 사실상 어렵기 때문에 심야 시간에 귀가하는 여성들에 대해 선택적으로 안전성을 향상시키는 정책이 필요하다. 이런 정책 중 하나가 여성 안심귀가 스카우트 서비스로 여성이 안심하고 귀가할 수 있도록 집 앞까지 동행해주는 제도이다.

서울시는 여성이 서비스를 신청하면 2인 1조로 스카우트가 지하철역이나 버스 정류장에서 주거지까지 동행해주는 서비스를 시행 중이다. 도착 30분 전에 자치구 구청 상황실 또는 120 다산콜센터로 전화 신청이 가능하며, '안심귀가스카우트' 앱을 이용해 신청할 수 있다(월요일 22:00~24:00, 화~금요일 22:00~익일 01:00). 현재는 시간과 공간적으로 서비스의 제약이 많아 서비스를 더 활성화할 필요성이 있다.

② 여성 안심지킴이집 서비스

안전에 취약한 여성 및 아동, 청소년 등이 위기에 처했을 때 편의점으로 대피해 사고를 모면하는 여성 안심지킴이집 서비스의 도입을 고려할 필요성이 있다. 현재 서울과 대전에서 시행 중이며, 안심지킴이집 위치는 '스마트 서울맵'(서울지역만 해당)에서 확인 가능하다. 대상 편의점에는 '여성 안심지킴이집' 스티커가 부착되어 있다. 112와 핫라인 신고 시스템을 갖추고 있어 편의점 카운터에 설치된 비상벨과 무다이얼링 시스템으로 112와 바로 연결된다.

(4) T맵 안심보행 서비스 설치

여성, 아동, 노약자, 장애인 들이 밤길에도 안전하게 귀가하는 것을 목적으로 경기도 전역에서 보행자 내비게이션을 이용할 수 있다(아이폰은 현재 이용 불가). 저장된 보호자의 번호로 3~10분 간격으로 위치를 전송하고, 위급 상황 시 휴대전화를 흔들면 사이렌이 작동하고, 112 전화 모드가 자동으로 동작된다. 아직은 서비스 이용이 많지 않아 홍보와 지속적인 개선을 통해 이용자가 안심하고 통행할 수 있도록 할 필요성이 있다.

(5) 공중전화 안심부스

보행로에서 여성이 안전하지 못한 상황에 처할 때 공중전화부스에 들어가서 비상벨을 누르면 경찰이 출동하는 공중전화 안심부스 사업이 추진되고 있다. 기존의 공중전화부스를 안심부스뿐만 아니라 공중전화, ATM 기능까지 할 수 있도록 단장하는 것이다. 위급한 상황 시 여성이 안심부스에 설치된 비상벨을 누르면, 사이렌이 울리고, 112로 호출되어 경찰이 출동하게 된다. 현재 서울시 등 전국적으로 160여 대가 설치되어 있으며, 아직도 이용률이 낮은 공중전화부스가 많이 있으므로 이를 활용하여 안심부스를

그림 2.10.7／공중전화 안심부스 설치 모습 및 이용 방법

위급 상황 발생 시 이용 방법

① 비상벨 적색 버튼을 1초 이상 누르면 경광등이 켜지면서 스피커를 통해 사이렌이 울리고, 동시에 슬라이딩 도어가 잠김
② 112 호출로 긴급경보를 발령하고 경찰이 현장으로 출동
③ 카메라 모니터에 잡힌 가해자 영상 정보가 자동으로 저장
④ 비상벨 청색 버튼을 누르면 경보가 해제되며 문이 열림

자료: 서울시 내부자료.

추가로 설치할 필요가 있다.

(6) 보행자길 시설 정비

여성의 경우 굽이 높은 구두를 많이 신기 때문에 보도가 깨져 있는 등 바닥 상태가 불량한 경우 구두 굽이 틈새에 끼여 통행할 때 불편을 많이 겪는다. 따라서 보도 바닥이 불량한 경우 재정비가 필요하고, 재정비 시에는 가급적 틈새가 있는 등 여성이 걷기 불편한 소형고압블록, 잔디블록, 고무블록 등은 지양하는 것이 바람직하다.

보도 상에 설치된 맨홀의 경우 덮개가 불규칙하게 노출되어 있고, 보도의 노면 포장재와 이질감이 두드러져 시각적 연속성을 해칠 수 있으며, 구멍이 뚫려 있는 덮개의 경우 시각 장애인의 지팡이나 여성의 구두 굽 등이 빠져 위험한 상황이 발생할 수 있다. 따라서 보행에 방해가 되는 튀어나온 맨홀은 보도 면과 같은 높이로 시공하고, 미관을 해치고 안전성에 문제가 되었던 구멍이 있는 맨홀은 보도와 조화된 구멍 없는 맨홀로 교체할 필요성이 있다.[13] 가로수 지지 공간 역시 여성을 포함한 보행자가 걸을 때 불편한 곳이 많으므로 일체적으로 정비할 필요성이 있다.

4) 여성이 편리한 도로 및 주차장

(1) 도로 안내표지 확충 및 시인성 강화

여성 운전자는 사물을 객관적으로 보는 시각과 판단 능력이 상대적으로

13) 이범규, 「여성 통행실태 분석 및 여성친화형 교통정책 연구」(대전발전연구원, 2014), 93쪽.

약하고, 위급 상황 시 결단력과 운전 능력이 떨어져 핸들, 브레이크, 신호 조작에 능숙하지 못한 단점이 있다. 또한 갑작스러운 돌발 상황을 만났을 때 대처 능력이 떨어져 긴장 상태나 불안 상태가 오래 지속되는 경우도 발생한다.[14)]

따라서 여성 운전자가 운전을 할 때 미리 도로 정보를 알 수 있도록 안내표지를 충분히 설치할 필요성이 있다. 특히 여성 운전자 교통사고는 보행자 보호의무 위반, 교차로 통행방법 위반이 가장 많이 발생하므로 횡단보도 및 교차로 위치 정보를 알려주는 안내표지를 눈에 띄는 장소에 충분히 설치할 필요성이 있다.

(2) 여성우선주차장 설치

여성은 주차에 미숙한 편이며, 임산부, 영유아 동반자, 유모차 이용자가 많아 일반 주차장을 이용하는 경우 교통이 복잡하고, 주차공간이 좁아 불편이 많이 따른다. 따라서 임산부와 여성의 편의와 안전성 향상을 위해 가급적 임산부 전용 주차장과 여성우선주차장을 설치하는 것이 바람직하다.

이들 주차장을 설치하는 경우에는 임산부, 영유아 동반자가 보다 편리하게 이용할 수 있도록 확장형 주차 면을 설치하는 것이 좋다. 또한 이들 주차장은 여성이 주로 이용하기 때문에 범죄자의 표적이 될 수 있으므로 주차장 조명을 밝게 하고, CCTV 및 비상벨을 설치하며, 주차 직원을 배치하는 등 안전성이 확보되도록 하는 것이 중요하다.

---

14) 임평남 외, 「여성운전자 교통사고 특성분석 및 안전교육제도 개선에 관한 연구」(도로교통공단, 2007), 102쪽.

(3) 지하주차장 조명 개선 및 안전시설 설치

아직 많은 지하주차장의 경우 어둡고 인적이 많지 않아 여성이 성범죄 등 각종 범죄에 노출되는 경우가 종종 있다. 따라서 이런 범죄를 줄이기 위해서는 우선적으로 지하주차장의 조명을 밝게 해야 한다. 또한 사고를 미연에 방지하며, 사고 시 신속한 처리를 위해 CCTV를 설치하는 것이 바람직하다. CCTV가 설치되어 있다 하더라도 사고 발생 시 상황을 모면하는 데 도움이 될 수 있도록 비상벨을 설치하는 것이 좋다.

그림 2.10.8／지하주차장 개선 사례

주차장 조명 개선

주차장 CCTV 모니터링

자료: 서울시설관리공단 내부자료.

4. 정책적 시사점

남성에 비해 교통약자로 인식되는 여성의 안전과 편의 향상을 위해 세계적으로 많은 정책들이 추진되고 있다. 최근 들어 국내에서도 성 평등에 대한 관심이 증대되면서 많은 도시에서 분야별로 여성친화적인 도시환경을 조성하기 위해 노력하고 있다. 여성의 사회 참여를 높이고, 안전하고 편리한 환경을 만들기 위해 법을 만들거나 계획을 수립하고 각종 사업을 추진하는 경우 성별영향분석평가를 실시하고 있다. 또한 여성가족부의 여성친화도시 인증을 받는 도시들도 많이 생겨났다.

그러나 실제 여성의 안전과 편의를 위한 구체적인 교통개선사업이 많이 추진되지는 못하고 있으며, 지자체에서 수립하는 각종 계획들 또한 구체적인 실행계획이기보다는 타 도시 사례를 소개하거나 다소 선언적인 계획을 수립하는 데 그치는 경우가 많은 실정이다. 그렇다 보니 아직은 교통수단, 정류장, 도로에서 각종 범죄가 발생하는 등 대중교통 및 택시를 이용할 때, 운전할 때, 걸을 때 안전하지 못하고 불편한 상황이 많이 발생하고 있다.

이 장에서는 여성이 교통수단을 이용하거나 걸을 때 발생하는 위험 요소를 감소시키기 위해 국내외에서 추진하고 있는 주요 정책들을 살펴봤다. 또한 여성이 안전한 교통환경을 조성하기 위한 방향으로 도시철도 여성전용차량 설치, CCTV 설치, 대중교통 교통약자용 좌석 확충, 낮은 손잡이 설치, 안전한 정류장 환경 개선, 여성전용택시 도입, 택시 차량 및 운전기사 관리 강화, 입체횡단시설 개선, 보행자길 조명 개선, 여성 안심귀가 서비스, 공중전화 안심부스 설치, 보행자길 시설 정비, 여성우선주차장 설치, 지하주차장 조명 개선 및 안전시설 설치 등의 정책을 소개했다.

그러나 이 글에서 소개하는 정책들 중 일부는 해당 도시의 여건, 정서와 맞지 않을 수 있다. 예를 들면 도시철도 여성전용차량, 여성전용택시 등은 남성의 역차별 문제 등으로 반대의견 비중이 높은 편이므로 여론을 충분히 수렴하고, 타 도시의 시행착오를 충분히 조사해 추진할 필요성이 있다.

또한 정책을 추진하는 경우에는 국내외 타 도시에서 시행되는 각종 정책을 여과 없이 추진하기보다는 서비스 및 시설을 이용하는 여성의 의견을 많이 수렴하고, 실제로 통행 단계에서 발생하는 각종 문제점을 세밀하게 분석하는 것이 중요하다. 그리고 실효성 있는 '여성이 안전한 환경'을 만들기 위해서는 교통시설의 설치(시설 개선, CPTED 등)뿐만 아니라 교통운영 및 서비스(지하철 여성전용차량, 여성 안심귀가 스카우트 서비스 등), 단속의 강화(야간 순찰)와 같은 정책수단이 조화롭게 추진되어야 할 필요성이 있다.

제11장

결론

/조응래

그동안의 교통정책은 공급자 위주의 도로·철도 시설 공급 및 버스서비스 제공을 중심으로 추진되어 왔다. 그러나 앞으로 저성장, 고령화 시대를 맞이하여 이용자 요구에 부합하는 교통체계를 구축할 필요가 있다. 이 책은 미래사회의 변화를 고려하여 수도권 교통정책의 패러다임 변화를 모색하고 주민들이 편리하고 안전하게 교통을 이용할 수 있는 분야별 정책 대안을 제시하는 데 목적을 두었다. 특히 통행시간의 최소화도 중요하지만 교통복지 차원에서 교통약자의 이동권이 보장되고, 안전하고 친환경적인 대중교통 중심의 교통체계 구축을 위한 방향을 모색하고자 했다. 이에 따라 인본주의를 구현하기 위한 교통정책 추진 방향으로 사람 중심 교통문화, 환경과 공존하는 교통체계, 교통복지와 이동권 보장, 경제의 질적 구조변화에 따른 교통혁신, 기술 발달로 편리하고 안전해지는 교통, 건강을 증진시키는 교통정책, 여성이 안전한 교통환경 조성 등 7개 분야를 설정하여 구체적인 방안을 검토했다.

'사람 중심 교통문화'는 교통 이용자가 지닌 가치관, 행동 태도와 함께 도시 사회구조 및 교통시설의 실제적인 관리·운영 방법 등이 상호작용되는 것이다. 따라서 기존의 안전과 편리성이 중심이 된 '사람 중심 교통문화'가 아닌 교통으로 발생되는 제반 문화를 고려한 '사람 중심 교통문화'의 조성이 필요하다.

'사람 중심 교통문화' 조성을 위해서는 우선적으로 사람의 삶과 밀접한 관련이 있는 생활공간으로서 도로에 대한 이해가 수반되어야 한다. 도로는 이러한 이해를 바탕으로 생활·놀이 공간 등의 사회적 활동 공간으로 활용될 수 있도록 계획·설계되어야 한다. 단순 시설 조성에서 더 나아가 도로의 주인인 주민이 공간을 활용할 수 있도록 다양한 사회적·문화적 활동 방안 마련이 필요하다. 궁극적으로는 도로공간의 주인으로서 지역주민의 지속적인 도로공간의 활용과 유지·관리가 이루어질 수 있도록 행정적·재정적 지원이 이루어져 '사람 중심 교통문화'가 정착될 수 있도록 해야 한다.

'환경과 공존하는 교통체계' 구축을 위해서는 지속적인 경제·사회 발전을 위해 환경오염을 줄이면서 필요한 교통서비스를 공급할 수 있는 지속가능한 교통체계를 마련해야 한다. 지금까지는 성장과 효율을 기초로 한 이동성 증진만이 교통정책의 주된 목표였으나, 앞으로는 환경과 형평의 가치를 함께 고려해 지속가능성 확보에 역점을 두어야 한다.

기후변화에 대응하고 대기오염을 줄이기 위해 교통분야에 대한 친환경 정책이 적극 추진되어야 한다. 우선적으로 친환경차량의 개발과 보급이 보다 적극적으로 추진되어야 한다. 환경오염이 적은 차량이 보급될 수 있는 여건을 조성하고 청정연료 사용을 촉진해나갈 필요가 있다. 대기오염 배출기준을 강화하고 대체 연료, 고연비 차량기술 개발을 지원해나가야 한다. 다음으로는 대중교통체계를 개선하여 승용차 중심의 교통체계를 탈피해야 한다. 한국 수도권과 같이 과밀 거대도시 지역에서는 교통수요관리가 무엇보다 중요하다. 이를 위해 장기적으로는 토지이용계획과 교통계획을 연계해서 교통수요를 감축하고, 도시 개발 및 관리계획에서 교통계획과 환경계획을 조화시키는 방안이 필요하다.

'교통복지와 이동권 보장'을 위해서는 노인인구의 증가에 대비해 물리적 이동권 제약이나 경제적 이동권 제약에 대응한 정책 전환이 요구된다. 4차 산업혁명과 교통·통신의 발달로 사람들의 다양한 사회활동이 가능해졌고, 이에 따라 생활권도 주거지 중심이 아닌 주거지, 직장, 여가활동, 교육 등으로 분류되어 하나의 생활권이 아닌 다양한 장소에서 사회활동을 할 수 있게 되었다. 따라서 더 이상 출퇴근 중심의 교통복지체계가 아니라 다양한 교통수요에 발맞춘 교통복지가 요구된다. 이에 따라 현재의 교통약자 중심의 교통복지서비스가 아닌 전 국민을 대상으로 하는 차원의 교통복지서비스라는 패러다임을 재정립한 후 이에 맞는 정책을 마련할 필요가 있다.

교통복지정책은 이동권 제약의 유형, 그리고 선별적 접근과 보편적 접근에 따라 다양한 형태로 발달해왔다. 이것은 교통서비스에 대한 다양한 욕구, 그리고 지역적 특성 등을 반영해 교통복지정책이 전개되어왔기 때문이다. 따라서 앞으로 인구구조나 산업구조 변화에 대한 교통복지 패러다임의 변화도 지역적 특성을 중요하게 고려할 필요가 있으며, 지역적 요구에 부합하는 교통복지정책을 발전시켜나갈 필요가 있다.

'경제의 질적 구조변화에 따른 교통혁신' 추진을 위해서는 4차 산업혁명과 저출산, 고령화에 대한 대비가 필요하다. 4차 산업혁명의 발전은 정보통신기술(ICT)을 기반으로 교통서비스의 질을 혁명적으로 높이고 자율주행자동차 시대의 탄생을 예고하고 있다. 정보시스템과 자동차 간 연결성은 대중교통을 편리하게 만들고 이동시스템을 효율적으로 만들어 교통이 도시를 스마트하게 만들 것이다. 또한 저출산, 고령화로 인한 인구구조의 변화는 교통수요 구조를 변화시키고 교통의 공급 측면에서 교통수단의 질적 변화를 유도할 것이다. 제조업의 디지털화는 서울과 경기도 간의 교통이동 변화를 초래할 수 있으며, 경기도와 인천의 지역경제가 발전되고 직주근접이 강화되면 수도권 광역교통 정책의 중요성은 점진적으로 감소될 수 있다.

교통정책의 패러다임은 개발 연대에서 선진국형으로 전환되어야 한다. 이는 하드웨어 중심에서 소프트웨어 중심으로의 변화를 의미하며, 교통인프라에 정보통신기술이 결합되고 데이터를 확보할 수 있도록 인프라를 개선해야 한다. 무인 자동차나 무인 열차 등 무인 교통운송수단의 발전을 고려한 교통인프라도 확충되어야 한다. 행정 중심의 수도권 광역교통 정책을 데이터 중심의 광역교통 정책으로 변화시키고 이를 위한 3개 시·도 간 합의와 공동사업 추진도 필요하다. 수도권 광역교통 정책의 목표를 '집에서 직장까지'라는 출근지원 정책에서 다양한 교통수요에 맞춘 '삶의 질'을 위한 정책으로 전환시키는 것도 필요하다.

'기술 발달로 편리하고 안전해지는 교통'을 위해서는 자율주행차량이 2020년까지 상용화될 수 있도록 중앙정부 및 지방정부의 지원이 필요하다. 졸음운전으로 앞차와의 거리가 가까워지거나 측면에서 차량이 접근 시 경고음과 함께 브레이크가 작동하여 사고를 예방하는 기술이 구현되면 교통사고가 획기적으로 줄어들 것으로 예상된다. 정보통신기술이 결합된 자율주행차량은 교통사고 발생을 근본적으로 줄일 수 있는 대안이 될 것이다.

고령화로 인해 운전이 불편한 노인들은 자율주행차량을 이용하면 안전하게 목적지까지 이동이 가능하다. 필요한 때만 편리하게 차량을 이용할 수 있다면 굳이 승용차를 소유하면서 차량 관리와 정비에 신경 쓰지 않아도 된다. 이와 함께 카셰어링이라는 새로운 공유교통서비스가 잘 운영된다면 승용차 보유를 기반으로 수립되었던 기존의 주차장 계획은 바뀌어야 할 것이다. 아파트 주차장을 과도하게 확보하지 않아도 되며, 복잡한 단독주택 지역에서도 주차공간으로 이용되는 골목길을 거주민을 위한 공간으로 되찾을 수 있게 된다. 연령별로 선호하는 교통수단이 다른 만큼 인구구조 변화와 통행 목적 등을 면밀히 검토해 이용자 맞춤형 교통정책을 마련하는 것이 중요하다. 향후 노인인구가 증가하여 초고령 사회가 되면 대중교통의 중요성은 더욱 커질 것이므로 이동의 편의성 확보를 위한 철도망을 구축하되 노면전차와 같이 환승이 편리한 시스템을 적극 도입할 필요가 있다.

'건강을 증진시키는 교통정책'을 위해서는 보행의 질 향상과 건강친화 교통정책의 수립이 필요하다. 그동안 효율성과 편리함만을 추구했던 교통정책으로 인해 자동차 중심의 교통문화가 정착되었고, 이로써 보행은 그저 자동차를 이용하기 위한 보조적 이동수단으로 인식되었다. 하지만 기본적인 이동수단으로서 보행의 역할은 물론, 이동수단으로서만이 아닌 보행으로 인한 건강의 편익은 매우 크다. 따라서 보행자를 위한 시설은 보행자의 관점에서 안전하고 편리하며 쾌적하게 이동할 수 있도록 설계되어야 하고, 교통정책에서도 이런 보행의 질 향상에 대한 고려가 반드시 필요하다.

이를 위해서는 사람들 머릿속에서 보행이란 것은 가장 느린 이동수단이 아니라 건강을 증진시키는 레크리에이션의 한 종류이자 다른 사람들과 소통할 수 있는 기회의 장이라는 인식 전환이 필요하다. 하지만 보행으로 인해 각종 대기오염물질에 대한 노출위험이 높아진다면, 이는 보행의 질 저하는 물론이거니와 보행이라는 신체활동을 통한 건강증진은 고사하고, 오히려 보행으로 인해 수명이 단축되는 결과를 초래할 수 있다. 따라서 도로변 대기 질에 대한 강력한 모니터링과 이를 개선하기 위한 방안을 검토해야 한다. 공중보건학적 관점에서 건강친화적 교통정책 수립에 포함되어야 할 사항으로는 공중보건 향상, 보행의 질 향상, 교통소음 감소, 교통공해 감소, 교통안전 향상, 그리고 녹색교통 장려 등으로 이들 사항은 향후 교통정책 수립 시 적극 검토될 필요가 있다.

'여성이 안전한 교통환경 조성'을 위해서는 남성에 비해 교통약자로 인식되는 여성의 안전과 편의 향상을 위해 많은 정책들을 마련·추진할 필요가 있다. 아직은 여전히 여성이 대중교통 및 택시를 이용하거나 운전할 때, 그리고 걸을 때 안전하지 못하고, 불편한 상황이 빈번한 실정이다.

여성이 안전하고 편리한 교통환경을 조성하기 위해서는 실제 통행단계에서 발생하는 각종 문제점을 세밀하게 분석함으로써 개선해나갈 필요가 있다. 또한 서비스 및 시설을 이용하는 여성의 의견을 적극 수렴하여 실효성 있는 정책을 추진하는 것이 중요하다. 여성의 안전과 편의를 위해서는 교통시설의 설계(CPTED 등), 시설의 운영(지하철 여성전용차량, 여성 안심귀가 스카우트 서비스 등), 단속의 강화(야간 순찰)와 같은 정책수단들을 조화롭게 추진할 필요가 있다.

참고문헌

• 국내

강철구. 2016. 「친환경자동차 확대, 허와 실」. ≪이슈&진단≫ 255호. 경기연구원.

건설교통부. 2007. 「교통약자 이동편의시설 설치·관리 매뉴얼」.

경기도. 1998. 「경기도 교통종합기본계획」.

_____. 2014. 「2차 수도권 대기환경관리 기본계획 추진을 위한 경기도 시행계획(2015~2019)」.

경기연구원. 2012. 「2011 경기도 택시 통행지표」.

경기청년유니온. 2015. 「경기도 청년 노동환경 실태조사」.

경찰청. 2010. 「생활도로 속도관리 및 교통시설 설치·운영 지침」.

고준호. 2015. 「우버의 영향과 공유교통서비스 발전 방향」. ≪교통≫ 211호. 한국교통연구원.

국민건강보험공단. 2016.11.7. "건보공단, 지난 11년간 검진자료 빅데이터 분석".

국토교통부. 2007. 「교통약자 이동편의시설 설치·관리 매뉴얼」.

_____. 2011. 「대중교통 전용지구 설계 및 운영 지침」.

_____. 2012.3. 「제2차 교통약자 이동편의 증진계획(2012~2016)」.

_____. 2013. 「대중교통 중심의 수도권 광역교통 정책방향 수립」.

_____. 2013. 『도로의 구조·시설 기준에 관한 규칙 해설』.

_____. 2014.7.8. "역주행·결빙구간 알려주는 '똑똑한 고속도로'".

_____. 2016. 「2015년도 교통약자 이동편의 실태조사」.

_____. 2016.4.20. "2016년 교통량 전년 대비 4.2% 증가".

_____. 2017. 「제3차 대도시권 광역교통시행계획(2017~2020)」.

국토교통부·교통안전공단. 2016. 「2015년 대중교통 현황조사」.

국토해양부. 2011. 「제7차 국가교통안전기본계획(2012~2016)」.

권기동·진장원. 2015. 「서울 교통문화지수의 변화와 개선방안」. 한국문화산업학회.

김동영. 2016.「대기질개선 정책과 기후변화대응 정책 간의 공편익 상관성 연구」. 경기연구원.
김동영 외. 2016.「봄철 미세먼지 개선, 노천소각 관리가 중요하다!」, ≪이슈&진단≫ 225호. 경기연구원.
김렬·이성근·이환범·이수창. 2005.「KTX 고속철 운행에 따른 경북지역 파급효과 및 여건 변화 분석」. 한국행정논집.
김상국. 2014.「IoT/M2M 기술환경하에서 커넥티드카 급격한 시장 기대」. ≪KISTI MARKET REPORT≫ Vol.4, Issue 2.
김상철. 2014.『무상교통』. 이매진.
김원철. 2013.「수요응답형 교통체계(DRT) 타당성 검토」. 충남발전연구원.
김은경. 2016.「제4차 산업혁명에 대한 경기도의 대응방향」. 경기연구원.
김을식. 2014.「경기도 인구구조의 변화와 정책적 함의」. ≪이슈&진단≫ 141호. 경기개발연구원.
김점산. 2015.「카셰어링의 사회경제적 효과」. ≪이슈&진단≫ 183호. 경기연구원.
김점산 외. 2014.「공유경제의 미래와 성공조건」. ≪이슈&진단≫ 134호. 경기개발연구원.
김진현 외. 2008.「KTX의 건강영향평가」. 한국보건사회연구원
김진현·이재희·이진희. 2010.「KTX 도입 이후 암환자의 의료이용 변화」. 한국철도학회논문집.
김채만. 2016.「수도권 대중교통 통합요금제의 환승손실 보전금 분담기준 정립연구」. 경기연구원.
김태환·김은정. 2014.「시민을 위한 건강한 도시만들기」. 국토연구원.
김현숙. 2006.『도시계획』. 광문각.
농림축산식품부. 2015.10.16. "정부3.0으로 농촌지역 주민들 '삶의 질' 높인다".
농어촌희망재단. 2015.「농촌형 교통모델 발굴사업 모니터링」.
대한민국정부. 2016.「2016~2020년 국가재정운용계획」.
도로교통공단. 2007.「여성운전자 교통사고 특성분석 및 안전교육제도 개선에 관한 연구」.
_____. 2016.2.19. "2014년 도로교통사고로 인한 사회적 비용 26조 5천억 원 발생".
류시균 외. 2013.「수도권 주민의 계층별 통행패턴 비교」. ≪이슈&진단≫ 84호. 경기개발연구원.
명묘희 외. 2014.「생활도로구역 지정근거 및 맞춤형 안전시설 설치기준 마련 등을 위한 연구」. 경찰청·도로교통공단·삼성교통안전문화연구소.

모창환 외. 2011. 「여성의 통행특성과 교통안전 확보방안 연구」. 한국교통연구원.
문영준. 2016. 「자율주행차와 도로의 융합: 4차 교통산업혁명 견인」. 한국교통연구원.
미래창조과학부·벤처기업협회. 2015. 「2015 ICT 중소기업 실태조사」.
미래창조과학부·한국정보통신진흥협회·한국전자정보통신산업진흥회. 2016. 「2015 ICT 실태조사」.
박경철 외. 2011. 「안전한 대중교통 만들기」. ≪이슈&진단≫ 20호. 경기개발연구원.
박재규 외. 2013. 「2012 경기도 성인지 통계」. 경기도가족여성연구원.
박준식. 2015. 「공유교통서비스의 효과적 활용을 위한 법제도 개선방향」. ≪교통≫ 211호. 한국교통연구원.
배광수. 2010. 「선진국 주택가에 착륙한 보행자 우선 시대」. ≪KoROAD 통신 포커스≫. 도로교통공단.
빈미영. 2011. 「경기도 대중교통이용 여성통행자 성범죄피해 현황과 개선방안」. 경기개발연구원.
_____. 2016. 「판교창조경제밸리 자율주행차 운행 지원방안 연구」. 경기연구원.
산업통상자원부·에너지경제연구원. 2015. 『2015 지역에너지통계연보』.
서울시. 2016.3.28. "차보다 사람 먼저, 보행자 우선도로 20곳 확대". ≪내 손안에 서울≫.
석재은 외. 2013. 「노인교통이용 요금제도 개선방안 연구: 지하철 무임승차를 중심으로」. 보건복지부·한림대학교 산학협력단.
성영조. 2015. 「소비자 직접 서비스(DTC: Direct-to-Consumer) 시대의 도래와 시사점」. ≪이슈&진단≫ 203호. 경기연구원.
손정곤 외. 2006. 「생활소음종합대책: 교통소음」. 한국소음진동공학회 춘계학술대회.
송제룡 외. 2012. 「경기도 택시정책 선진화 방안」. 경기개발연구원.
송한호. 2015. 「자동차 온실가스 배출량 전과정평가(LCA) 조사결과」. 서울대학교.
수도권교통본부·서울시·인천시·경기도. 2017. 「2016년 수도권여객 기·종점통행량(O/D) 현행화 공동사업」.
신동천 외. 2010. 「저공해 교통환경오염원의 위해성평가 연구」. 국립환경과학원.
심재익. 2016. 「2013년 우리나라의 총 교통사고비용 약 42조 3천억 원」. ≪교통≫ 219호. 한국교통연구원.
LG Global Challenger. 2012. "Shared Space의 한국식 도입 모색". LG Global Challanger.
오성훈 외. 2012. 「보행자 우선도로의 설치 및 관리 기준에 관한 연구」. 국토해양부.
_____. 2014. 「보행중심도시 조성 정책 및 제도 연구」. 건축도시공간연구소.

유승현 외. 2015.「비만 예방 및 관리 전략에 대한 사회행태학적 다차원 인식과 경험 탐색 연구」. 의료정책연구소.
유영근 외. 2010.「중앙로 대중교통전용지구 평가와 조기 정착화 방안」. 대구경북연구원.
유영성. 2014.「초연결사회와 우리의 수준」. ≪이슈&진단≫ 129호. 경기개발연구원.
윤경일·도세록. 2007.「주요 상병별 환자의 의료기관 선택 성향 분석」. 한국병원경영학회지.
이규방·이영균·조남건·이춘용·박진호. 1998.『교통정책의 변화와 과제』. 국토개발연구원.
이규성 외. 1999.『소음·진동공학』. 형설출판사.
이범규. 2014.「여성 통행실태 분석 및 여성친화형 교통정책 연구」. 대전세종연구원.
이상훈 외. 2013.『새로운 패러다임 생활형 복지』. 한울아카데미.
이신해. 2016.「서울시 생활도로 차량 제한속도 보행자 위해 시속 30km로 낮춰야」. 서울연구원.
이외희 외. 2014.『저성장시대의 지역정책』. 한울아카데미.
이용기·김웅수·홍순모·신은상. 2014.「중앙차선 버스 정류장과 주변지역의 대기오염 특성 비교」. 한국대기환경학회지.
이원재. 1998.「양·한방의료 서비스 선택에 관한 연구」. 한국보건행정학회지.
이창 외. 2014.『'보행친화도시 만들기' 가로설계·관리 매뉴얼의 기본 방향』. 서울연구원.
이춘용 외. 2008.「삶의 질을 증진하는 도로공간기능의 활성화 방안」. ≪국토정책 Brief≫. 국토연구원.
이클레이 한국사무소. 2013.12.12. "완전도로(Complete Street): 개념과 국내 도입 현황".
일본 국토교통성. 2006.「교통과 건강학적 영향에 관한 연구」.≪국토교통정책연구≫ 제75호. 국토교통정책연구소.
임유경 외. 2015.『사람 중심 가로 조성을 위한 도시설계 연구』. 건축도시공간연구소.
임창우. 2006.「환경소음의 위해성 정량평가에 관한 연구」. 서울대학교 대학원 박사학위 논문.
장동민. 1998.「암환자의 의료이용행태에 관한 연구」. 대한보건학회지.
장서일. 2005.「항공기소음의 환경영향조사 방안 및 환경영향평가 협의기준 설정에 관한 연구」. 서울시립대학교.
전상민. 2015.「농어촌지역의 효율적 대중교통서비스 공급방안 연구」. 한국운수산업연구원.
정경옥 외. 2011.「완전도로(Complete Streets) 구현 방안 연구」. 한국교통연구원.
정도영 등. 2011.「교통부문 온실가스 배출 저감을 위한 교통수요관리 방안전략 연구」. 대한교통학회지.
조남건. 2014.「힐링을 배려한 건강친화적 교통정책」. 환경논총.

조남건·이훈기·진시현. 2005.「고속철도 개통에 따른 빨대효과 분석」. 국토연구원.
조성호. 2013.「저출산시대의 수도권 규제정책의 재검토」. ≪이슈&진단≫ 79호. 경기개발연구원.
조응래. 2015.「건강한 도시 만들기: 하천변 산책로 정비로부터」. ≪이슈&진단≫ 185호. 경기연구원.
_____. 2015.「교외선 활용방안 연구」. 경기연구원.
조응래 외. 2014.「경기도 교통정책 3.0: 생활형 교통정책으로의 전환」. 경기개발연구원.
조준한 외. 2015.「생활도로구역 운영실태 및 개선방안 연구」. 대한교통학회.
지우석. 2015.「교통약자정책, 교통복지의 시작」. ≪이슈&진단≫ 173호. 경기개발연구원.
_____. 2015.「새로운 개인이동 교통수단 시대는 이미 시작, 제도적 대응은 미흡」. ≪이슈&진단≫ 231호. 경기연구원.
진장원. 2013.「교통문화지수 사업의 변천 과정과 개선방안」. 한국문화산업학회.
최성호. 2013.「공유공간 개념을 적용한 영국 애쉬포드의 가로디자인 특성 사례분석 연구」. 한국디자인문화학회.
최진석. 2014.「교통부문 복지정책 효과분석: 지하철 노인무임승차를 중심으로」. 한국교통연구원.
통계청. 2015.「교통문화실태조사 통계정보 보고서」.
_____. 2016.「2015년 국내인구 이동통계」.
_____. 2016.「장래인구추계」.
한국교통연구원. 2014.「2011, 2012년 전국 교통혼잡비용 추정과 추이 분석」.
_____. 2014.4.22. "2015년 교통혼잡비용 33조 4천억 원으로 예측".
_____. 2016.「2015년도 교통약자 이동편의실태조사 연구」.
한국보건산업진흥원. 2015.「한국인의 질병부담 측정 및 미래예측에 관한 연구」.
한국운수산업연구원. 2015.『농어촌지역의 효율적 대중교통서비스 공급방안 연구』.
한국토지개발공사. 1998.「보차공존도로의 계획과 설계」.
한상진. 2015.「보행이 편리한 가로 만들기 사례」. ≪세계와 도시 10호≫. 서울연구원.
환경부. 2016.『대기환경연보 2015』.
환경부 수도권대기환경청. 2013.「2차 수도권대기환경관리기본계획(2015~2024)」.

• 사이트

강동구청 홈페이지 www.gangdong.go.kr

경기도청 홈페이지 www.gg.go.kr

교통사고분석시스템 홈페이지 http://taas.koroad.or.kr

국가법령정보센터 홈페이지 www.law.go.kr

녹색교통 홈페이지 www.gtran.tistory.com

대구시설관리공단 홈페이지 www.dgsisul.or.kr

서울정책아카이브 홈페이지 www.seoulsolution.kr

서울특별시 교통 홈페이지 www.traffic.seoul.go.kr

수도권교통본부 홈페이지 www.mta.go.kr

에너지경제연구원 홈페이지 www.keei.re.kr

일본 교통권 현장 홈페이지 www.kotsuken.jp

일본 기후 시 홈페이지 www.city.gifu.lg.jp

일본 나고야 시 홈페이지 www.city.nagoya.lg.jp

일본 오사카 시 홈페이지 www.city.osaka.lg.jp

통계청 홈페이지 http://kostat.go.kr/portal/korea/index.action

Public Health England 홈페이지 https://publichealthmatters.blog.gov.uk/

• 국외

Dahlgren, G. and M. Whitehead. 1991. *Policies and Strategies to Promote Social Equity in Health*. Stockholm: Institute for Futures Studies.

Department for Transport. 2005. "HOME ZONE, Challenging the future of our streets". England.

Ewing, Reid. 1999. "Traffic Calming, State of the Practice". Washington D.C. Institute of Transportation Engineers.

Feng, Jing, Thomas A. Glass, Frank C. Curriero, Walter F. Stewart, Brian S. Schwartz. 2010. "The built environment and obesity: A systematic review of the epidemiologic evidence". *Health and Place* Vol.16 No.2, pp.175~190.

Francine, Laden, Lucas M. Neas, Douglas W. Dockery, Joel Schwartz. 2000. "Association of fine particulate matter from different sources with daily mortality in six U.S. cities". *Environmental Health Perspectives* Vol.108 No.10, pp.941~947.

Gehl, Jan. 2010. *Cities for People*. Island Pr. [『사람을 위한 도시』. 2014. 이영아 옮김. 국토연구원]

Haggard, S. and R. Kaufman. 2008. *Development, Democracy, and Welfare States: Latin America, East Asia, and Eastern Europe*. Princeton University Press.

Health Effects Institute. 2009. "Effects of Long-term exposure to Traffic-related Air pollution on Respiratory and Cardiovascular Mortality in the Netherlands: The NLCS-AIR Study". Health Effects Institute Research Reports.

Hill, James O., John C. Peters. 1998. "Environmental Contributions to the Obesity Epidemic". *Science* Vol.280 No.5368, pp.1371~1374.

Hoek, Gerard, Bert Brunekreef, Sandra Goldbohm, Paul Fischer, Piet A. van den Brandt. 2002. "Association between mortality and indicators of traffic-related air pollution in the Netherlands: a cohort study". *The lancet* Vol.360 No.9341, pp.1203~1212.

Humpel, Nancy, Neville Owen, Eva Leslie. 2002. "Environmental factors associated with adults' participation in physical activity: a review". *American Journal of Preventative Medicine* Vol.22 No.3, pp.188~199.

Jae, Heon Kang, Baek Geun Jeong, Young Gyu Cho, Hye Ryoung Song, Kyung A Kim. 2011. "Socioeconomic Costs of Overweight and Obesity in Korean Adults". *Journal of Korean medical science* vol.26 no.12 통권 제158호(2011년 12월), pp.1533~1540.

Jerrett, Michael, Murray M. Finkelstein, Jeffrey R. Brook, M. Altaf Arain, Palvos Kanaroglou, Dave M. Stieb, Nicolas L. Gilbert, Dave Verma, Norm Finkelstein, Kenneth R. Chapman, Malcolm R. Sears. 2009. "A Cohort Study of Traffic-Related Air Pollution and Mortality in Toronto, Ontario, Canada". *Environmental Health Perspectives* Vol.117 No.5, pp.772~779.

Mohan, D. 2008. "Road traffic injuries: a stocktaking. Best Pract Res Clin Rheumatol". *Best Pract Res Clin Rheumatol* Vol.22 No.4, pp.725~739.

Morgenstern, V., A. Zutavern, J. Cyrys, I. Brockow, U. Gehring, S. Koletzko, C. P. Bauer, D. Reinhardt, H.-E. Wichmann, J. Heinrich. 2007. "Respiratory health and individual estimated exposure to traffic-related air pollutants in a cohort of young children". *Occupational and Environmental Medicine* Vol.64 No.1, pp.8~16.

OECD/ITF. 2013. "Cycling, Health and Safety". Paris, OECD/International Transport Forum.

Peden, M. 2004. "World Report on Road Traffic Injury Prevention: Summary". World

Health Organization.

Pharoah, Tim. 2008. "Shared Space in Action". *Barcelona: Wlak 21 Breakout Session.*

Pless, B. 2004. "Road traffic injury prevention: WHO report advocates input from public health and a systems approach". *The British Medical Journal* Vol.328 No.7444, p.846.

PWC. 2016. "2016 Global Industry 4.0 Survey".

Regional Office for Europe of WHO. 2004. "Preventing road traffic injury: a public health perspective for Europe". Regional Office for Europe of WHO.

Sassi, Franco. 2010. *Obesity and the Economics of Prevention: Fit not Fat. Paris* OECD.

Schwab, Klaus. 2016. *The Fourth Industrial Revolution.* World Economic Forum. [『클라우스 슈밥의 제4차 산업혁명』. 2016. 송경진 옮김. 새로운현재]

Sogeti VINT. 2014. The Fourth Industrial Revolution. Things to Tighten the Link Between IT and OT.

Spix, C., R. H. Anderson, J. Schwartz, M. A. Vigotti, Tertre A. le, J. M. Vonk et al. 1998. "Short term effects of air pollution on hospital admissions for respiratory diseases in Europe. A quantitative summary of APHEA study results". *Arch Environ Health* Vol.53 No.1, pp.54~64.

Wener, E. Richard and Gary W. Evans. 2007. "A Morning Stroll: Levels of Physical Activity in Car and Mass Transit Commuting, Environment and Behavior". *Environment and Behavior* Vol.39 No.1, pp.62~74.

WHO. 2001. *City Health Development Planning.*

WHO Regional Office for Europe. 2000. *Transport, environment and health.*

지은이

조응래 / 대표저자, 경기연구원 휴먼교통연구실 선임연구위원. 연세대학교 공학박사. 주요 저서에 『저성장시대의 지역정책』(2014), 『DMZ의 미래: DMZ 가치의 세계화와 지속가능발전』(2013), 『한중 관계 2.0: 국가를 넘어 지방정부로』(2012), 『한중 해저터널의 기본구상: 21세기 동북아 연결망』(2010) 등이 있다.

김성하 / 경기연구원 공삼도시연구실 연구위원. 프랑스 피카르디 쥘 베른(Picardie Jules Verne) 대학 미학박사(현대미학 전공). 주요 논저에 「경기도-대학 연계 협력 방안」(2017), 「경기도 문화영향평가 도입방안」(2016), 「경기도 도시경관사업에서 주체의 역할 및 특성」(2016), 『처음 읽는 프랑스 현대철학』(공저, 2013) 등이 있다.

김동영 / 경기연구원 생태환경연구실 선임연구위원. 서울대학교 환경대학원 공학박사(환경관리 전공). 주요 논문에 「고농도 미세먼지 발생 시 비상저감 방안 연구」(2015), 「수도권 대기환경관리 기본계획 추진을 위한 경기도 시행계획」(2014), 「수도권 대기오염에 의한 건강위해 취약지역의 평가」(2013) 등이 있다.

김도균 / 경기연구원 공존사회연구실 연구위원. 서울대학교 사회학 박사. 주요 논문에 「경기도 베이비부머 노후준비실태 및 지원방안 연구」(2016), 「경기도형 노사민정 거버넌스 모델 연구」(2016), 「경기도 노동인권 보호를 위한 지역노동정책 발전방안 연구」(2016) 등이 있다.

김은경 / 경기연구원 상생경제연구실 선임연구위원. 파리 10대학교 경제학박사. 주요 논문에 「제4차 산업혁명에 대한 경기도 대응방향」(2016), 「저출산·고령화시대의 재정정책 방향」(2016), 「수도권 규제가 경기도의 경제적·사회적 형평에 미치는 영향」(2016) 등이 있다.

이은환 / 경기연구원 생태환경연구실 연구위원. 성균관대학교 의과대학 의학박사. 주요 저서에 『보건의료통계학』(2012), 『저출산 고령화와 삶의 질』(2011), 『인구 전략과 국가 미래』(2011) 등이 있다.

이범규 / 대전세종연구원 도시기반연구실 책임연구위원. 목원대학교 대학원 공학박사(교통공학 전공). 주요 논문에 「대전광역시 보행교통 개선계획」(2017), 「2030 대전 그랜드 플랜」(2016), 「대전시 교통약자 이동편의 증진계획」(2014), 「여성 통행실태 분석 및 여성친화형 교통정책 연구」(2014) 등이 있다.

엮음

경기연구원 (Gyeonggi Research Institute) / 경기연구원은 경기도와 31개 시·군, 그리고 지역기관·단체의 공동출연으로 1995년에 설립되었으며, 경기도의 경쟁력 강화와 삶의 질 향상을 위한 정책개발 연구기관으로서 경제, 도시·지역계획, 교통, 환경, 자치행정, 사회문화 등 다양한 분야에 대한 전문적이고 체계적인 정책을 개발·제시하고 있다.

한울아카데미 2021

수도권 교통의 뉴패러다임

인본주의 교통정책

지은이 | 조응래·김도균·김동영·김성하·김은경·이범규·이은환
엮 음 | 경기연구원
펴낸이 | 김종수
펴낸곳 | 한울엠플러스(주)
편 집 | 배유진

초판 1쇄 인쇄 | 2017년 7월 27일
초판 1쇄 발행 | 2017년 8월 10일

주소 | 10881 경기도 파주시 광인사길 153 한울시소빌딩 3층
전화 | 031-955-0655
팩스 | 031-955-0656
홈페이지 | www.hanulmplus.kr
등록번호 | 제406-2015-000143호

Printed in Korea
ISBN 978-89-460-7021-9 93330

* 책값은 겉표지에 표시되어 있습니다.